한문과 교수-학습 모형

김 재 영

傳統文化硏究會

머 리 말

교과 교육학의 제(諸) 문제는 크게 교과 외적(外的) 문제와 교과 내적(內的) 문제로 나누어 살펴볼 수 있다. 한문 교과의 경우, 국가 수준의 어문 정책과 교과의 위상 문제 등이 교과 외적인 문제에 해당된다고 볼 수 있다. 교과 내적인 문제는 한문과 교육의 성격, 목표, 내용, 방법, 평가 등 한문 교육학에 대한 전반적인 이론의 정립일 것이다. 물론 이러한 구분은 교과 교육학의 문제점 개선을 위한 편의상 구분일 뿐이지, 실제로는 제(諸) 문제들이 연관되고 상호 작용하기 때문에 총체적(總體的)인 맥락 속에서 파악하고 개선을 위한 노력을 해야 할 것이다.

필자는 이러한 제 영역 중에 '교수 - 학습 방법'에 주목하여 필자가 직접 구안(具案)한 교수 - 학습 모형을 교실 현장에 적용해 보고 그 실행 양상(實行樣相)을 전체적으로 고찰함으로써 한문 교과 교육에서 교수 - 학습 방법에 대한 모형의 완성도를 높이고자 했다.

필자는 한문과 교수 - 학습 방법의 체계화와 연구의 방향에 대한 성과를 바탕으로, 텍스트 유형별로 세 가지의 한문과 교수 - 학습 모형을 구안하였다.

첫째, '문제 해결 중심 단문 독해 모형'이다. 이 모형은 한문 문장을 독해하는 기초적인 능력을 신장하는 것이 목표로서, '문제 해결 학습'을 이론적 기초로 하였다.

둘째, '집단 탐구 중심 산문 독해 모형'이다. 이 모형은 단문을 통해 익힌 문장 독해의 기초를 바탕으로, 산문 텍스트의 한문 독해력을 심화시키는 것이 목표로서, '집단 탐구 학습'을 이론적 기초로 하였다.

셋째, '독자 반응 중심 한시 감상 모형'이다. 이 모형은 한시의 문학 교육적 특성을 고려하여 한시의 감상과 활용에 중점을 두고 개발하였다. 따라서 모형의 목표는 한시의 독해가 1차 목표가 되겠지만, 주된 목표는 독해한 한시를 감상하고 활용하여 학습자가 스스로 내면화(內面化)하는 데 있다. 이 모형의 이론적 배경은 '반응 중심 수업'을 기초로 하였다.

필자는 구안한 한문과 교수-학습 모형들을 교실 수업 현장에 적용하여 모형의 실행 양상을 총체적으로 분석하고자 했다. 이에 따라 질적 연구 방법의 하나인 실행 연구 방법을 사용하여 모형의 적용 양상을 살펴보았다.

연구 참여 교사는 텍스트와 학교급별을 고려하여 단문 텍스트는 중학교 교사를, 산문과 한시 텍스트는 각각 고등학교 교사를 선정하였다. 연구 참여 학생들의 한문 교과에 대한 흥미도를 파악하기 위해, 사전에 설문 조사를 실시했으며, 질적 자료 수집을 위해 연구자의 수업 참여 관찰, 교사와 학생의 심층 면담, 각종 문서 자료 등을 광범위하게 수집하였다. 수집한 자료는 전사(transcription)한 후, 코딩(coding)의 단계를 거쳤으며 반복적 비교 분석법에 의해 자료를 분석하였다. 이 과정에서 자료의 진실성 확보를 위해 트라이앵귤레이션, 전문가에 의한 조언과 지적, 연구 참여자에 의한 검토 방법 등을 사용하였다.

교육 현장에서 한문 교육의 성패(成敗)를 좌우하는 것은 두말할 필요도 없이 실제 수업일 것이다. 한문과가 1972년 독립 교과로 신설된 이래, 교수-학습 방법에 관한 연구는 양적인 면에서 주목할 만한 성장을 하였다. 그러나 '한문과 교실 수업'에 대한 실질적인 연구는 비중있게 다뤄지지 못했다.

이 책은 필자가 직접 구안한 교수-학습 모형을 교실 현장에 적용해 보고, 그 실행 양상을 보여주고 있다는 점에서 의의가 있다. 따라서 현장의 교사들에게 수업에 활용하여 교실 수업을 개선하는 데 시사점을 제공할 수 있으리라 생각한다. 아울러 현장의 문제점을 주도적으로 개선해 나가는 '연구자로서의 교사(teacher as researcher)'에게 연구 방법적 전형(典型)을 제공할 수 있다면 여한(餘恨)이 없겠다.

2009. 1

김재영 삼가 씀.

목 차

Ⅰ. 서 론

1. 연구의 필요성 및 목적

최근 교과 교육에서 '어떻게 가르칠 것인가'라는 교수 - 학습 방법에 대한 관심은 점점 커지고 있는 상황이다. 실제로 현장 교사들이 호소하는 가장 큰 어려움 중에 하나가 바로 구체적인 교수 - 학습 방법의 부재(不在)인 것이다. 따라서 교수 - 학습 방법에 대한 연구는 현장 수업과 연계되어 꾸준히 진행되었고, 또 진행되고 있다. 한문과도 독립 교과로 신설된 이래 꾸준히 교수 - 학습 방법에 대한 연구가 진행되었으며, 양적인 면에서도 주목할 만한 성장을 하였다. 이러한 성과는 교육과정의 개편 등 한문과 교육의 질적 변화를 가져왔다. 그러나 이러한 양적 · 질적인 연구 성과에도 불구하고 다소 미흡한 부분이 있다.

현재 학회에 보고되고 있는 한문과 교수 - 학습 방법에 대한 연구들은 한문과 교육 현장의 경험에서 이루어진 것들로서 그동안 미진한 교수 · 학습 방법의 연구에 많은 자극을 주었다. 다만 이들 교수 · 학습 방법들이 교실 현장을 위주로 해서 연구되다 보니, '모형(模型)'이나 '방법(方法)' 차원에서 논의되기보다는 단순히 '기법(技法)' 차원에 그치고 있다는 점이다.[1] 물론 학습자의 흥미 유발이나

---

1) '방법'과 '기법'의 차이는 학자마다 관점이나 이론에 따라 다양하게 규정될 수 있다. '방법'은 교수 · 학습 과정이나 절차의 형태를 띠고 있는 것으로 교과 교육에서 말하는 전략(Strategy)을 아우르는 개념이고, '기법'은 학습 동기 유발, 주의 집중, 발문, 피드백, 설명, 판서, 상벌 등의 구체적이고 세

주의 집중을 위한 교실 수업의 기법들도 필요하겠지만, 문제는 연구의 틀이 지나치게 '기법'에 편중되었다는 점이다. 이는 한문 교과의 교수 - 학습 '모형' 또는 '방법'의 부재(不在)에 다름 아니다. 따라서 이제까지의 연구 성과를 흩어진 채로 두는 것 보다는 교수 - 학습 방법 및 모형 차원으로 체계화(體系化)하는 작업이 필요하겠다.

다음으로, 내용적인 부분에서 살펴보면 교수 - 학습 방법 연구의 대부분이 '한문 텍스트'의 활용이나 감상 부분에 지나치게 치중되었다는 점이다. 이는 그만큼 '한문 텍스트' 독해를 위한 교수 - 학습 방법에는 상대적으로 소홀했다는 것을 뜻한다.

이 문제는 한문 교과의 정체성과도 무관하지 않다. 즉, '한문 텍스트' 독해를 위해서는 한문 독해 능력(漢文讀解能力)의 신장(伸張)이 필수적이다. 이러한 한문 독해 능력은 한문과 교육 과정에 제시되어 있는 한문과 교육의 목표 요소 중에서, 한문 교과의 고유적(固有的) 특성과 가장 부합되는 요소라 할 수 있다. 그러나 지금까지 한문과 교수 - 학습 방법에 대한 연구의 대부분은 이러한 한문 독해 능력 향상을 위한 연구보다는 텍스트를 활용하고 어떻게 감상할 것인가에 관심이 집중되었다. 따라서 한문 교육의 당위성과 필요성 확보를 위해서라도 한문과의 교수 - 학습 방법은 '한문 텍스트' 독해에 먼저 집중해야 할 것이다.

이상에서 살펴 본 한문과 교수 - 학습 방법의 문제점은 크게 '기법(技法)' 차원의 연구에 편향된 점과 한문 텍스트의 '감상(鑑賞)' 분야에 연구가 치중된 것으로 정리할 수 있다. 이러한 문제 해결을 위해 필자는 먼저 기존 학계에 보고된 한문과 교수 - 학습 방법을 검토하여 이를 유형별로 체계화(體系化) 하고자 한다. 그리고 이러한 체계화 작업을 통해 한문과에 적합한 교수 - 학습 모형을 한문

부적인 과정에서 투입되는 기술을 의미한다. 정구향 · 유영희 · 김미혜, 『초등학교 국어과 교수 · 학습 방법과 자료 개발 연구』(서울 : 한국교육과정평가원, 2002), 60~61쪽.

텍스트별로 구안(具案)할 것이다. 물론 개발된 교수 - 학습 모형에는 앞서 문제점으로 지적되었던 '한문 텍스트' 독해(讀解)에 대한 교수 - 학습 전략(戰略)이 반영될 것이다.

아울러, 개발한 교수 - 학습 모형을 교육 현장에 적용하여 모형의 실행 양상(實行樣相)을 살펴보고자 한다. 모형 연구는 모형을 개발하고 이론적으로 소개하는 것만으로 연구가 끝났다고 볼 수는 없다. 왜냐하면 모형은 구체적인 현장 적용 과정에서 수많은 변인들에 의해 가변적(可變的)일 수 있기 때문이다. 특히 수업 모형의 경우는 수업 변인 외에도 다양한 상황 변인에 의해 영향을 받는다. 그런데 지금까지 수업 모형의 적용에 관한 연구의 대부분이 주로 학생 활동의 변화 양상에 주목하여 연구가 이루어졌지, 실제 모형의 적용 과정에 대한 전체적인 양상을 살피는 데는 소홀했다고 할 수 있다. 따라서 필자는 학생 변인을 포함하여, 실제 모형을 지도하는 교사 변인과 여러 상황 변인들에 대한 전체적인 양상을 통해 '교수 - 학습 모형'을 검증할 것이다. 이를 위해 질적 연구 영역인 실행 연구 방법으로 연구를 수행하고자 한다. 실행 연구(實行硏究)는 질적 연구의 한 전통으로서 교실 수업 개선을 위하여 교사가 연구자로서 연구에 참여하면서 자신의 연구 문제를 실제로 교실 현장에 적용하여 그 효과와 문제점들을 확인하면서 프로그램을 개선하거나 현장을 개선하는 것을 목적으로 하는 연구 방법이다.[2] 필자는 새롭게 개발한 한문과 교수 - 학습 모형을 현장에 투입하여 모형의 적용과 실행 과정의 총체적인 양상을 객관적으로 관찰하고 기술하고자 한다.

이 책의 목적은 한문과 교수 - 학습 방법에 대한 기존 연구 성과를 바탕으로 한문 독해 전략이 반영된 한문과 교수 - 학습 모형을 텍스트 유형별로 구안(具案)하고, 구안한 모형을 교육 현장에 적용

---

2) 김영천, 『질적연구방법론Ⅰ』(서울 : 문음사, 2006), 61쪽.

(適用)하여 모형의 실행 양상(實行樣相)을 전체적으로 고찰함으로써 한문 교과 교육에서 교수 - 학습 방법에 대한 모형의 완성도를 높이는 데 있다.

2. 연구사 검토

한문과 교수 - 학습 방법의 연구사 검토를 위해 필자는 '기법 중심', '지도안 개발', '내용 중심'이라는 3가지 범주로 살펴보고자 한다. 이 같은 범주는 한문과의 교수 - 학습 방법을 체계화하는 데 유용하리라 판단된다. 즉, '기법 중심'은 다양한 기법들을 적용한 교수 - 학습 방법의 유형이며, '지도안 개발'은 교육 현장과 연계되어 실질적인 교수 - 학습지도안 개발 유형이며, 마지막으로 '내용 중심'은 한문 텍스트 독해에 주목한 교수 - 학습 방법의 유형으로, 이 범주가 가장 모형에 근접한 교수 - 학습 방법이라 할 수 있다.

'기법 중심'의 범주는 다시 '교수 - 학습 요소 및 자료 개발', '텍스트의 활용 및 감상', 그리고 '멀티미디어 활용'으로 세분화할 수 있다. 첫째, '교수 - 학습 요소 및 자료 개발' 연구를 살펴보면 대부분 단순한 자료의 나열이거나,[3] 한시 지도의 자료개발,[4] 한자・한자어의 필수 학습 요소의 개발,[5] 흥미 유발의 차원에서의 접근[6] 등

---

3) 배원룡, "효과적인 한문 교육의 방안 -학습 자료 개발을 중심으로-,"『한문교육연구』 제2집(서울 : 한국한문교육학회, 1998).
조규남, "그림을 활용한 한자지도법 연구,"『한문교육연구』 제9집(서울 : 한국한문교육학회, 1995).
배원룡, "한문과 교수・학습 지도방법,"『한자한문교육』 제3집(서울 : 한국한자한문교육학회, 1996).
배원룡, "효과적인 한자한문교육의 방안,"『한자한문교육』 제4집(서울 : 한국한자한문교육학회, 1998).

4) 김갑기・김홍철, "한시지도와 용사의 문제 -7차 검인정 고교한문교재 수록 한시를 중심으로-,"『한문교육연구』 제20집(서울 : 한국한문교육학회, 2003).

5) 한예원, "한자・한자어의 필수 학습요소 개발,"『한문교육연구』 제24집(서

이 있었다. 둘째, '텍스트의 활용 및 감상' 연구는 일반적 수준의 평이한 수업 방법을 소개하는 데서 출발하여,[7] 그림・지명 등을 활용하거나 창의적 프로그램을 적용하며 나아가 통합 수업까지 모색하는 등 다양한 활용 방안을 모색해 왔다.[8] 셋째, '멀티미디어 활용' 연구는 초기 시청각을 이용하는 수준[9]에서 멀티 기자재를 활

울 : 한국한문교육학회, 2005).

김동규, "한자어 교수 - 학습 자료 개발의 실제 -Flash와 Swish를 중심으로 -," 『한자한문교육』 제14집(서울 : 한국한자한문교육학회, 2005).

송영일, "자원(字源) 한자교수 - 학습연구 -'손'관련 한자를 중심으로-," 『한자한문교육』 제16집(서울 : 한국한자한문교육학회, 2006).

6) 이복규, "옛날이야기와 수수께끼를 통한 한자・한문 학습," 『한자한문교육』 제5집(서울 : 한국한자한문교육학회, 1998).

조태봉, "고등학교 한문교육의 실태와 개선방안에 관한 연구," 성균관대 교육대학원 석사학위논문, 2000.

최윤용, "ARCS모델을 적용한 한문과 교수 - 학습방법 연구 -산문분야를 중심으로-," 『한자한문교육』 제16집(서울 : 한국한자한문교육학회, 2006).

7) 김상홍, "한시(漢詩) 감상지도의 일반(一斑)," 『한자한문교육』 제1집(서울 : 한국한자한문교육학회, 1994).

이종복, "한시의 지도방법에 관한 연구," 『한자한문교육』 제2집(서울 : 한국한자한문교육학회, 1995).

8) 이태희, "근체시(近體詩)의 4단 구성과 그림으로 하는 한시(漢詩)수업," 『한문교육연구』 제11집(서울 : 한국한문교육학회, 1997).

송영실, "지명을 활용한 한문 수업안 연구," 『한자한문교육』 제12집(서울 : 한국한자한문교육학회, 2004).

김종운, "창의적 프로그램을 활용한 한자 지도 방안 연구," 『한자한문교육』 제14집(서울 : 한국한자한문교육학회, 2005).

추성범, "초등학교 한문교육방안에 대한 연구 -『몽학교재』 활용을 통해-," 성균관대 교육대학원 석사학위 논문, 2006.

남수극, "활동중심 초등학교 한자 지도방안," 『한자한문교육』 제14집(서울 : 한국한자한문교육학회, 2005).

엄선용, "고등학교 한문교과서 한시지도방법에 관한 연구," 한국교원대 대학원 석사학위논문, 1999.

여미옥, "한자어를 활용한 통합수업의 실제와 학습효과," 『한자한문교육』 제8집(서울 : 한국한자한문교육학회, 2002).

박미혜, "한시 교육의 필요성 및 지도방안," 『한자한문교육』 제9집(서울 : 한국한자한문교육학회, 2002).

9) 여미옥, "시청각을 이용한 한시교육," 『한자한문교육』 제3집(서울 : 한국한자한문교육학회, 1996).

유수현, "시청각 자료의 활용을 통한 '한문' 독해 지도 효율화 방안," 『한자한

용하거나 ICT 활용 방안 등[10]을 거치면서, 현재는 인터넷을 활용하는 웹 기반 수업[11]의 가능성까지 모색하는 단계에 이르고 있다. 지금까지 '기법 중심'의 범주로 한문과 교수 - 학습 방법을 검토해 보았다. 교수 - 학습 모형과 관련하여 이 범주의 문제점을 살펴보면, 전체적으로 흥미 유발 차원에서 기법을 적용하려다 보니 수업의 과정이나 절차가 모형으로서 정형화 되지 못했다.

다음으로 '지도안 개발' 분야의 연구를 살펴보면, 지도안만을 대상으로 한 연구는 없었지만, 교수 - 학습 모형이나 방법을 제시하면서 지도안을 소개하거나 직접 개발한 경우는 있었다.[12] 그런데 이 분야의 연구에서 특기할 만한 것은, 현장 교사들이 자생적으로 만든 모임에서 꾸준히 지도안을 발표하고 또 현장에 적용해 왔다는 점이다.[13] 이러한 '교수 - 학습 지도안' 분야는 교육 현장과 직접적

문교육』 제3집(서울 : 한국한자한문교육학회, 1996).

10) 성택영, "멀티미디어를 활용한 효과적인 한자 학습지도 연구 -중학교 1학년 학생을 중심으로-," 『한자한문교육』 제6집(서울 : 한국한자한문교육학회, 2000).

백광호, "한문교육의 현황과 개선방안제 : 한문교과에서 ICT 활용교육의 현황과 전망," 『한문교육연구』 제18집(서울 : 한국한문교육학회, 2000).

11) 이태희, "한문교육에 있어서 하이퍼미디어의 활용," 『한문교육연구』 제15집(서울 : 한국한문교육학회, 2000).

백광호, "한문과에 적용가능한 웹기반 수업과 문제중심학습," 『한문교육연구』 제15집(서울 : 한국한문교육학회, 2000).

남은경, "인터넷을 통한 한문과 문학과 문자교육," 『한문교육연구』 제20집(서울 : 한국한문교육학회, 2003).

홍성욱, "인터넷을 활용한 한문과 교수 - 학습 방안 연구," 『한문교육연구』 제21집(서울 : 한국한문교육학회, 2003).

12) 김경수, "한문교과(漢文教科)와 그 지도안(指導案)," 『한문교육연구』 제1집(서울 : 한국한문교육학회, 1986).

최윤용, "ARCS모델을 적용한 한문과 교수 - 학습방법 연구-산문분야를 중심으로-," 『한자한문교육』 제16집(서울 : 한국한자한문교육학회, 2006).

노인숙, "고등학교 한문과 한문 소설 교수 학습 모형 연구 -허생전과 양반전을 중심으로-," 『한자한문교육』 제10집(서울 : 한국한자한문교육학회, 2003).

13) '한문교육을 위한 교사모임'은 1991년 3월부터 해마다 4~5회씩 『한문교육』이라는 회지를 발간해 왔으며, 1997년 4월 현재의 '전국한문교사모임'으

으로 연계되어 실질적인 교수 - 학습 방법을 실현할 수 있는 중요한 연구 대상이다. 따라서 이 분야에서 현장의 교사들이 꾸준히 관심을 갖고 모임을 통해 고민하고, 끊임없이 이론화하려는 노력은 매우 고무적인 일이 아닐 수 없다. 교수 - 학습 모형과 관련해 이 분야의 문제점을 살펴보면, 앞서서 지적한 것처럼 지금까지 보고되고 소개된 대부분의 지도안들이 단순히 아이디어를 활용하거나 학습 자료로서의 성격만 강했지, 실질적인 교수 - 학습 모형이나 방법은 그 속에 없었다는 점이다.

마지막으로 '내용 중심' 분야의 연구를 살펴보면, 허사(虛詞)나 어순(語順)의 구조를 통한 한문 독해력 신장 방안이 있었으며,[14] 한자의 자형 분석(字形分析) · 조어표 · 한자어의 짜임 등을 통한 한자 · 한자어의 지도 연구도 있었다.[15] 또한 중국의 구형학(構形

로 개칭하였다. 2007년 현재 74호(2007.10)까지 발간되었다. 『한문교육』은 현장 교사들의 생생한 교수 - 학습 자료실이며, 각종 수업의 전략과 기법의 보고(寶庫)다. 2001년에는 그동안 『한문교육』에 실렸던 수업 사례와 지도안을 체계적으로 분류하고 수정하여 374쪽으로 정리한 『한문교육의 실제』라는 자료집을 내놓기도 했다.

14) 장기성, "한문의 독해력 신장(伸張)을 위한 허사(虛詞)와 문형학습지도(文型學習指導)에 관한 연구," 『한문교육연구』 제2집(서울 : 한국한문교육학회, 1988).
최승호, "구조유형의 탐색활동을 통한 한자 · 한자어 · 한문에로의 단계별 지도방안," 『한문교육연구』 제4집(서울 : 한국한문교육학회, 1990).
장동희, "허자지도(虛字指導)를 통한 한문 독해력 신장에 관한 연구," 『한자한문교육』 제4집(서울 : 한국한자한문교육학회, 1998).
박유리, "한문의 월형식 연구 -독해를 위한 시도-," 『한문교육연구』 제9집(서울 : 한국한문교육학회, 1995).
김경수, "한문 해석을 위한 어순의 구조분석," 『한문교육연구』 제20집(서울 : 한국한문교육학회, 2003).

15) 김익수, "한자의 자형분석(字形分析)을 통한 자의(字義)의 이해 -한자 지도방법에 대한 일시고(一試考)-," 『한문교육연구』 제4집(서울 : 한국한문교육학회, 1990).
강덕희, "기초 조어표의 활용을 통한 조어표의 효과적인 지도방안," 『한문교육연구』 제5집(서울 : 한국한문교육학회, 1991).
송병렬, "한문교과교육에서 한자의 짜임 지도 방법의 일고찰 -상형자지사자를 중심으로-," 『한문교육연구』 제16집(서울 : 한국한문교육학회,

學) 이론을 적용한 한자 학습[16]에도 관심을 기울이기도 했다. 한편, 전통적인 한문의 교육 방법인 송독(誦讀), 현토(懸吐) 등을 교육적으로 활용하는 방안도 제시되었다.[17] 지금까지 '내용 중심' 분야의 연구는 양적으로도 풍부해졌고, 내용적으로도 많이 정교화되었다. 그러나 이론을 설명하고 소개하는 데 그쳤을 뿐, 수업 과정에서 실질적인 모형화(模型化) 단계로까지 나아가지는 못했다.

그렇다면 교수-학습 모형을 시도한 연구들의 현황은 어떨까? 모형을 본격적인 탐구 대상으로 삼은 연구들은 학계에 간헐적으로 보고되었다. 먼저 초기 모형의 형태를 도식화하여 시도한 연구들이

2001).

양희용, "한자의 학습효과 증진 방안에 관한 연구,"『한문교육연구』 제26집(서울 : 한국한문교육학회, 2006).

송영일, "한자 병용시대 고등학교 한자교육의 방향 -단계별 한자 교육 방법을 중심으로-,"『한자한문교육』 제7집(서울 : 한국한자한문교육학회, 2001).

김미경, "한자어 의미 학습을 통한 한자 지도 방안,"『한자한문교육』 제7집(서울 : 한국한자한문교육학회, 2001).

16) 김영옥, "한자 교육에서의 구형학 응용에 대한 연구,"『한문교육연구』 제20집(서울 : 한국한문교육학회, 2003).

김영옥, "중국에서의 한자교육 현황 -교과서에 나타난 한자 교수-학습 방법을 중심으로-,"『한문교육연구』 제21집(서울 : 한국한문교육학회, 2003).

한연석, "구형학(構形學) 이론을 적용한 한자학습 신장방안,"『한자한문교육』 제14집(서울 : 한국한자한문교육학회, 2005).

17) 백원철, "한문과 학습의 전통적 낭독법에(朗讀法) 대하여 -한문과 학습의 효과적 일방안의 모색-,"『한문교육연구』 제11집(서울 : 한국한문교육학회, 1997).

송병렬, "현토 교육의 유용성과 토의 문법적 성격,"『한문교육연구』 제13집(서울 : 한국한문교육학회, 1999).

이병혁, "전통 한문 교육 -한문 현토(懸吐)를 중심으로-,"『한자한문교육』 제6집(서울 : 한국한자한문교육학회, 2000).

김국회, "전통문화의 이해를 위한 효과적인 교수-학습방법 탐구 -제7차 고등학교 한문교과서를 중심으로-,"『한자한문교육』 제10집(서울 : 한국한자한문교육학회, 2003).

임명호, "한문 끊어 읽기 교육에 관한 연구 -허사를 중심으로-,"『한자한문교육』 제11집(서울 : 한국한자한문교육학회, 2003).

있었으나,[18] 모형에 대한 근거 제시가 미약했다. 이후 구성주의 이론 등 교육학 이론을 한문과에 적용하기도 했으며, 한문과 영역별로 나누어 모형을 제시하기도 했다.[19] 그러나 모형의 대부분이 교육학 이론을 그대로 수용하여 교과의 특성을 반영하지 못한 아쉬움이 있었다.

모형에 대한 학위 논문을 살펴보면, 박유희는 한문과 교수 - 학습 방법의 효율성 제고를 위해 네 가지 모형을 제시했는데,[20] 모형이라기보다는 교수 - 학습 지도안에 가까웠다.

강태선과 조미자는 신문 활용 수업 모형을 각각 한문과 한자・한자어 영역에서 구안하여 효과까지 검증했다.[21] 그러나 검증 과정의 문제점을 살펴보면, 단순히 설문지를 통한 백분율과 학습지를 통한 사전・사후 검사의 비교로서 효과를 검증한 것은 객관적인 통

---

18) 변영안, "한문 독해력 신장을 위한 단계적 문형 지도 방안,"『한자한문교육』 제1집(서울 : 한국한자한문교육학회, 1994).
원용석, "한자어 교수・학습 방법에 대한 연구,"『한자한문교육』 제2집(서울 : 한국한자한문교육학회, 1995).
송영일, "한문교육의 효과적 수업모형 연구,"『한자한문교육』 제3집(서울 : 한국한자한문교육학회, 1996).
노인숙, "고등학교 한문과 한문소설 교수학습모형 연구-허생전과 양반전을 중심으로-,"『한자한문교육』 제3집(서울 : 한국한자한문교육학회, 2003).

19) 김경환, "초등학교 한자어의 위상과 효율적 지도방안,"『한자한문교육』 제12집(서울 : 한국한자한문교육학회, 2004).
김연수, "한시(漢詩) 교수 - 학습의 원리와 모형 -구성주의 이론을 바탕으로-,"『한자한문교육』 제15집(서울 : 한국한자한문교육학회, 2005).
선주원, "한문소설 교수 - 학습 방법의 원리와 모형,"『한자한문교육』 제15집(서울 : 한국한자한문교육학회, 2005).
심재경, "한문 산문영역 교수 - 학습 방법의 원리와 모형,"『한자한문교육』 제15집(서울 : 한국한자한문교육학회, 2005).

20) 박유희, 한문과 교수・학습 방법의 효율성을 위한 수업모형 연구-중학교 교과서를 중심으로-, 성균관대학교 교육대학원 석사학위논문, 1999.

21) 강태선, 新聞 活用을 통한 漢文科 授業 模型에 대한 연구, 한국교원대 대학원 석사학위논문, 1999.
조미자, NIE를 활용한 漢字 및 漢字語 지도 방안 연구, 한국교원대 대학원 석사학위논문, 1999.

계처리로써의 타당도와 신뢰도를 얻기에는 미흡하다. 통계적으로 분석하기 위해서는 매개 변수 통제, 통계적 처리 방법 등에 대한 절차와 방법들이 제시되어야 보다 과학적이고 객관적일 수 있는 것이다.

김재길은 한문 산문 수업 모형을 여섯 가지로 개발했는데, 비교적 구체적으로 도식화하는 단계까지 나아갔다.[22] 그러나 지도안을 제시하여 실제 교육 현장에 적용하여 문제점을 찾는 과정은 나와 있지 않아 그 구체적인 활용 양상을 알 수 없다.

심규민은 프로젝트 학습 모형을 구안했는데,[23] 이론적인 모형에 치우쳐 현장 적용성이 떨어지며, 통계처리 과정에서도 신뢰도와 타당도에 문제점을 드러냈다.

박영숙은 새로운 한문 교과서에 적합한 모형을 영역별(領域別)로 제시했는데,[24] 모형이라기보다는 단순한 교수 - 학습 요소의 개발과 자료의 나열에 그치고 말았다.

김연수는 구성주의(構成主義) 이론을 바탕으로 한시 교수 - 학습 모형을 설계하고 설계한 모형을 수업 현장에 실제로 적용하여 모형의 적용 양상과 모형 적용 수업의 의의를 문화기술지적 연구 방법을 통해 탐색하고 기술하였다.[25] 김연수의 논문은 한문과의 교수 - 학습 방법 분야에서 최초의 본격적인 모형 개발과 적용 연구로서의 의의가 있다. 그러나 한시 텍스트에 한정하여 모형을 개발하다 보니, '한문 독해'에는 소홀할 수밖에 없었다는 점이 아쉬움으로 남

---

22) 김재길, 고등학교 한문교과서에 수록된 산문모형개발연구, 한국교원대 대학원 석사학위논문, 2000.

23) 심규민, 고등학교 한문과에서 프로젝트 학습의 구안과 적용, 한국교원대 대학원 석사학위논문, 2003.

24) 박영숙, 한문 교육의 실상과 새로운 교과서 모형의 모색, 성균관대 교육대학원 석사학위논문, 2004.

25) 김연수, 한시 교육에서의 구성주의 교수・학습 방법 연구, 고려대학교 대학원 박사학위논문, 2006.

는다. 물론 '한시 독해'를 고려했다고는 하지만 문학 교육적 측면에서 한시 교육은 '감상'에 치중할 수밖에 없는 것이다.

이상에서 살펴본 선행 연구들은 한문과 교수 - 학습 방법을 양적으로 확장시켰다. 특히 매체 활용이나 자료 개발 분야에서는 다양한 교수 - 학습 전략이나 기법들을 시도했다. 또한 교육 현장과 연계한 수업 사례 및 교수 - 학습 지도안 자료집은 매우 고무적인 일이었으며, 아울러 텍스트 독해와 관련된 각종 이론들도 꾸준히 축적되었다. 그러나 이러한 양적인 성장과 함께 몇 가지 아쉬운 점도 드러났다.

첫째, 흥미유발 차원의 기법(技法)에 치중하여 수업의 과정이나 절차가 모형으로 정형화되지 못했다. 이러한 점은 지금까지 소개된 현장의 수업 지도안도 마찬가지 문제점으로 지적되었다.

둘째, 텍스트 독해와 관련된 교수 - 학습 이론들을 설명하고 소개만 했지, 실질적인 수업의 모형화(模型化)로 연결하지는 못했다. 이는 몇몇 개발된 모형에서도 구체적 수업 상황을 고려한 단계로까지 나아가지 못했다.

셋째, 모형의 검증 과정에서 객관적이고 과학적인 신뢰도와 타당도를 얻지 못했다. 결국 비과학적이고 주관적인 검증에 의존해왔다고 할 수 있다.

이 책은 이러한 선행 연구의 문제점을 해결하기 위해, 기존 연구 성과를 참조하여 한문 독해 전략이 반영된 교수 - 학습 모형을 텍스트 유형별로 개발하고자 한다. 또한, 학생 변인을 포함하여 실제 모형을 지도하는 교사 변인과 여러 상황 변인들에 대한 전체적인 양상을 통해 모형을 검증(檢證)할 것이다. 이를 위해 모형을 총체적으로 분석하는 질적 연구 방법으로 검증 절차를 설계하고자 한다.

3. 연구 범위 및 방법

이 책은 한문과 교수 - 학습 방법의 연구 성과를 바탕으로, 한문 교과의 특성을 반영한 교수 - 학습 모형을 한문 텍스트별로 구안하고, 구안한 모형을 교육 현장에 투입하여 모형의 실행 양상을 총체적으로 분석하고자 한다. 이를 위해 질적 연구 방법의 하나인 실행 연구 방법을 사용하여 모형의 적용 양상을 살펴보고자 한다.

제Ⅱ장에서는 한문과 교수 - 학습을 이론적이고 과학적으로 이해하기 위해 먼저 교육과정 상에 나타난 한문과 교육의 목표(目標)와 내용(內容)에 대해 살펴본 후, 한문과 교수 - 학습에 작용하는 원리(原理)와 각종 변인(變因)들에 대해 살펴볼 것이다. 이어서 한문과 교수 - 학습 방법의 다양한 양상을 비판적으로 검토한 후, 체계화를 위한 기준(基準)을 설정하여 한문과 교수 - 학습 방법을 유형화(類型化)할 것이다. 아울러 한문과 교수 - 학습 방법을 어떻게 개선하고 발전시킬 것인가 기본적인 연구의 방향을 제시하고자 한다.

제Ⅲ장에서는 제Ⅱ장의 연구 성과를 토대로 한문 독해 전략이 반영된 한문과 교수 - 학습 모형을 개발하고자 한다. 이를 위해 한문 텍스트를 유형별로 나누어 각각 '단문(短文)'과 '산문(散文)' 그리고 '한시(漢詩)'별로 교수 - 학습 모형을 구안할 것이다. 각 모형별로 배경 이론과 전략을 소개하고, 교수 - 학습 유의점을 살펴볼 것이다. 이어서 단계별 세부 절차에 대해 상세히 기술하고 도식화로써 절차를 정리하고자 한다. 또한 모형 적용시 기대되는 효과에 대해서도 살펴보고자 한다.

제Ⅳ장에서는 제Ⅲ장에서 한문 텍스트별로 구안한 세 개의 한문과 교수 - 학습 모형을 단문 텍스트는 중학교에, 산문과 한시 텍스트는 고등학교에 각각 투입하여 적용하고자 한다. 이를 위해 각 모형별로 연구 문제와 절차를 설정하고 구체적으로 적용을 위한 설계를 할 것이다. 그리고 각 모형별로 실제 수업에 적용할 연구 참여자의 선정 과정과 참여 학교 및 학생들에 대해서도 기술하고자 한다. 이어서 자료 수집 방법에 대해 살펴본 후, 자료를 어떻게 분석하고 해석할 것인가에 대한 자료 분석 방법 등에 대해서도 기술할 것이다.

제Ⅴ장에서는 모형을 현장에 적용하는 과정에서 수집된 다양한 질적 자료들을 바탕으로 모형 적용의 결과를 분석하고자 한다. 이를 위해 수업 관찰, 교사와 학생 면담, 수업 활동지, 기타 문서 자료 등을 통해 다양한 질적 자료를 수집할 것이며, 수집한 자료는 전사(transcription)한 후 코딩(coding)의 단계를 거쳐 자료를 분석하고 해석할 것이다. 먼저, 텍스트 유형별로 모형 적용의 단계별(段階別) 양상에 대해 살펴볼 것이다. 즉, 모형 적용 수업의 진행 단계별로 실행되는 구체적인 모습과 그 속에서 발견되는 문제점 등을 중심으로 기술할 것이다. 다음으로 각 모형들이 현장에 실제로 적용될 수 있는지에 대한 가능성 및 기대 효과를 살펴봄으로써, 한문과 교수 - 학습에서 모형이 가지는 의미(意味)를 살펴보고자 한다.

Ⅱ. 한문과 교수 - 학습 방법의 탐색

한문과가 독립 교과로 신설된 이래, 교수 - 학습 방법에 대한 연구는 양적인 면에서 주목할 만한 성장을 하였다. 그러나 이러한 연구 성과에도 불구하고, 아직까지 체계적인 면에서는 다소 회의적일 수밖에 없다. 한문과 교수 - 학습 방법의 비체계성(非體系性)에 대한 이유는 여러 가지 있겠으나, 가장 큰 문제는 교수 - 학습에 대한 이론적 · 과학적 이해의 부족을 꼽을 수 있다.

이 장에서는 한문과 교수 - 학습을 이론적이고 과학적으로 이해하기 위해 먼저 교육과정 상에 나타난 한문과 교육의 목표(目標)와 내용(內容)에 대해 살펴본 후, 한문과 교수 - 학습에 작용하는 원리(原理)와 각종 변인(變因)들에 대해 살펴볼 것이다. 이어서 한문과 교수 - 학습 방법의 다양한 양상을 비판적으로 검토한 후, 체계화를 위한 기준(基準)을 설정하여 한문과 교수 - 학습 방법을 유형화(類型化)할 것이다. 아울러 한문과 교수 - 학습 방법을 개선하고 발전시킬 기본적인 연구의 방향(方向)을 제시하고자 한다. 이와 같은 탐색은 한문과 교수 - 학습 방법을 모형(模型)으로 체계화하기 위한 기초 연구로서의 의의가 있다고 할 수 있다.

1. 한문과 교수 - 학습의 목표와 내용

교수(敎授)와 학습(學習), 즉 가르치고 배우는 과정은 교육에서 가장 중요한 부분이라 할 수 있다. 이 절에서는 한문과 교수-학습을 위해 가장 기본적인 목표(目標)와 내용(內容)을 검토하여 한문과에 적합한 목표와 내용 요소를 추출함으로써, 한문과 교수-학습의 기초를 다지고자 한다.

가. 목표

교실 수업에서의 교수-학습 과정을 생각할 때 가장 먼저 확정해야할 것이 수업 목표(授業目標)다. 수업 목표가 분명하게 진술될 때 비로소 목표 달성에 가장 알맞은 교수-학습 방법이 선택되고, 수업 후의 평가도 객관적으로 이루어질 수 있기 때문이다. 한문과의 교수-학습 방법의 탐색 과정도 마찬가지다. 먼저 한문과 교수-학습의 명확하고 분명한 목표의 설정이 필요하다. 여기서는 국가 수준의 교육 과정에 제시된 한문과 교육의 목표를 중심으로 살펴보겠다.

먼저, 제7차 교육 과정에 제시된 한문과 교육의 목표는 다음과 같다.

〈표Ⅱ-1〉 제7차 교육과정 한문과의 목표

한자, 한자어, 한문을 익혀 언어생활에서 바르게 읽고 쓰며, 한문을 독해할 수 있는 능력을 기르고, 한문 기록에 담긴 선인들의 삶과 지혜를 이해하여 건전한 가치관과 바람직한 인성을 함양하며, 전통 문화를 계승 발전시키려는 태도를 지니고, 한자 문화권내에서의 상호 이해와 교류 증진에 기여한다. 가. 고등학교 한문 교육용 기초 한자 900자의 음과 뜻을 알고 쓸 수 있다. 나. 한자어를 바르게 읽고 쓰며 언어생활에 활용한다. 다. 한문을 독해할 수 있는 기초적인 능력을 기른다. 라. 선인들의 삶과 지혜를 이해하고 건전한 가치관과 바람직한 인성을 함양한다. 마. 한문 기록에 담긴 전통 문화를 계승 발전시키며, 한자 문화권 내에서의 상호 이해와 교류 증진에 기여한다.

〈표Ⅱ-1〉에 제시된 한문과 교육의 목표는 '전문'과 다섯 가지 '하위 목표'로 구성되어 있다. 다섯 가지 '하위 목표'는 전문에 제시된 목표를 항목으로 나누어 좀 더 구체화한 것이다.

〈표Ⅱ-1〉에 제시된 하위 목표는 고등학교 '한문'의 하위 목표로, 학교급별에 따른 수준별 성취 목표가 중학교와 다르게 설정되어 있다. 그러나 실제로 중학교 '한문'의 하위 목표를 보더라도, 가 항의 기초 한자 900자 외에는 차이점이 없다. 따라서 한문과의 일반적 목표의 성격을 지니는 '전문'을 통해 한문과 교수 - 학습의 목표를 살펴보면서, 구체적인 목표 요소 추출 부분에서는 '하위 목표'를 참조하고자 한다.

먼저 '전문'에 대해 교육 과정 해설서에는 다음과 같이 설명하고 있다.

> 고등학교 '한문'은 일반적인 목표요소를 '① 언어 생활에서 바르게 읽고 쓰기, ② 한문을 독해할 수 있는 능력 배양, ③ 한문 기록에 담긴 선인들의 삶과 지혜를 통한 건전한 가치관과 바람직한 인성의 확립, ④ 전통 문화를 계승 발전시키려는 태도와 한자 문화권에서의 상호 이해와 교류 증진'을 들고, 위의 4개 항목의 목표 요소를 한자, 한자어, 한문 영역에서 모두 달성하는 것으로 통합하여 제시하였다.26)

교육 과정 해설서를 보면, 한문과의 목표 요소를 4개 항목으로 나누어 각각 한자, 한자어, 한문 영역에서 모두 달성하는 것으로 제시하였다. 이에 대해, '하위 목표'는 5개 항목으로 나누어 구체적으로 영역을 제시하고 있다.

26) 교육부, 『고등학교 교육과정 해설』 -한문-(서울 : 대한교과서주식회사, 1997), 16쪽.

> '한문'의 하위 목표 항은 모두 5개 항목으로 되어 있다. 그 중 가, 나, 다 항은 한자, 한자어, 한문으로 나누어 제시했으며, 라 항과 마 항은 한자, 한자어, 한문 영역에서 모두 달성하는 것으로 설정하였다.[27]

그러나 영역을 나누어 제시하면서, 나 항의 '언어 생활의 활용'이라는 목표 요소를 한자어 영역에 제한시키고 말았다. 이는 '전문'에서 밝힌 '한자, 한자어, 한문을 익혀 언어 생활에서 바르게 읽고 쓰며'와도 어긋난다.

결과적으로 한문 문장에 들어 있는 한자어 학습보다는 국어의 한자어 학습을 통한 언어 생활의 활용이라는 측면이 강조된 혐의를 지울 수 없다.

이와 같은 문제는 '국어 어휘의 많은 부분을 차지하고 있는 한자어의 학습을 통하여 언어 생활을 원활하게 한다'고 규정한 한문과의 '성격'과 무관하지 않다.[28]

이처럼 교육 과정에서 '목표'의 상위 체계라 할 수 있는 교과의 '성격' 규정에서부터 '한자어 학습'을 강조하고 있으니, '한자어 학습'이 '목표'에 반영된 것은 당연할 지도 모른다.

그러나 한문 교과의 교과적 고유성을 위해서라도 국어 어휘의 '한자어 학습'이 한문과 교육의 목표 규정이 되는 것은 적절치 않아 보인다.

다음으로, 2007년 개정 교육과정에 제시된 한문과 교육의 목표를 살펴보도록 하겠다.

---

27) 교육부, 위의 책, 16~17쪽.
28) 교육 과정에 명시된 한문과의 성격을 보면, 가장 먼저 '국어 어휘의 많은 부분을 차지하고 있는 한자어의 학습을 통하여 언어 생활을 원활하게 하고, 다른 교과를 학습하는 데 도움을 주는 도구 교과'라고 진술하고 있다.

〈표Ⅱ-2〉 2007년 개정 교육과정 한문과의 목표(한문Ⅰ)

한문에 대한 기초적인 지식을 익혀 한문 독해와 언어생활에 활용하며, 다양한 유형의 한문 자료를 비판적으로 이해하고 심미적으로 향유할 수 있는 능력을 기른다. 또한 한문 기록에 담긴 선인들의 삶과 지혜를 이해하여 건전한 가치관과 바람직한 인성을 함양하고, 전통 문화를 바르게 이해하고 창조적으로 계승 발전시키며, 한자문화권의 문화에 대한 기초적인 지식을 익혀 한자문화권 내에서의 상호 이해와 교류 증진에 기여하려는 태도를 지닌다. 가. 고등학교 한문 교육용 기초 한자 900자의 음과 뜻을 알고 쓸 수 있는 능력을 기른다. 나. 한문에 대한 기초적인 지식을 익혀 한문 독해와 언어생활에 활용하는 능력을 기른다. 다. 다양한 유형의 한문 자료를 비판적으로 이해하고 심미적으로 향유할 수 있는 능력을 기른다. 라. 선인들의 삶과 지혜를 이해하고 건전한 가치관과 바람직한 인성을 함양하며, 전통 문화를 바르게 이해하고 창조적으로 계승 발전시키려는 태도를 지닌다. 마. 한자문화권의 문화에 대한 기초적인 지식을 익혀 한자문화권 내에서의 상호 이해와 교류 증진에 기여하려는 태도를 지닌다.

〈표Ⅱ-2〉에 제시된 개정 교육과정에서는 교육 목표를 '전문'과 '하위 목표'로 나누어 제시한 제7차 교육과정의 틀을 그대로 따르고 있다. 그러나 7차 때와는 달리 몇 가지 내용을 수정・보완했다. 가장 큰 변화는 한문과의 영역별 목표를 '한자・한자어・한문'에서 '한문・한문지식' 영역으로 나누어 제시한 점이다. 이에 대해 개정 교육과정 시안 개발 연구 보고서에는 다음과 같이 설명하고 있다.

이번 개정안의 '한문지식' 영역은 제7차 교육과정의 한자, 한자어, 한문 영역의 일부 내용까지 두루 포괄하는 것이며, '한문' 영역 또한 제7차 교육과정의 '한문' 영역과는 그 내용과 범위에서 성격이 다른 것이다. ……한자어 영역의 목표 제시에 한정되었던 제7차 교육과정과 달리 한자, 어휘, 문장의 차원을 두루 포괄하는 '한문지식' 영역의 목표 제시로 그 목표의 성격을 바꾸는 한편, …… '한문' 영역의 목표를 읽기와 풀이의 차원에서만 제한적으로 제시했던 제7차 교육과정과 달리 한문의 읽기와 풀이에서 나아가 한문의 이해와 감상 또한 '한문' 영역의 목표에 속하는 것임을 명시하였다.29)

즉, 개정된 교육 과정 한문과의 목표는 먼저 '한문 지식' 영역에서는 "한문에 대한 기초적인 지식을 익혀 한문 독해와 언어 생활에 활용하는 능력을 기른다"로 설정했음을 알 수 있다. 이는 앞서 문제점으로 지적되었던 7차 교육과정에서 한자어 영역에 한정되었던 '언어 생활에의 활용'을, 한자 · 어휘 · 문장 차원을 두루 포괄하는 '한문 지식' 영역을 통해 '한문 독해(漢文讀解)'와 연계시켰다는 데 의의를 찾을 수 있겠다.

또한, '한문' 영역에서는 "다양한 유형의 한문 자료를 비판적으로 이해하고 심미적으로 향유할 수 있는 능력을 기른다."로 목표 설정을 하였다. 이는 한문 독해의 수준을 '읽기와 풀이'로만 명시했던 기존 교육 과정의 문제점을 '이해와 감상' 단계로까지 목표 설정을 확대시킨 것이다.

이밖에 하위 목표 라, 마 항이 있으나, 기존 목표 요소와 큰 차이가 없다. 다만, '한자 문화권에서의 상호 이해와 교류 증진' 부분을 별도의 목표 요소로 강조한 점이 특이할 뿐이다.

지금까지 제7차 교육 과정과 개정 교육 과정에 제시된 한문과의 교육 목표를 살펴보았다. 특히 '한자어 학습' 문제에 대해 개정된 교육 과정의 입장은 매우 고무적이라 할 수 있다. 그러나 명확하고 분명한 교과의 목표 설정이란 측면에서 볼 때 개선해야 할 점이 있다. 바로 교과의 '고유성(固有性)' 문제다. 국어과교육의 기본적 목표는 '언어 사용 능력의 신장'에 있다. 즉, 국어를 사용하는 여러 가

29) 문영진 · 장호성 · 박영호 · 송병렬 · 안재철 · 윤재민 · 김왕규 · 이군선, 『중 · 고등학교 한문 선택과목 교육과정 개정 시안 연구 개발』(서울 : 한국교육과정평가원, 2006), 51~52쪽.

지 능력들을 신장시키는 것이 기본적 목표이고, 문학 작품을 짓고 감상하는 것 등은 그 다음 목표인 것이다. 바로 이 점이 국어 교과의 고유적 특성인 것이다.

그렇다면 한문과의 고유성(固有性)은 과연 무엇인가? 현재 한문 교과의 교육과정에 제시된 교과의 목표는 '한문 독해 능력'과 '언어 생활에 활용'을 함께 최우선으로 제시하고 있다. 7차 교육 과정 때에는 '언어 생활에 활용'을 먼저 제시했고, 2007년 개정 교육 과정에서는 '한문 독해 능력'과 '언어 생활에 활용'을 한 문장 안에서 동등하게 제시하고 있다. 그런데 '언어 생활에 활용'은 엄밀히 본다면, 결국 국어과의 언어 능력 신장을 위한 도구로서의 의미를 일부 인정할 수밖에 없다. 그렇다면 '한자·한자어·한문'을 익혀 또는 '한문 지식'을 익혀 언어 생활에 활용하는 것이 한문과의 기본적인 목표가 될 수는 없는 것이다. 따라서 한문 교과의 고유성 확보를 위해서라도 '한문 독해 능력의 신장'을 가장 기본적인 목표로 제시하고, 그 외의 도구 교과적 특성이나 인성 교육적 측면, 한자 문화권에서의 역할 등을 설정해야 할 것이다.

이상의 논의를 통해 한문과의 목표를 구체화하면 다음과 같다.

첫째, 한문에 대한 지식을 익혀 한문 독해 능력을 기른다.

둘째, 한문에 대한 지식을 익혀 언어 생활에도 활용한다.

셋째, 한문 전적에 대해 비판적으로 이해하고 감상한다.

넷째, 한문 전적을 통해 건전한 가치관과 바람직한 인성을 기른다.

다섯째, 한자 문화권에서의 상호 이해와 교류 증진에 기여하려는 태도를 지닌다.

이러한 한문과의 목표는 결국 한문과가 교수 - 학습을 통해 도달해야할 지향점이라 할 수 있으며, 한문과에 적합한 교수 - 학습 모형을 구안할 때 모형의 도달 목표로서 기능하게 될 것이다.

나. 내용

교육 과정에서의 '내용(內容)'이란 교수 - 학습을 통해 학습자가 성취하거나 습득, 숙달할 수 있는 지식·능력·태도 등 일체의 학습 대상이 되는 실체를 의미한다.

곧 '교육 과정 목표를 달성하기 위해 교수 - 학습 과정에 포함시켜야 할 요소는 무엇인가?'에 대한 교육 공동체의 합의가 내용(內容)으로 제시되는 것이다.[30]

다시 말해 교육의 '내용(內容)'은 교육의 '목표(目標)'와 통일적 연계 속에서 설정되어야 함을 말한 것이라고 볼 수 있다. 즉, 앞에서 설정한 목표(目標)에 의해 내용의 영역과 영역별 요소가 구체화되어야 할 것이다. 여기서는 한문과에서 다루어야 할 내용 요소에 대해, 교육 과정에 제시된 것을 중심으로 살펴보겠다.

먼저 제7차 교육 과정에 제시된 한문과의 '내용(內容)'을 살펴보면, 크게 '내용 체계(內容體系)'와 '영역별 내용(領域別內容)'의 두 부분으로 되어 있음을 알 수 있다. 그 중에서도 '내용 체계(內容體系)'는 한문과에서 학습할 핵심 내용을 간명하게 체계화하여 한 눈에 볼 수 있게 제시한 체계표이다.

제7차 한문과 교육 과정의 내용 체계는 학교급별(學校級別)로 '중학교 한문, 고등학교 한문, 한문 고전'으로 제시하고 있다. 그러나 학교급별로 제시한 '내용 체계(內容體系)'의 기본 형식에는 큰 차이가 없다. 다만, 한문 고전에서 '한자'와 '한자어' 영역을 통합하여 '한자·한자어' 영역으로 제시하고 있으나, '내용 체계'의 큰 틀(frame)의 모습은 다르지 않다. 따라서 여기서는 '고등학교 한문'의 내용 체계를 통해 살펴보겠다.

---

30) 최현섭 외, 『국어교육학개론』(서울 : 삼지원, 2001), 85쪽.

〈표Ⅱ-3〉 제7차 한문과 교육과정의 내용 체계(고등학교 한문)

영 역	내 용	
한 자	한자 익히기	· 한자의 음과 뜻을 알고 쓰기
		· 한자의 짜임을 통해 형 · 음 · 의 알기
	한자 활용하기	· 언어 생활에 활용하기
		· 문장 독해에 활용하기
한자어	한자어 익히기	· 한자어의 음과 뜻을 알고 쓰기
		· 한자어의 짜임을 통해 뜻 알기
		· 성어의 속뜻 알기
	한자어 활용하기	· 언어 생활에 활용하기
		· 문장 독해에 활용하기
	가치관 형성하기	· 선인들의 삶과 지혜를 이해하고 가치관 형성하기
한 문	한문 익히기	· 산문을 읽고 풀이하기
		· 문장 구조를 통해 문장의 내용 알기
		· 허자의 쓰임을 알고 활용하기
		· 문장의 형식을 통해 문장의 뜻 풀이하기
	한시 익히기	· 한시를 풀이하고 감상하기
		· 한시의 기초적인 형식과 특징 이해하기
	한문 활용하기	· 격언 · 속담, 명언 · 명구를 일상 생활에 활용하기
	가치관 형성하기	· 선인들의 삶과 지혜를 이해하고 가치관 형성하기
	전통문화 계승 발전시키기	· 전통 문화를 이해하고 계승 발전시키기
		· 한자 문화권 내에서의 상호 이해 증진하기

제7차 한문과 교육 과정의 내용 체계는 영역을 '한자 · 한자어 · 한문'의 3분 체계로 구분하였으며, 각각의 영역별로 하위 영역을 설정하고 있다.

한자 영역은 하위 항목으로 '한자 익히기, 한자 활용하기'를 설정하였고, 한자어 영역은 '한자어 익히기, 한자어 활용하기, 가치관 형성하기'를, 한문 영역은 '한문 익히기, 한시 익히기, 한문 활용하기, 가치관 형성하기, 전통 문화 계승 발전시키기'를 하위 항목으로 설정하였다. 그리고 각각의 하위 항목마다 세부적인 내용 요소를 추출하여 상세히 제시하고 있다.

먼저, 내용 체계의 세로축에 해당하는 영역 구분에 대해서는 이미 한문 교육학계에서 문제를 제기하고, 대안 또한 다양하게 제시했다.[31] 이러한 영역 구분에 대해 교육 과정 해설서에는 다음과 같이 설명하고 있다.

> 한문 교과의 내용 영역은 한자·한자어·한문의 3분 체계에서, 특히 한자어 영역의 독립성 여부에 대한 일부의 논란이 있었으나, 한글 전용 하에서의 국한문 혼용이라는 어문 정책의 현실적 여건을 고려하여 3분 체계를 그대로 유지하였다.[32]

위의 설명을 보면 한문과의 내용 영역을 한자·한자어·한문으로 설정한 이유는 단지 '어문 정책의 현실적 여건을 고려'한 것이지, 한문과의 교과적 특성이나 학문적 체계와는 무관한 것임을 한문과 스스로 자인(自認)한 꼴이 되었다.

다음으로, 내용 체계의 가로축에 해당하는 영역(대영역), 영역내의 하위 영역(중영역), 그리고 내용 요소(소영역) 사이에 작용하는 범주화(範疇化) 및 구조화(構造化)의 원리가 과연 있는가의 문제다. 국어과의 경우, '본질·원리·태도·실제'로써 국어과 교육 내

31) 한문과 내용 체계에 대해, 가장 먼저 학계에 문제 제기한 것은 박영호(1996)의 논문이다. 그 이후 강경모(2002), 송병렬(2002), 원용석(2003), 안재철(2003), 원용석(2004), 송병렬(2005), 김왕규(2005), 김왕규·원용석·한은수·김동규(2006) 등이 꾸준히 문제를 제기하고 대안을 제시하였다. 그 결과 최근에는 그 동안의 성과를 종합하여 "한문과 교육 과정 변천과 내용 체계(內容體系) 연구"(원용석, 2007)라는 학위 논문이 나오기까지 하였다.

32) 교육부, 『중학교 교육과정 해설(Ⅴ)』-외국어(영어), 재량 활동, 한문, 컴퓨터, 환경, 생활 외국어-(서울 : 대한교과서주식회사, 1999), 161쪽.

용을 범주화하고 이를 토대로 내용 체계를 구조화하였다.[33] 그러나 결론적으로 한문과의 경우는 교육 내용의 범주화 및 구조화의 원리가 없다. 이에 대해 김왕규는 다음과 같이 한문과 내용 체계의 문제점을 진단했다.

> 영역, 영역의 하위 항목, 그리고 내용 요소 사이의 관계 또한 '상세화' 이외는 범주화 및 구조화의 원리가 부재하다. 각 영역의 내용 요소 사이 또한 '선후 관계' 그 이상은 없다. 한문과의 내용 체계는 한문과의 교육 내용을 범주화하고 구조화한 '내용 체계표'가 아니라 내용을 단순 배열한 '내용 배열표'로 해석된다.[34]

위와 같은 '내용 체계'의 문제점은 그대로 '영역별 내용'으로 이어진다. 곧, 영역 설정의 기준이 학문적 체계에 의한 것이 아니고, 영역이나 내용 요소간에도 범주화나 구조화의 원리가 없다 보니, 세부적인 '영역별 내용'도 배열 내용을 똑같이 반복하는 수준을 벗어나지 못하고 말았다.

다음은 2007년 개정 교육 과정에서 제시한 한문과 '내용(內容)'을 살펴보겠다.

7차 때와 마찬가지로, 학교급별로 '내용 체계(內容體系)'와 '영역별 내용(領域別內容)'을 제시하고 있다.

학교급별로 제시한 '영역별 내용'은 학교급별로 수준차를 두어 제시하고 있으나, '내용 체계'는 큰 틀(frame)에서 모두 같다.

따라서 여기서는 주로 '내용 체계'를 통해 한문과의 '내용'에 대해 살펴보겠다.

---

33) 교육부, 『고등학교 교육과정 해설』 -국어-(서울 : 대한교과서주식회사, 2000), 23쪽.

34) 김왕규, "언어 교과의 '내용 체계(內容體系)'의 몇 가지 쟁점," 『한문교육연구』 24(서울 : 한국한문교육학회, 2005), 129쪽.

〈표Ⅱ-4〉 2007 개정 한문과 교육과정의 내용 체계(한문Ⅰ)

영 역	내	용
한 문	읽 기	단문의 읽기와 풀이
		산문의 읽기와 풀이
		한시의 읽기와 풀이
	이 해	단문의 이해와 감상
		산문의 이해와 감상
		한시의 이해와 감상
	문 화	전통 문화의 이해와 계승
		한자문화권의 상호 이해와 교류
한문지식	한 자	한자의 특징
		한자의 짜임
		한자의 역사
	어 휘	단어의 형성
		단어의 갈래
		어휘와 의미
	문 장	문장의 구조
		문장의 유형
		문장의 수사

〈표Ⅱ-4〉에 나타난 개정 한문과 교육 과정의 '내용 체계'는 우선 영역을 '한문'과 '한문 지식' 2분 체계로 구분한 점이 특기할 만하다. 이러한 영역 설정에 대해 개정 교육과정 시안 개발 연구 보고서에는 다음과 같이 설명하고 있다.

> 한문과의 정체성을 문장 및 텍스트 차원에서 구현해야 한다는 논리를 강조하여 '한문' 영역을 우선 설정했다. 그리고 한문의 언어적

> 특질과 체계를 고려하여 '한문지식'을 영역의 하나로 제시했다. 단, 국가 수준의 교육과정 편제 및 시간 배당 기준에 따른 한문과의 위상과 현실적 여건을 고려하여, 기존의 한자어 영역의 내용 요소를 한문지식의 어휘로 일부 흡수, 통합하였다는 점을 부기한다.[35)]

위의 연구 보고서에서도 언급했듯이, '한문'과 '한문 지식'의 2분 체계의 구분은 그동안 7차에서 끊임없이 제기되어 왔던 영역 구분의 기준을 '어문 정책의 현실적 여건 고려'에서 '한문과의 학문적 특성과 교과적 정체성'으로 자리매김했다는 데 큰 의의가 있다.

다음으로 개정된 한문과 교육 과정 내용 체계의 가로축을 살펴보면, 먼저 '한문' 영역은 '읽기·이해·문화'로, '한문 지식' 영역은 '한자·어휘·문장'의 하위 영역으로 나누었다. 그리고 각각의 하위 영역마다 세부적인 내용 요소를 추출하여 제시하고 있다. 그렇다면 과연 '영역'과 '하위 영역', 그리고 '내용 요소' 간에는 범주화(範疇化)와 구조화(構造化)의 원리를 찾을 수 있는가? 7차 교육과정 때는 앞서 살펴보았듯이, 범주화 및 구조화의 원리를 찾을 수 없었다. 따라서 '내용 체계표'가 아니라 단순히 내용을 나열하고 배열한 '내용 배열표' 수준을 벗어날 수 없었다.

그러나 개정 한문과 교육 과정 내용 체계의 '영역'과 '하위 영역' 간에는 '한문과의 학문적·언어적 특성'을 범주화의 기준 내지 원리로 삼아, '한문'을 '읽기·이해·문화'로, '한문 지식'을 '한자·어휘·문장'으로 범주화하고 구조화 하였다.[36)] 따라서 한문과에서 내용 체계의 조직 곧, 범주화 및 구조화의 원리로 삼은 것은 바로 '한문과의 학문적·언어적 특성'임을 알 수 있다.

또한 하위 영역에 따른 세부 내용 요소의 제시도 단순히 학습 요소를 나열한 것이 아니라, '내용 체계'에 이어 제시될 '영역별 내용'

---

35) 문영진 외, 위의 보고서, 56쪽.
36) 문영진 외, 위의 보고서, 56~57쪽.

및 '학년별 내용'의 선정의 근거로서 작용할 수 있도록 범주화 하였다.[37] 이것은 내용 요소가 구체적인 학습 내용 요소 선정을 위한 준거(準據)로서의 기능을 한다고 볼 수 있다.

지금까지 제7차 교육 과정과 개정 교육 과정에 제시된 한문과 '내용'을 살펴보았다.

특히 '영역 설정의 기준'이나 '범주화 및 구조화의 원리' 측면에서 개정 한문과 교육 과정의 입장은 그 동안의 문제점을 개선하여 한문과의 학문적 · 언어적 특성 등 교과 내적인 특성으로 눈을 돌렸다는 데 의의가 있겠다.

이상의 논의를 통해 한문과의 내용 요소를 교수 - 학습 상황과 연계해 구체화하면 다음과 같다.

첫째, '단문(短文)', '산문(散文)', '한시(漢詩)'의 학습 내용을 각각 '읽기'와 '이해'로 나누어 제시한다.

둘째, '단문', '산문', '한시'의 공통적인 학습 내용을 '문화'로 제시한다.

셋째, '한문 지식'영역을 '한자 · 어휘 · 문장'으로 제시하되, 이 영역은 한문 독해력 신장을 위한 기초 내용 요소의 성격을 띠므로 '읽기'와 '이해'의 하위 요소로 함께 제시한다.[38]

다음은 위에서 구체화한 한문과 교수 - 학습을 위한 내용 요소를 표로 정리한 것이다.

---

37) 문영진 외, 위의 보고서, 56쪽.

38) '한문 지식' 영역은 실제 한문과 교수 - 학습 상황에서 '한문' 영역과 더불어 상호 작용하게 된다. 따라서 '한문 지식'은 교수 - 학습의 방법과 전략적 측면에서 '읽기, 이해, 문화'와 상호 작용하며 때로는 '한자' 요소를, 때로는 '어휘' 요소를, 때로는 '한문' 요소를 추출하여 교수 - 학습에 기능하게 될 것이다.

〈표Ⅱ-5〉 한문과 교수 - 학습을 위한 내용 요소

<table>
<tr><th>텍스트
영역</th><th>단 문</th><th>산 문</th><th>한 시</th></tr>
<tr><td>읽 기</td><td>· 한문 단문(短文)을 소리 내어 읽을 수 있다.
· 한문 단문을 끊어 읽을 수 있다.
· 한문 단문을 바르게 풀이할 수 있다.</td><td>· 한문 산문을 소리 내어 읽을 수 있다.
· 한문 산문을 끊어 읽을 수 있다.
· 한문 산문을 바르게 풀이할 수 있다.</td><td>· 한시를 소리 내어 읽을 수 있다.
· 한시를 끊어 읽을 수 있다.
· 한시를 바르게 풀이할 수 있다.</td></tr>
<tr><td>이 해</td><td>· 한문 단문의 내용과 주제를 이해한다.
· 한문 단문의 특수한 표현 방식을 이해하고 감상할 수 있다.</td><td>· 한문 산문의 문체와 특징을 이해한다.
· 한문 산문의 내용과 주제를 이해한다.
· 한문 산문의 특수한 표현 방식을 이해하고 감상할 수 있다.</td><td>· 한시의 형식과 특징을 이해한다.
· 한시의 내용과 주제를 이해한다.
· 한시의 특수한 표현 방식을 이해하고 감상할 수 있다.</td></tr>
<tr><td>문 화</td><td colspan="3">· 선인들의 삶과 지혜를 이해하고 건전한 가치관과 바람직한 인성을 함양한다.
· 전통 문화를 바르게 이해하고 창조적으로 계승 발전시키려는 태도를 지닌다.
· 한자문화권의 문화에 대한 기초적 지식을 익힌다.
· 한자문화권 내에서의 상호 이해와 교류 증진에 기여하려는 태도를 지닌다.</td></tr>
<tr><td colspan="4">↑ - 한 자   ↑ - 어 휘   ↑ - 문 장</td></tr>
</table>

위의 〈표Ⅱ-5〉에 제시된 한문과 내용 요소는 주로 개정된 한문과 교육 과정의 '영역별 내용'에 의거하여 '단문', '산문', '한시'의 학습 텍스트별로 나누어 제시한 것이다. 이 같은 내용 요소 추출은 Ⅲ장에서 구안할 한문과 교수 - 학습 모형의 학습 내용 요소로서 기능하게 될 것이다.

2. 한문과 교수-학습의 원리와 변인

앞에서 교육 과정 상의 한문과 교육의 목표와 내용을 검토하여 한문과에 적합한 목표와 내용 요소를 추출하였다. 이 절에서는 이러한 구체화한 한문과의 목표와 내용이 실제 교수-학습 상황에서 기능할 때, 작용하게 되는 원리(原理)와 주요 변인(變因)들을 분석함으로써, 한문과 교수-학습의 방향을 모색하고자 한다.

가. 원리

한문과 교수-학습에 작용하는 원리(原理)를 추출하기 위해, 먼저 일반적인 교수-학습 원리를 검토하고자 한다. 그런 다음 개별 교과인 한문과 교수-학습의 문제점을 살펴본 후, 이러한 문제점 극복을 중심으로 한문과 교수-학습의 원리를 추출하도록 하겠다. 그런데 '교수법'과 '학습 지도법', '수업'과 '교수-학습' 등의 용어가 혼재되어 사용되고 있어, 각 용어마다 개념적 범위를 어디까지 제한할 것인지를 먼저 결정할 필요가 있겠다.

전통적 교육에서는 학생들의 흥미나 필요 또는 능력의 유무에 관계없이 일정한 교재를 제시하여 일률적으로 암기나 연습을 강요하는 방법을 썼다. 그러나 최근에는 학생들의 능력과 욕구에 적합한 교재를 선택하여 학습자의 자발적인 학습 활동에 호소하는 방향으로 발전하고 있다.

전자(前者)를 교수법(教授法 : teaching method), 후자(後者)를 학습지도법(學習指導法 : guidance of learning)이라고 한다.[39] 이는 교사가 일방적으로 가르치는 활동에서 학생 중심의 학

39) 서울대학교 국어교육연구소, 『국어교육학사전』(서울 : 대교출판, 2005),

습 지도로 발전하게 된 것을 반영한 용어라 할 수 있다.

한편, 수업(授業 : teaching)이라는 말은 "학생들이 새로운 것을 할 수 있거나 할 수 있게 될 방도를 배우게 하거나 변화시킬 목적으로 제공되는 인간적인 상호 작용"40)이라고 정의할 수 있다. 이 용어도 앞의 '교수법'과 마찬가지로 교사 위주의 교육관이 반영되어 있음을 알 수가 있다. 따라서 교사와 학습자 변인을 동등하게 드러내는 교수 - 학습(教授-學習 : teaching-learning)의 용어를 사용하는 것이 타당하리라 판단된다.41)

이러한 교수(教授)와 학습(學習)이 일정한 내용 요소를 가지고 교실이라는 공간에서 이루어질 때, 가장 바람직한 교수 - 학습의 원리는 무엇이겠는가? 물론 교수와 학습은 서로 영향을 주고받기 때문에 총체적(總體的)으로 파악해야 하겠으나, 여기서는 검토의 편의상 '교수의 원리'와 '학습의 원리'로 구분하여 살펴보도록 하겠다.

먼저 교수의 원리란 학습자의 학습 활동을 지도할 때 학생들을 바람직한 방향으로 이끌어 나가기 위한 교수 방법의 기준을 의미한다. 이에는 개별화의 원리, 자발성의 원리, 사회화의 원리, 직관의 원리, 목적의 원리 등이 있다.42)

개별화(個別化)의 원리는 학습자의 요구나 능력 등에 알맞은 학습 활동의 기회를 마련해 주어야 한다는 원리이다.

74쪽.

40) 서울대학교 교육연구소, 『교육학대백과사전』(서울 : 하우동설, 1999), 1701쪽.

41) 물론 교수(教授)라는 말은 영어에서도 명쾌한 합의가 이루어지지 않고 있다. teaching으로 번역하기도 하고, instruction으로 번역하여 사용하기도 한다. 또, 학자에 따라서는 instruction을 수업(授業)으로 번역하여 교수와 엄격히 구분하기도 한다. 여기서는 전통적인 수업(授業)을 포괄하는 개념으로 '교수 - 학습(教授-學習)'이라는 용어를 사용하고자 한다. 변영계, 『교수・학습 이론의 이해』(서울 : 학지사, 2006), 21~24쪽 참조.

42) 유광찬, 『교수방법과 교과』(서울 : 교육과학사, 1998), 69~77쪽.
박성익, 『교수・학습 방법의 이론과 실제(Ⅰ)』(서울 : 교육과학사, 2005), 1~26쪽.

자발성(自發性)의 원리는 학습 지도에서 학습자 스스로 배우고자 하는 자발적인 의욕을 강조하는 원리로서, 학습자로 하여금 내적 동기(內的動機)가 유발된 학습을 시켜야 한다는 원리이다. 이와 유사한 원리로는 자기 활동의 원리, 흥미의 원리 등이 있다.

사회화(社會化)의 원리는 공동 학습(共同學習)을 통해 협력적이고 우호적인 학습을 하게 되어 사회화를 돕는다는 원리이다. 이와 같은 원리에서 구안(具案)된 것이 토의법, 분단 학습, 문제 해결학습 등이 있다.

직관(直觀)의 원리는 구체적 사물을 제시하거나 경험시킴으로써 효과를 볼 수 있다는 시청각 교육의 원리이다.

마지막으로 목적(目的)의 원리는 학습자에게 학습 목표가 분명히 인식되었을 때 자발적이고 적극적인 학습 활동을 하게 된다는 원리이다.

학습의 원리는 학습자가 주어진 환경 속에서 계속적인 경험으로 일어나는 행동이나 인지의 변화가 바람직한 방향으로 나가기 위한 학습 방법의 기준을 의미한다. 주로 심리학에서 밝혀지고 있는 학습에 관한 제반 원리 중에서 학습 지도에 적용할 수 있는 원리를 살펴보면 강화의 원리, 피드백의 원리, 준비성의 원리, 근접의 원리, 빈도의 원리, 지속의 원리 등이 있다.[43]

먼저 강화(强化)의 원리는 바람직한 반응에 대해서 적극적인 강화를 줌으로써 학습 효과(學習效果)에 대한 기대를 갖게 하는 원리이다.

피드백(feed back)의 원리는 학습 결과의 정오(正誤)에 대해 즉시 확인시킴으로써 학습 결과의 정착도(定着度)를 높이는 원리이다.

---

43) 유광찬, 위의 책, 78~80쪽.
박성익, 위의 책, 167~180쪽.

준비성(準備性)의 원리는 학습자가 학습에 대한 심신(心身)의 태세가 갖추어져 있을 때 학습의 효과가 크게 나타난다는 원리이다.

근접(近接)의 원리는 선행(先行)하는 학습과 후행(後行)하는 학습이 시간적 · 공간적 · 표상적으로 근접 또는 유사성을 띠었을 때는 쉽게 학습된다는 원리이다.

빈도(頻度)의 원리는 학습 자료가 제시되어진 횟수나 학습 행위의 반복 횟수가 많을수록 학습 효과가 높다는 원리이다.

마지막으로 지속(持續)의 원리는 자극 및 반응의 학습 장면이 일정기간 지속되었을 때 학습 효과가 더 높다는 원리이다.

위에서 제시한 원리는 교육에서의 일반적 원리이다. 이러한 일반적 수준에서의 교수 - 학습 원리는 한문과와 같은 개별 교과의 교수 - 학습 원리를 추출할 때 기초적인 원리로써 기능하게 될 것이다.

다음은 한문과 교수 - 학습의 문제점을 구체적 교실 수업 현장을 통해 살펴보도록 하겠다.44)

(前略) (중학교) 1학년 한문 교과서의 1과 내용은 '一 二 三 四 五 六 七 八 九 十'이었다. 고민을 하기 시작했다. 이 내용을 가지고 45분이라는 시간을 어찌 보낼 것인가? 나름대로 준비를 하여 1학년 교실에 들어가서 수업을 하기 시작했다. 결과는 참혹했다. 내가 준비한 것을 모두 설명하고도 30분이라는 시간이 남은 것이었다. 무엇을 할까? 아이들에게 쓰기의 중요성을 강조했다.(다분히 임기응변적인 태도였다.) 그리고 쓰라고 했다. 10번씩 쓰라고 했다. 열심히 쓰라고 했다. 아이들이 다 썼다. 그리고도 시간은 15분이나 남았다. (中略)

(중학교) 2학년 한문 교과서는 생활 한자어 8개로 구성되어 있

44) 구체적 수업 장면을 통해 한문과 교수 - 학습의 문제점을 도출한 것은 아래 이재승의 글에서 시사받은 바가 크다. 이재승, "국어과 교수 학습의 방향," 『21세기 국어교육학의 현황과 과제』(서울 : 한국 문화사, 2002), 193~222쪽.

었다. 내용은 무엇인지 구체적으로 기억이 나지는 않지만 두 글자로 이루어진 한자어였다. '學校, 授業, 敎室' 이런 식으로 학교 생활에 관련된 한자어였던 것 같다. 수업을 했다. 최선을 다해서 설명했지만 25분 만에 설명은 끝나고 다시 20분이라는 시간이 남았다. 다시 아이들에게 쓰기의 중요성을 강조했다. 10번씩 쓰라고 했다. 이번에는 다행히 5분밖에 시간이 남지 않았다. 그래서 또 쉬라고 했다. (中略)

내일 있을 (중학교) 3학년 한문 수업을 준비하기 시작했다. 다행히 3학년 한문 교과서의 내용은 고사성어였다.(자세한 기억은 나지 않지만 그랬던 것 같다.) 그래서 어떻게 하면 재미있게 이야기 해줄 수 있을까 고민하면서 나름대로 연습도 하면서 수업준비를 했다. 드디어 3학년 한문 수업의 첫 시간 아이들에게 이야기보따리를 풀기 시작했다. 아이들은 재미있게 듣는 것 같았다. 그러나 그것으로 끝이었다. 아이들은 그냥 재미있는 이야기를 듣는 청중이었고 나는 이야기꾼이었다. 남는 것은 없었다. 이렇게 시작한 한문 수업은 1학기 내내 별로 바뀐 것이 없었다.45)

위의 인용문은 새내기 한문 교사의 수업 장면으로, 정도의 차이는 있겠지만 한문 교육의 현실을 여과 없이 보여준다고 할 수 있다. 인용문에서는 중학교 교실 수업의 장면만 언급되었지만, 고등학교의 경우도 중학교 3학년의 수업 장면과 크게 다르지 않을 것이다. 이런 식의 수업은 여러 가지 문제점을 지니고 있다. 첫째, 교사의 일방적인 강의식(講義式) 수업이었다는 점이다. 학생들은 단지 자리에 앉아 수동적으로 교사의 설명만을 들어야 했다. 이런 교실에서는 교사와 학생간의 일대일 질문과 대답은 있지만, 학생들 간의 상호 작용(相互作用)은 찾아보기 어렵다.

둘째, 한자와 한자어만을 익히는 수업이었다는 점이다. 이는 학

45) 최호영, "한문 수업을 어찌 할까?," 『한문교육』 68호(서울 : 전국한문교사모임, 2006), 38~39쪽.

생들의 능력이나 흥미를 전혀 고려하지 않고, 단순히 한자를 기계적으로 암기하는 것만이 전부가 되어버린 것이다. 특히 '學校', '教室'과 같은 생활 한자어를 강조하여 국어과의 어휘 학습을 담당하는 꼴이 되어 한문과의 교과적 정당성이 훼손되었다. 따라서 이러한 수업은 앞서 '한문과 교육의 목표'에서 밝혔듯이 한문 교과의 고유적 특성인 '한문 독해력' 신장을 위한 교육이 실종되고 말았다.

셋째, 지나치게 교과서 중심의 수업이었다는 점이다. 교과서에 있는 내용을 반드시 가르쳐야 한다는 교사의 강박관념이 수업을 무미건조하게 만들 수 있는 것이다. 가르칠 학습 요소가 적을 때는 시간이 많이 남고, 반대로 가르칠 요소가 많을 때는 모든 내용을 다 다루려다 보니 시간이 모자라게 되는 것이다. 교과서 재구성(再構成)에 대한 교사의 인식 전환이 필요해 보인다.

넷째, 학생들의 선택권이 거의 없는 수업이었다는 점이다. 교사가 일방적으로 수업을 진행하기 때문에 학생들은 내용이나 자료, 활용 등을 선택할 수 있는 여지가 별로 없다. 그러다 보니 학생들의 학습에 대한 참여 정도가 낮을 수밖에 없는 것이다.

다섯째, 한문 교과만의 독자적인 색깔이 없는 수업이었다는 점이다. 한문 교과가 다루는 영역은 실로 방대하다. 언어와 문학, 역사, 철학, 인성과 가치관 등을 두루 포괄한다고 볼 수 있다. 이러한 영역을 담당하는 교과와의 차별화된 한문과만의 수업 전략이나 기법들이 보이지 않았다.

지금까지 한문과 교수 - 학습의 문제점을 실제 수업 현장의 반성적 고찰을 통해 살펴보았다. 이제 이상의 논의를 바탕으로 바람직한 한문과 교수 - 학습의 원리를 추출해보겠다.

첫째, 교사와 학생, 학생과 학생 간에 상호 작용(相互作用)하는 수업이다. 이 원리는 일반적 교수 - 학습의 원리 중에서 '사회화'의 원리와 통한다고 볼 수 있다. 기존의 강의식·주입식 수업에서 벗어나 교사와 학생, 학생과 학생 간에 협력적 대화를 통한 학습 환경을 구축하는 것이다. 한문 수업에서는 교사의 일방적인 설명이나 해석을 듣기 보다는 학생이 스스로 해석해보고, 학생들끼리 상호작용을 통해 학습해가는 협동 학습의 형태를 띠게 된다.

둘째, 한문 독해력(漢文讀解力)에 초점을 맞춘 수업이다. 이는 일반적 교수 - 학습의 원리 중에서 '목적'의 원리에 해당된다고 볼 수 있다. 즉, 분명한 수업의 목표를 제시해 줌으로써 한문 수업의 전개가 선명하게 된다. 한문 수업에서는 단문(短文)과 산문(散文) 텍스트의 주된 목표는 감상이 아니라, 텍스트의 독해에 있는 것이다. 따라서 문장 독해에 초점을 맞춰, 직역(直譯)과 의역(意譯)의 과정을 통해 독해력을 신장시켜야 한다. 문장 형태가 아닌 한자나 한자어를 가르칠 때라도 단순히 기계적으로 암기만 하는 것이 아니라, 문장 속에서 한자와 한자어를 이해시킬 수 있어야 한다.

셋째, 활동 중심(活動中心)의 재미있는 수업이다. 이는 일반적인 교수 - 학습의 원리 중에서 '자발성'의 원리에 해당된다고 볼 수 있다. 즉 학생들로 하여금 실질적인 활동을 통해 수업의 흥미를 갖도록 하는 것이다. 이처럼 학생들의 활동을 강조하게 되면 자연스럽게 학생들의 참여를 유도할 수 있으며, 또한 재미있고 활기찬 수업이 될 수 있는 것이다. 한문 수업에서는 '한자 쓰기'나 '낭독법', '그림 그리기, 음악이나 영상자료와 관련 짓기' 등 다양한 기법들을 통해 학생들의 활동을 이끌어 낼 수 있다.

넷째, 한문의 색깔이 배어있는 수업이다. 이는 한문 교과의 고유적 특성을 교수 - 학습 방법이나 기법으로 체계화한 형태를 말한다. 예를 들어 전통적 낭독법인 송독(誦讀)을 꾸준히 반복함으로써, 한문에 대한 친근감과 함께 내용도 음미(吟味)할 수 있는 것이다. 그리고 한문 전적을 통해 드러나는 전통적인 가치관의 우수성을 강조하는 수업도 생각해 볼 수 있을 것이다.

지금까지 추출한 한문과 교수-학습의 원리를 정리하면 다음과 같다.

첫째, 교사와 학생, 학생과 학생 간에 상호 작용(相互作用)하는 수업

둘째, 한문 독해력(漢文讀解力)에 초점을 맞춘 수업

셋째, 활동 중심(活動中心)의 재미있는 수업

넷째, 한문의 색깔이 배어있는 수업

이러한 한문과 교수-학습의 원리들은 각기 독립적으로 행해질 수도 있지만 실제 교수-학습 상황에서는 서로 얽혀 있는 경우가 많다. 이 같은 교수-학습의 원리들은 한문과 교수-학습 모형을 구안할 때 때로는 수업의 이론적 배경으로, 때로는 교수-학습의 유의점 등으로 적절하게 반영될 것이다.

나. 변인

교수-학습은 어느 특정 변인(變因)에만 의존하는 것이 아니라, '학습자, 교사, 수업 체제 및 수업 환경, 교과 내용, 사회적 환경' 등 수많은 변인들이 총체적으로 상호작용하여 이루어진다. 여기서는 교수-학습의 다양한 변인들을 살펴본 후, 한문과 교수-학습에 작용하는 주요 변인들을 분석할 것이다.

먼저 교육학에서는 교수-학습의 주요 변인으로 크게 '학생 변인, 교사 변인, 교육 과정 변인'으로 구분해왔으며, 무엇에 관심을 가지고 강조하여 설명하고자 하느냐에 따라 좀 더 구체화되고 세분화되어 왔다. 전성연은 이러한 세 변인을 좀 더 세분화한 교수-학습의 통합적 모형을 제안하였다.[46] 그는 학습자 요인, 교사 요인,

---

46) 그는 학습자 변인에는 학습자의 지적 능력과 학습 전략, 학습 동기, 학습

수업 체제 및 수업 환경 요인, 과제 특성 요인 등이 총체적으로 상호 작용하지 않고서는 교수 - 학습이 이루어질 수 없다고 보았다. 한편, 이성호는 교수 방법 측면에서 여섯 가지 필수 요소를 제시하였다.[47] 즉, '목적, 내용, 방법, 교수자, 학습자, 환경'의 여섯 가지 요소가 상호 작용하며 교수 - 학습에 영향을 미친다는 것이다.

한편, 교수 - 학습 변인을 개념적으로 정의하지는 않았지만, 조영달은 우리나라 중학교 교실 수업을 이해하기 위한 그의 연구에서 교실 수업의 내용적 변인을 교사, 학생, 교수학습, 교실 수업의 사회적 환경, 수업의 주제 등 다섯 영역으로 구분하였다.[48] 이때 교수학습은 가르치고 배우는 과정과 활동을 의미한다.

지금까지의 논의는 주로 교수 - 학습의 내적인 변인들을 중심으로 이루어졌다고 볼 수 있다. 그러나 교수 - 학습 이론이나 실제가 변화되기 위해서는 반드시 외적 변인들도 고려해야 할 것이다. 이런 관점에서 프래지(Frazee)와 루드니츠키(Rudnitski)는 내외적 변인들을 세 수준으로 나누어 제시한 바 있다. 제1수준은 교사,

---

자 자신에 대한 지각, 학습 준비성 등이 포함되며, 그 밖에도 인지 양식이나 성격 특성과 같은 여러 가지 심리적 개인차 요인이 있을 수 있다고 보았다. 한편, 교사 관련 변인으로는 교사 자신에 대한 지각, 지식 및 언어 능력, 수업 기술, 학생 이해 능력, 직무 만족도, 인지 양식이나 성격 특성 등과 같은 심리적 특성이 있다고 했다. 다음으로는 수업체제 및 수업 환경 관련 변인에는 교수 - 학습의 밀도, 수업의 형태, 학습 집단 구성, 미디어의 활용 정도, 수업 지원 환경 등이 포함되어 있다고 했다. 그리고 마지막으로 과제 특성 변인으로는 과제의 적합성, 흥미 있는 과제, 과제의 제시 방식, 과제의 크기, 과제의 위계성, 과제의 지식적 특성 등이 관련 변인으로 설명하고 있다. 전성연, "교수 - 학습이론 관련변인의 탐색," 『교수 - 학습의 이론적 탐색』(서울 : 원미사, 2006), 11~35쪽.

47) 그는 무엇을 위하여(교수 - 학습 목적), 어떤 사람이(교수자), 무엇을 매개 자료로 사용하여(교수 - 학습 내용), 누구를(학습자), 어떤 방법으로(교수 - 학습 방법), 어떤 조건에서(교수 - 학습 환경) 가르치고 배우는 가의 여섯가지 요소가 서로 상호 작용하면서 교수 - 학습에 영향을 미친다고 설명하고 있다. 이성호, 『교수 방법론』(서울 : 학지사, 1999), 35~59쪽.

48) 조영달, 『한국 중등학교 교실 수업의 이해』(서울 : 교육과학사, 2001), 21~34쪽.

학생, 교육 과정으로 구성되었으며, 제2수준은 학교와 수업전문직으로 구분했다. 마지막 제3수준은 교수 - 학습이 이루어지는 교실이 속한 사회로 나누었다.[49] 이는 수업 외부에서 지원하고 있는 사회적 환경 등의 외부 변인도 교수 - 학습에 영향을 미칠 수 있음을 보여 준 것이다.

최근 국내에서도 이러한 내·외적 변인들을 모두 고려하여 교수 - 학습 상황에 작용하는 변인들을 설정하여 연구한 보고서가 제출되었다. 보고서에 따르면, 크게 4가지 수준으로 대별하고 있다. 제0수준은 교수 - 학습 실행변인, 제1수준은 교수 - 학습 기본 변인, 제2수준은 교수 - 학습 지원 환경 변인, 제3수준은 교수 - 학습 관련 사회 문화 변인으로 설정하였다.[50]

---

49) 특히 제2수준과 제3수준이 외적 변인에 해당되는 데, 그 구체적 변인 요소를 살펴보면 다음과 같다. 먼저 제2수준의 학교 변인은 '학교 역사, 권력 관계, 학부모 참여, 지역사회 참여, 의무학교 교육' 등이 포함되며, 수업 전문직은 '높은 기준, 전문적 자율성, 동료간의 협력관계, 동료 규제' 등이 관련된다. 제3수준은 교수 - 학습이 이루어지는 교실이 속한 사회로서, 이에는 '사회의 정치적 상황, 사회적 상황, 문화·인종·경제적 다양성, 지구상의 요구, 교육에 대한 사회적 관점' 등이 포함된다. 최승현 외, 『교수·학습 상황과 주요 변인 분석 연구』(서울 : 한국교육과정평가원, 2005), 13쪽에서 재인용.

50) 우선 0수준인 교수 - 학습 실행 변인은 수업운영 및 교실 수업 환경을 뜻한다. 이에는 교수 전략, 수업 형태, 학습 집단 구성, 매체 활용, 물리적 교실 환경 등이 포함된다.

제1수준의 교수 - 학습 기본 변인은 학생과 교사, 그리고 교육 과정으로 구성된다. 학생 변인으로는 지능, 동기, 자아 존중감, 학습 준비도, 학습 양식, 흥미 등이 있으며, 교사 변인으로는 교수 효능감, 언어 능력, 학생 이해 능력, 직무 만족도, 심리적 특성, 헌신도, 전문성 등이 관련된다. 교육 과정 변인에는 교육 과정의 적정성, 교육 과정의 수준, 과제의 적합성, 과제의 위계성, 과제의 지식적 특성, 과제의 타당성 등이 포함될 수 있다.

제2수준은 교수 - 학습 지원 환경 변인으로서, 학교, 학부모 및 지역사회, 교육 행정 기관으로 나누어진다. 학교 변인으로는 학교 역사, 권력 관계, 기관 목표, 학교 풍토 등이, 학부모 및 지역 사회 변인에는 학부모 참여, 지역사회 연계가, 교육 행정 기관 변인으로는 교수 - 학습 지원 정책 및 실제 등이 포함된다.

마지막 제3수준은 사회 문화 변인으로서, 사회의 정치적 상황, 사회적 상이 보고서가 주목되는 것은 기존의 관련 이론이나 문헌을 기초로 설정한 개념적(槪念的) 변인들을 실제 교실 상황에서 관찰하고, 면담하고, 설문조사하여 결과를 분석하여 개선방안을 제시했다는 점이다. 이 같은 개선점은 한국 중등학교 교실 수업의 상황 변인을 이해하는 데 시사점을 줄 수 있으리라 기대되며, 한문과 교수 - 학습의 제 변인들을 이해하는 데도 도움을 줄 것이다.

다음으로는 한문과의 인접 교과인 국어과의 교수 - 학습 변인을 살펴봄으로써, 같은 언어 교과로서 변인 추출 및 분석에 따른 시사점을 얻고자 한다. 먼저 국어과 교수 - 학습의 변인을 '실체적 요소, 과정적 요소, 배경적 요소'로 나눈 논의가 두드러진다.[51] 이러한 논의를 구체화 하면, 실체적 요소의 하위 변인으로는 '교사, 교재, 학습자'가 포함되며, 과정적 요소의 변인으로는 '목표-내용-방법-평가'로 이어지는 교육 과정 요소가 포함되었다. 마지막으로 배경적 요소의 변인으로는 교수 - 학습의 배경이랄 수 있는 '학문적 배경' 외에도, '언어적 배경, 심리적 배경, 사회적 배경, 환경적 배경' 등이 포함되었다.

한편, 이재승은 바람직한 국어과 교수 - 학습의 방향을 논하면서 '교사, 학습자, 교재, 환경'의 4가지 교수 - 학습 변인을 제시하였다.[52] 또한, 서혁은 교수 - 학습 방법을 구상하면서 '교수자, 학습자, 목표와 내용, 학습 환경'의 4가지 핵심 변인을 제시하기도 하였다.[53]

지금까지 교수 - 학습의 변인들과 국어과라는 개별 교과의 교수 -

황, 문화 · 인종 · 경제적 다양성, 지구상의 요구, 교육에 대한 사회적 관점 등이 교수 - 학습과 관련이 있는 것으로 알려져 왔다. 최승현 외, 『교수 · 학습 상황과 주요 변인 분석 연구』(서울 : 한국교육과정평가원, 2005), 16~50쪽.

51) 최현섭 외, 『국어교육학 개론』 제2판(서울 : 삼지원, 1996), 124~126쪽.

52) 이재승, "국어과 교수 학습의 방향," 『21세기 국어교육학의 방향』(서울 : 한국문화사, 2002).

53) 서 혁, "국어과 교수 - 학습 방법 구성의 원리," 『국어교육학연구』 24(서울 : 국어교육학회, 2005), 312~315쪽.

학습에 작용하는 변인들까지 살펴보았다. 교수 - 학습의 변인들은 정도의 차이를 보이긴 했지만, 대부분 공통된 변인들을 포함하고 있었음을 알 수 있었다. 즉, 교수 - 학습을 구성하는 기본적인 변인인 '학습자 변인', '교사 변인', '교육 과정 변인'이 그것이다.

이러한 기본적인 변인이 개별 교과에 적용될 때는 '교육 과정 변인'이 '교재(text) 변인'으로 구체화되는 것을 확인할 수 있었다. 그러나, 이러한 '교사, 학습자, 교재' 변인만으로는 교수 - 학습의 모든 활동을 설명할 수는 없다. 일반적 수준에서는 외적인 변인으로 '교실 수업 환경'과 '사회・문화적 변인'을 포함시켰고, 국어과에서는 '배경' 또는 '환경'이라는 변인으로 설명하고 있다.

결론적으로 개별 교과의 교수 - 학습에 작용하는 다양한 변인들은 '학습자, 교사, 텍스트'라는 내적 변인들끼리 상호 작용(相互作用)하며, 동시에 다양한 외적인 '환경 변인'과 유기적(有機的)으로 결합한다고 볼 수 있겠다.

이상의 논의를 바탕으로 한문과 교수 - 학습의 변인(變因)을 추출해 보면 다음과 같다.

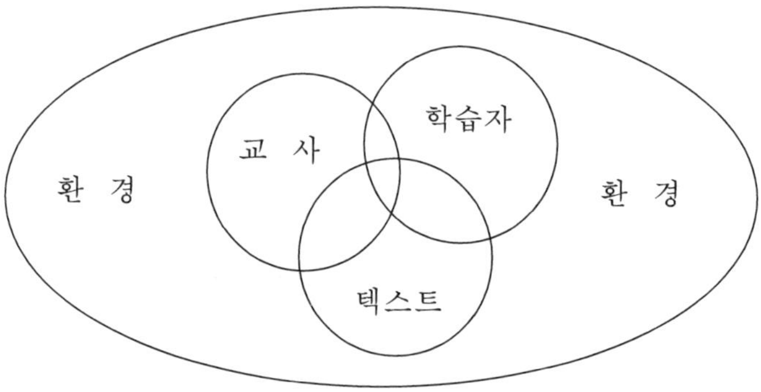

〈그림 1〉 한문과 교수 - 학습의 주요 변인

한문과 교수 - 학습 변인의 가장 첫 번째는 역시 가르치는 사람,

즉 교사(教師) 변인이다.

한문 수업에서 교사의 교수관, 수업 기법, 한문 텍스트의 수용 태도 등은 학습자의 학습에 절대적인 영향을 끼친다. 이러한 것들은 실제 수업 상황에서 학습자의 학습 태도나 학업 성취 등에 직접 작용하기 때문이다.

따라서 교사의 교수관, 교수-학습 모형이나 기법에 대한 이해, 텍스트에 대한 수용 태도 등에 따라 수업의 성패(成敗)가 달려 있다고 할 수 있다.

다음으로 배우는 사람, 즉 학습자(學習者) 변인이다. 한문 수업에서 한문 텍스트에 대한 학습자들의 반응은 학습자들의 한문 독해력(漢文讀解力)에 따라 결정된다.

한문 독해력은 앞서 살펴본 한문과 교수-학습을 위한 내용 요소의 모든 영역에 영향을 미친다. 그 중에 '한문 지식' 영역과는 직접적 영향 관계에 있다고 할 수 있다. 곧 '한자(漢字)·어휘(語彙)·문장(文章)'에 대한 지적(知的)인 특성이 학습자 변인에 절대적 영향을 미치게 된다.

그러나 학습자의 체험이나 텍스트에 대한 반응들이 실제로는 학습자 개개인마다 다양하기 때문에, '이해(理解)', '문화(文化)'와 같은 정의적(情意的) 특성도 포함해서 학습자 변인을 고려해야 할 것이다. 아울러 학습 동기, 흥미도, 학습 욕구 등도 중요하게 변인으로 포함시켜야 할 것이다.

세 번째로는 교사 변인과 학습자 변인 사이에서, 이 두 변인이 상호 작용을 하도록 매개하는 텍스트 변인이다. 따라서 텍스트 변인은 수업 상황에서 교사와 학습자, 또는 학습자와 학습자간의 상호 소통에 의해 그 의미가 구체화 된다고 볼 수 있다. 물론 교사의 한문 텍스트 수용 태도에 따라 텍스트 선정이 결정되기도 하지만 학습자의 욕구나 반응을 무시하지는 못할 것이다.

따라서 텍스트 변인은 교사 변인과 학습자 변인의 특성을 고려한 텍스트 재구조화 시스템을 하위 변인으로 포함해야 할 것이다. 그러나 자칫 언어 정책의 현실적 여건이나 학습자의 반응을 지나치게 고려한 나머지, 교과의 고유성을 훼손하는 재구조화라면 이는 반드시 경계해야 할 것이다.

앞서 한문과 교육의 목표에서 살펴보았듯이, 한문 교과의 최우선 목표는 바로 '한문 독해력 신장'에 있어야 하기 때문이다. 그 밖에 한문 텍스트의 학교급별 연계성 문제, 난이도 조정 문제 등도 지속적으로 고려해야 할 것이다.

마지막으로 외적 변인에 해당되는 환경(環境) 변인이다. 이러한 환경 변인에는 주로 교실 수업과 관련된 물리적(物理的) 환경 변인과, 교실 외적인 사회·문화적(社會·文化的) 환경 변인으로 나눌 수 있다. 물리적 환경 변인의 경우 한문 전용 교실처럼 한문 교과에 맞는 책걸상 및 기자재가 구비되어 있다면, 다양한 형태의 교수 - 학습이 쉽게 이루어질 수 있을 것이다. 또한 정부의 문자 교육 정책, 최근 한자 교육 열풍 등과 같은 한자·한문에 대한 사회 문화적인 변인은 교실 공간에서 이루어지는 한문 교과의 교수 - 학습과 무관한 듯 보이나, 심층적으로는 깊은 관련을 가지고 영향을 미치고 있는 것이다.

지금까지 한문과 교수 - 학습의 주요 변인들을 추출하여 각 변인별로 하위 요소들을 분석하였다. 〈그림1〉에서 제시된 것처럼, 가운데에 교사와 학습자 변인 그리고 텍스트 변인을 원으로 연결함으로써 상호 작용을 표시하였다. 또한 바깥의 환경 변인이 세 가지 변인들을 크게 감싸 안음으로써 때로는 교사 변인과, 때로는 학습자 변인과, 때로는 텍스트 변인과 유기적으로 영향을 주고받는 과정을 표시하였다. 결국 한문과를 포함한 교과의 교수 - 학습은 어느 특정 변인에만 의존하는 것이 아니라, 수많은 내·외적 변인들의 상호 작용으로 이루어짐을 알 수 있겠다.

3. 한문과 교수-학습 방법의 체계화 및 방향

한문과가 1972년 독립 교과로 신설된 이래, 교수-학습 방법에 관한 연구는 양적으로 주목할 만한 성장을 하였다. 그러나 선행 연구 검토에서도 살펴보았듯이 체계적인 면에서는 여전히 미흡한 상태다. 따라서 이 절에서는 이제까지의 한문과 교수-학습 방법의 양상(樣相)을 비판적으로 검토한 후, 체계화를 위한 기준(基準)을 설정하여 한문과 교수-학습 방법을 유형화(類型化)하고자 한다. 아울러 한문과 교수-학습 방법을 어떻게 개선하고 발전시킬 것인가 기본적인 연구의 방향을 제시하고자 한다. 이와 같은 연구 성과는 제Ⅲ장의 모형 구안을 위한 기초 연구로서의 의의가 있다고 할 수 있다.

가. 체계화

1) 양 상

한문과 교수-학습 방법에 대한 연구 양상(樣相)을 살피기 위해, 여기서는 국가 수준의 교육 과정과 학회에 제출된 연구 논문, 그리고 교육 현장의 연구 성과물을 중심으로 살펴보고자 한다.

가) 교육 과정

국가 수준의 교육 과정에 제시된 한문과 교수-학습 방법을 검토함으로써, 현재 한문과 교수-학습 방법의 유형(類型)을 대략이나마 짐작할 수 있을 것이다. 먼저 현재 시행되고 있는 제7차 교육과정의 한문과 교수 - 학습 '방법' 관련 진술이다.

〈표II-6〉 제7차 한문과 교육과정의 '방법'(고등학교 한문)

4. 방 법

가. 교수・학습 계획

(1) 고등학교 '한문'의 교육 목표를 충실히 반영하여 교수・학습 계획을 수립하고, 특히 고등학교 한문 교육용 기초 한자 900자의 학습이 체계적으로 이루어질 수 있도록 계획한다.

(2) 학습자, 가정, 사회 등의 요구를 수렴하여 계획한다.

(3) 학습자의 일상 생활에 도움이 되고, 중학교 '한문' 및 다른 교과와의 연계 학습이 가능하도록 계획한다.

(4) 학습 장면이나 학습자의 특수 상황 등을 고려하여 적절하게 계획한다.

(5) 한자, 한자어, 한문의 학습이 통합적으로 이루어질 수 있고, 반복 학습이 가능하도록 계획한다.

(6) 중학교에서 한문과 교육을 체계적으로 이수하지 않은 학생이 고등 학교 '한문'을 이수하고자 할 때에는 중학교 교육 과정에 근거하여 별도의 보충 학습 계획을 수립하여 지도한다.

(7) 목표 달성에 효과적인 교수・학습 방법을 다양하게 강구하되, 특히 학습자가 탐구의 과정을 경험할 수 있도록 계획한다.

(8) 컴퓨터 및 멀티미디어 자료 등을 효과적으로 활용할 수 있도록 계획한다.

나. 교수・학습 방법

(1) 학생들이 한자, 한자어, 한문을 쉽고 재미있게 학습할 수 있으며, 학습 부담을 지나치게 느끼지 않도록 다음 사항에 유의하여 교수・학습 방법을 계획한다.

㈎ 한자・한자어는 부수 중심 지도법, 구조 분석법, 조어 분석법, 언어 활용법, 반복 학습법, 색출법, 비교 학습법 등 다양한 수업 방법을 적용하여 지도한다.

㈏ 고사 성어, 격언・속담, 명언・명구는 토의 학습법, 역할놀이 학습법 등 다양한 수업 방법을 적용하여 속뜻을 알게 하고, 선인들의 삶과 지혜를 이해하여 건전한 가치관을 형성할 수 있도록 지도한다.

㈐ 문장의 구조, 허자의 쓰임, 문장의 형식 등은 다양한 수업 방법을 적용하고, 문장독해력이 향상될 수 있도록 지도한다.

(2) 컴퓨터 통신 또는 멀티미디어 자료 등을 활용하여 한자, 한자어 한문의 학습 효과를 높인다.

다. 교수・학습 자료

(1) 교수・학습 자료는 가능한 한 학습자의 흥미와 학습 동기를 유발하여

학습자 중심의 학습이 이루어지도록 구성한다.
(2) 교수・학습 자료는 선진 한국인을 양성하는 데 도움이 되고, 일상 생활에 활용도가 높으며, 바람직한 인간상을 구현하고, 전통 문화의 이해와 건전한 가치관 형성에 도움이 되는 것으로 선정한다.
(3) 한자, 한자어, 한문의 교수・학습 효과를 높이기 위하여 카드, 융판, 괘도, O.H.P, 녹음기, 컴퓨터 보조 학습 프로그램 등 다양한 자료를 활용한다.
(4) 컴퓨터 통신 또는 멀티미디어 등 각종 정보 자료를 효율적으로 활용한다.

위에서 알 수 있듯이 제7차 고등학교 한문과 교육과정의 '방법'은 매우 포괄적인 영역을 다루고 있다. 즉, '교수・학습 계획', '교수・학습 방법', '교수・학습 자료'를 모두 '방법'에 포함시키고 있다. 물론 구체적인 교수 - 학습 방법에 관한 논의는 '나. 교수・학습 방법' 항목만 해당하겠지만, '계획'이나 '자료'까지 아울러 전체적으로 조망하는 것도 필요하리라 본다. 왜냐하면 '계획'이나 '자료'에 대한 진술이 교수 - 학습 방법과 밀접하게 관련을 맺을 수밖에 없기 때문이다.

먼저, '가. 교수・학습 계획'과 '다. 교수・학습 자료' 항목에서 한문과 교수 - 학습의 방법적 요소를 추출해 보면 다음과 같다.

① 통합 학습 - 가. 교수・학습 계획(5)
② 반복 학습 - 가. 교수・학습 계획(5), 나. 교수・학습 방법(1) 가)
③ 탐구 학습(과정학습) - 가. 교수・학습 계획(7)
④ ICT활용 학습 - 가. 교수・학습 계획(8),
나. 교수・학습 방법(2),
다. 교수・학습 자료(3),(4)[54]

---

54) 추출한 4가지 교수 - 학습 방법은 다음 선행 연구를 참조했음을 밝혀둔다. 유영희, "국어과 교수・학습 방법과 한문과 교육," 『한국한문교육학회 2004학년도 제3회 심포지엄 발표자료』(서울 : 한국한문교육학회, 2004), 10쪽.

위의 4가지 교수 - 학습 방법은 '한문'이라는 개별 교과보다는 주로 범교과적인 큰 틀을 적용한 것으로, 일반적인 교육학 이론을 무비판적으로 수용한 느낌이 강하다. 이와 같은 문제점은 차후 한문과 교수 - 학습 방법을 체계화할 때, 교과의 고유성을 반영한 교수 - 학습 방법으로 해결되어야 할 것이다.

다음은 구체적인 교수 - 학습의 방법적 요소를 '나. 교수 · 학습 방법' 항목에서 추출한 것이다.

① 부수중심 지도법 – 나. 교수 · 학습 방법(1) 가)
② 구조 분석법 – 나. 교수 · 학습 방법(1) 가)
③ 조어 분석법 – 나. 교수 · 학습 방법(1) 가)
④ 언어 활용법 – 나. 교수 · 학습 방법(1) 가)
⑤ 색출법 – 나. 교수 · 학습 방법(1) 가)
⑥ 비교 학습법 – 나. 교수 · 학습 방법(1) 가)
⑦ 토의 학습법 – 나. 교수 · 학습 방법(1) 나)
⑧ 역할놀이 학습법 – 나. 교수 · 학습 방법(1) 나)
⑨ 다양한 수업 방법 – 나. 교수 · 학습 방법(1) 다)

교수 - 학습 방법을 유형화하는 데는 기준에 따라 다양할 수 있다. 위의 9가지 교수 - 학습 방법은 교육 과정의 '영역(領域)'이라는 기준에 의해 분류할 수 있다. 즉, '① 부수중심 지도법'부터 '⑥ 비교 학습법'까지는 '한자 · 한자어' 영역에, '⑦ 토의 학습법'과 '⑧ 역할놀이 학습법'은 '고사 성어, 격언 · 속담, 명언 · 명구'의 영역에 적용할 교수 - 학습 방법인 것이다. 그런데, '⑨ 다양한 수업 방법'은 나머지 영역인 '한문' 영역에 해당되나, 막연히 다양한 방법이라고만 했지 구체적인 교수 - 학습 방법이 없다. 이는 한문 교과의 교수 - 학습 방법에 관한 연구 성과가 아직까지 한문과의 고유한 틀로 체계화되지 못한 안타까운 현실을 그대로 보여주고 있는 것이다.

이어서 2007년 개정 교육 과정의 한문과 교수 - 학습 '방법' 관련 진술이다.

〈표Ⅱ-7〉 2007년 개정 한문과 교육과정의 '교수 · 학습 방법' 가 · 다항(한문Ⅰ)

4. 교수 · 학습 방법 가. 교수 · 학습 계획 (1) 고등학교 '한문Ⅰ'의 교육 목표를 충실히 반영하여 교수 · 학습 계획을 수립한다. (2) '한문'과 '한문지식' 영역의 학습이 유기적으로 이루어질 수 있고, 반복 학습이 가능하도록 계획한다. (3) 학습자, 가정, 사회 등의 요구를 수렴하여 계획한다. (4) 학습자의 일상생활에 도움이 되고, 학년 간 및 다른 교과와의 연계 학습이 가능하도록 계획한다. (5) 학습 장면이나 학습자의 특수 상황 등을 고려하여 적절하게 계획한다. (6) 학습자의 창의적인 학습 활동을 권장하고 학습자의 다양한 반응과 호응을 적극적으로 수용할 수 있도록 계획한다. (7) 다양한 매체 자료를 활용할 수 있도록 계획한다. (8) 중학교에서 한문과 교육을 체계적으로 이수하지 않은 학생이 고등학교 '한문 Ⅰ'을 이수하고자 할 때에는 중학교 한문 교육 과정에 근거하여 별도의 보충 학습 계획을 수립하여 지도한다. 다. 교수 · 학습 자료 (1) 교수 · 학습 자료는 학습자의 흥미와 동기를 유발하여 학습자 중심의 학습이 이루어지도록 구성한다. (2) 교수 · 학습 자료는 한문 독해 능력을 기르고 선인들의 삶과 지혜를 이해하며, 전통문화 계승 발전 및 한자문화권의 상호 이해와 교류 증진에 도움이 되는 것으로 선정한다. (3) '한문', '한문지식'의 교수 · 학습 효과를 높이기 위해 다양한 매체 등 각종 자료를 효율적으로 활용한다.

〈표Ⅱ-7〉은 '4. 교수 · 학습 방법'중에서 '가. 교수 · 학습 계획'과 '다. 교수 · 학습 자료' 부분을 진술한 것이다. 7차 때와의 차이점을 중심으로 살펴보면, 먼저 '한자 · 한자어 · 한문'의 통합 학습을 강조하던 데에서 '한문'과 '한문 지식' 영역의 유기적(有機的) 학습을 강조하는 것으로 바뀌었음을 알 수 있다. 그러나 반복 학습에 대한

것은 7차 때와 여전히 같았다. 그 외에, 학습자의 탐구 학습을 강조한 7차 때와는 다르게 개정 교육 과정에서는 학습자의 다양한 반응이나 호응을 적극적으로 수용하려는 것을 알 수 있다. 이는 문학 영역에서 주로 활용되는 '반응 중심 학습법'을 한문과에 수용한 것임을 알 수 있다. 이러한 변화는 앞서 살펴본 개정 한문과의 목표 중 신설된 '한문 자료를 비판적으로 이해하고 심미적으로 향유할 수 있는 능력'과 밀접한 관련을 가지며, 그 연장선상에서 한문과 교수-학습 방법을 계획했다고 할 수 있다.

〈표Ⅱ-8〉 2007년 개정 한문과 교육과정 '교수·학습 방법' 나항(한문Ⅰ)

나. 교수·학습 방법 (1) 학생들이 쉽고 재미있게 학습할 수 있도록 하되, 다음 사항에 유의하여 교수·학습 방법을 계획한다. (가) 한문 영역의 '읽기'는 낭독법 등 다양한 수업 방법을 창의적으로 적용하여 읽고 풀이할 수 있도록 지도한다. (나) 한문 영역의 '이해'는 강의법, 토의 학습법, 역할놀이 학습법 등 다양한 수업 방법을 창의적으로 적용하여 이해하고 감상할 수 있도록 지도한다. (다) 한문 영역의 '문화'는 토론 학습, 비교 학습법 등 다양한 수업 방법을 창의적으로 적용하여, 전통문화의 수용·창조와 한자문화권의 상호 이해·교류에 기여할 수 있도록 지도한다. (라) 한자의 특징, 한자의 짜임, 한자의 역사는 이미지 컷 활용 지도법, 부수 중심 지도법, 구조 분석법 등 다양한 수업 방법을 창의적으로 적용하여 지도한다. (마) 단어의 형성, 단어의 갈래, 어휘와 의미는 조어 분석법, 언어 활용법, 색출법, 비교 학습법 등 다양한 수업 방법을 창의적으로 적용하여 지도한다. (바) 문장의 구조, 문장의 유형, 문장의 수사는 다양한 수업 방법을 창의적으로 적용하여 지도한다. (2) 학습자의 학습 효과를 높일 수 있도록 '강의, 토론, 현장학습, 협동학습' 등 다양한 교수·학습 방법을 적용하여 지도한다. (3) 다양한 매체 자료를 활용하여 한문의 학습 효과를 높이되, 가급적 학습자 일방의 활동에서 멈추지 않고 다수의 학습자와 공유하고 교사와 학습자 간 쌍방향에서 서로 소통할 수 있도록 한다.

〈표Ⅱ-8〉은 구체적으로 한문과 교수 - 학습 방법에 대해 진술하고 있다. 가장 큰 변화는 기존 '한자 · 한자어 · 한문'의 체계에서 '한문'과 '한문 지식'으로 영역을 개정하면서 영역의 내용에 해당하는 '읽기', '이해', '문화', '한자', '어휘', '문장'에 따라 하나하나 교수 - 학습 방법을 진술하고 있다는 점이다. 즉, 교육 과정 내용 체계의 '영역(領域)'을 기준으로 하여, 한문과 교수 - 학습 방법을 영역별로 유형화(類型化)했다는 점이 성과로 평가될 수 있겠다. 또한, 교육 과정의 '영역'이라는 기준 외에 '교수 - 학습의 형태(形態)'라는 또 다른 기준을 내세워 교수 - 학습 방법을 제시하고 있으며, 단순한 매체의 활용이 아닌 쌍방향 의사 소통을 강조하는 점이 이전 교육 과정과는 구별된다.

지금까지 2007년 개정 한문과 교육과정의 방법에 대해 논의한 것을 정리해보면 다음과 같다.

〈표Ⅱ-9〉 2007년 개정 교육과정에서 추출한 한문과 교수 - 학습 방법

기 준	교 수 - 학 습 방 법	
내용 체계의 영역	읽 기	낭독법
	이 해	강의법, 토의 학습법, 역할놀이 학습법
	문 화	토론 학습, 비교 학습법
	한 자	이미지컷 활용 지도법, 부수중심 지도법, 구조 분석법
	어 휘	조어 분석법, 언어 활용법, 색출법, 비교 학습법
	문 장	다양한 수업 방법
교수 - 학습의 형태	강 의 법	
	토 론 법	
	현장 학습	
	협동 학습	

위에서 추출한 한문과 교수 - 학습 방법에 대해 세밀하게 검토하는 과정을 통해, 한문 교과에 적합한 교수 - 학습 방법을 체계화하고 구체화하는 작업이 이루어져야 할 것이다.

나) 연구 논문

한문교육학 관련 학회에 보고된 연구 논문을 검토 자료로 삼아, 한문과 교수 - 학습 방법의 양상을 살펴보고자 한다.55) 앞서 한문과 교수 - 학습 방법의 연구사 검토에서 필자는 '기법 중심', '지도안 개발', '내용 중심'의 3가지 범주를 바탕으로 한문과 교수 - 학습 방법의 양상을 검토한 바 있다. 여기서는 이러한 연구 성과를 근거로 지금까지 학회에 보고된 한문과 교수 - 학습 방법을 정리해 보았다.

〈표Ⅱ-10〉 학회 연구 논문에서 추출한 한문과 교수 - 학습 방법

기 준	교 수 - 학 습 방 법	
기법 중심	교수 - 학습 요소 및 자료 개발	· 그림(옛이야기, 수수께끼) 활용법 · 자원 활용법 · ARCS 적용법
	텍스트의 활용 및 감상	· 그림과 지명 활용법 · 창의적 프로그램 활용법 · 몽학교재 활용법
	멀티미디어 활용	· 시청각 자료 활용법 · 하이퍼 미디어 활용법 · 인터넷 웹기반 활용법
내용 중심	독해 과정	· 허자(虛字) 지도를 통한 독해 지도 방법 · 어순 구조를 통한 독해 지도 방법 · 자형분석법 · 조어표를 활용한 지도 방법
	중국 이론	· 구형학 이론 적용 방법
	전통 교육 방법	· 낭독법 · 현토 활용법

55) 한문 교육학 관련 학회로는 한국한문교육학회와 한국한자한문교육학회가 있다. 두 학회의 학회지인 『한문교육연구』 1~27과 『한자한문교육』 1~17에 수록된 논문을 검토 대상으로 하였다.

〈표Ⅱ-10〉은 현재까지 학회에 보고된 연구 논문에서 추출한 한문과 교수 - 학습 방법이다. 크게 '기법 중심'과 '내용 중심'으로 교수 - 학습 방법을 나누어 추출하였다.

먼저 '기법 중심'에서는 '교수 - 학습요소 및 자료개발' 관련해서 7가지, '텍스트의 활용 및 감상'에서 3가지, '멀티미디어 활용'에서 3가지로 모두 9가지 교수 - 학습 방법을 추출하였다. 특이한 점은 '활용 및 감상' 관련 방법을 '기법 중심'의 범주에 포함시킨 점이다. 이는 텍스트의 '읽기와 이해'가 바탕이 된 뒤에 '활용 및 감상'도 가능하다고 보는 필자의 관점 때문이다. 즉 한문 텍스트 독해에 대한 이해 외에는 모두 '기법'으로 범주화 시켰다.

다음 '내용 중심' 범주로는 '독해 과정' 관련 4가지, '중국 이론' 적용 1가지, '전통 교육방법' 2가지로 모두 7가지를 추출하였다.

이러한 교수 - 학습 방법들은 그 동안 한문과에서 꾸준히 교수 - 학습 방법에 대해 연구해온 성과라 할 수 있다.

〈표Ⅱ-10〉에서 추출한 교수 - 학습 방법들 중에는 단순히 기법이나 이론을 적용한 교수 - 학습 방법도 있으며, 실제 수업 과정을 통해 형성된 교수 - 학습 방법도 있다. 이제는 이러한 연구 성과들을 한문 교과에 적합하게 유형화하여 현장과의 꾸준한 연계를 통해 교수 - 학습 방법에 대한 완성도를 높여가야 할 것이다. 그러기 위해서는 먼저 체계적으로 한문과 교수 - 학습 방법을 유형화하는 작업이 시급하다.

다) 현장 연구

교육 현장의 한문과 교수 - 학습 방법의 양상(樣相)을 살펴보기 위해, 현장 한문 교사들의 자생적 모임 회지인 『한문교육』과 수업 사례 및 지도안 모음집인 『한문교육의 실제』를 검토 자료로 삼고자 한다.56) 이와 같은 현장 연구는 실현된 교육 과정(教育課程)

의 양상이며, 현장 지향성(現場指向性)이라는 목적에 의해 연구된 기법들로써, 생생한 교육 현장의 모습을 찾을 수 있다는 데 의의가 있다.

여기서는『한문교육』에 대한 기존 연구 성과를 바탕으로 한문과 교수 - 학습 방법을 추출하고자 한다.57) 이를 위해 '한자 영역, 단문 영역, 산문 영역, 한시 영역'의 4가지 기준을 새롭게 정해 범주화하였다.58)

다음은『한문교육』에서 필자가 추출한 한문과 교수 - 학습 방법이다.

---

56)『한문교육』은 '한문교육을 위한 교사 모임'에서 1991년 3월 창간한 회지명으로, 회지 발간 초기에는 연간 3~6회씩 비정기적으로 발간되다가, 지금은 해마다 4회씩 발간하고 있다. 1997년 현재의 '전국한문교사모임'으로 개칭한 뒤, 2007년 현재 74호(2007.10)까지 발간되었다. 여기서는『한문교육』 창간호(1991.03)부터 73호(2007.07)까지를 검토 대상으로 하였다.『한문교육의 실제』는『한문교육』에 실렸던 수업 사례와 지도안을 체계적으로 분류하고 수정하여 2001년 374쪽으로 정리한 자료집이다.

57)『한문교육』에 대한 연구는 백광호에 의해 연구가 진행되었다. 백광호, "실행연구 활성화를 위한『한문교육』 내용 분석,"『한문교육연구』 27(서울 : 한국한문교육학회, 2006) 그는 '실행연구'의 활성화를 위한 연구 아이디어를 제공하기 위한 목적으로 '내용 분석법'에 의해『한문교육』을 분석한 바 있다.

58) 백광호는『한문교육』를 분석할 때, 4가지 범주 방법을 사용하여 분석했다.

첫째,『한문교육』의 꼭지명을 좇아 '수업지도안, 수업사례, 수업자료, 평가 자료'로 범주화 했다.

둘째, 교육과정 상의 영역에 따라 '한자, 한자어, 성어, 단문(속담 · 격언), 한문, 한시'로 범주화했다.

셋째, 학교급별에 따라 '중학교 적용, 고등학교 적용, 공통 적용'으로 범주화했다.

넷째, 연구물을 발표한 연구자별로 범주화했다.

이 중에서 필자는 교육과정 상의 영역을 범주화의 기준으로 삼았다. 그러나 위의 영역 구분은 7차 교육과정을 기준으로 했기 때문에, '한자어'나 '성어, 단문' 등 용어의 혼란을 가져올 가능성이 크다. 따라서 개정 교육 과정의 한문과 영역을 참고하여 필자가 새롭게 범주화를 하고자 했다. 그래서 '한자 영역, 단문 영역, 산문 영역, 한시 영역'으로 새롭게 범주화했다.

〈표Ⅱ-11〉 현장 연구에서 추출한 한문과 교수 - 학습 방법

기 준	교 수 - 학 습 방 법
한자 영역	· 구조 분석법 - 형성자, 회의자를 이용 · 일상 언어 활용법 - 신체(身體), 간지(干支), 숫자 등을 활용 · 비교 학습법 - 상대자를 이용한 이야기 만들기 · 옥편 지도법 · 한자 카드 활용법
단문 영역	· 매체를 통한 고사성어 학습법 - 라디오, 영화, 대중가요 · 이야기를 통한 고사성어 학습법 · 속담을 통한 토론 학습법 · 고사성어를 통한 협동 학습법 · 사자성어 의미 표현을 통한 창의성 계발 학습법 · 오륜(五倫)을 통한 가치 탐구 학습법
산문 영역	· 연극, 방송극을 활용한 역할놀이 학습법 · 역사 신문을 활용한 통합 학습법 · 협동학습을 통한 한문 독해력 학습법
한시 영역	· 대중가요, 음악을 통한 매체 활용 감상법 · 그림, 만화를 활용한 한시 감상법 · 현대시와 비교를 통한 한시 감상법

〈표Ⅱ-11〉에서 추출한 교수 - 학습 방법은 '한자 영역' 5가지, '단문 영역' 6가지, '산문 영역' 3가지, '한시 영역' 3가지로 모두 14가지 한문과 교수 - 학습 방법을 추출하였다. 이는 현장 교사의 생생한 목소리와 고뇌가 담겨 있다는 의의가 있으나, 동시에 이를 통해 몇 가지 문제점도 확인 할 수 있다.

첫째, 현장 연구 성과물들이 교수 - 학습 방법 내지 모형 단계로까지 나아가지 못했다는 점이다. 소개된 대부분의 수업 지도안이나 수업 사례들이 단순히 아이디어를 활용했거나 학습 자료의 성격만 강했지, 실질적인 교수 - 학습 모형이나 방법이 그 속에 없었다는 점이다. 이러한 내용 요소나 자료에 대한 체계화 방안이 모색되어

야 할 것이다.

둘째, 교수 - 학습 방법의 초점이 지나치게 '활용 및 감상'에 맞춰져 있다는 점이다. 한문 텍스트의 독해 과정에 대한 구체적인 교수 - 학습 방법은 없고, 단지 텍스트의 활용 및 감상 방법에만 치중하고 있다. 이는 문학 작품을 가르칠 때 활용하는 일종의 '반응 중심 학습법'으로, 학습자의 반응을 존중하여 토론이나 관련 작품을 비교해 보는 방법을 통해 반응의 깊이를 더하는 데 도움이 되는 학습법을 말한다. 이러한 '반응 중심 학습법'은 2007년 개정된 한문과 교육 과정의 목표에도 새롭게 강조하고 있다.[59] 그러나 앞서 한문과의 목표에서도 언급했듯이, 한문 교과 시간에 해야 할 제일의 목표는 '한문 독해력 신장'에 있다. 즉, 한문 텍스트 자체에 대한 이해가 우선되어야 할 것이다. 따라서 단문, 산문, 한시 영역에 걸쳐 각각 '한문 독해력 신장'에 대한 구체적 교수 - 학습 방법이 먼저 필요하다.

이제까지 한문과 교수 - 학습 방법의 양상을 국가 수준의 교육과정과 학회에 보고된 연구 논문, 그리고 현장의 연구 성과물을 중심으로 살펴보았다. 교육과정에 진술된 교수 - 학습 방법에 대해서는, 현장과의 연계를 통한 좀 더 세밀한 검토 과정이 필요하리라 판단되었다. 학회에 보고된 연구 논문에서 논의된 교수 - 학습 방법들은 양적으로도 풍부해졌고, 내용면에서도 많이 정교화되었으나, 이 역시 현장과의 연계를 통해 연구 성과들을 체계화해야 할 것이다. 또한 현장 연구의 성과물도 꾸준히 이론화하려는 노력을 통해 한문과 교수 - 학습 방법 및 모형에 대한 완성도를 높여가야 할 것이다.

---

59) 개정된 한문과 교육과정의 목표의 다항을 보면, '다. 다양한 유형의 한문 자료를 비판적으로 이해하고 심미적으로 향유할 수 있는 능력을 기른다.'라고 되어 있다. 밑줄 친 심미적 향유가 문학 작품에서 독자의 반응 중심을 강조하는 학습법으로, 이를 한문과에서 수용한 것으로 볼 수 있다.

2) 기준 및 유형화

앞서 한문과 교수 - 학습 방법의 다양한 사례와 양상을 비판적으로 검토하였다. 여기서는 이러한 연구 성과를 바탕으로, 체계화를 위한 기준(基準)을 설정하여 한문과에 적합한 교수 - 학습 방법을 유형화(類型化)하고자 한다.

가) 기 준

한문과 교수 - 학습 방법을 체계화하기 위해서는 일정한 기준을 마련하는 일이 중요하다. 이러한 기준은 단일화를 목적으로 획일화되어서는 안 된다. 교수 - 학습 방법의 여러 국면을 포용할 수 있는 탄력적인 틀을 마련할 수 있는 기준이 설정되어야 한다. 이를 위해서는 상위 차원에서 교수 - 학습 방법을 조망(眺望)할 수 있는 기준이 필요하다.[60] 그런데 한문과에서는 이러한 교수 - 학습 방법의 분류 기준이 아직까지 마련되지 않은 상태다. 국가 수준의 교육 과정조차 일정한 분류 기준이 없이 나열식으로 진술되어 있다. 2007년 개정 교육 과정에서는 영역별로 나누어 교수 - 학습 방법을 진술하고 있으나, 여전히 구체화되지 못한 상태다.

학계의 동향을 보더라도 사정은 마찬가지다. 한문과 교수 - 학습 방법의 분류에 대한 논의조차 빈약한 실정이다. 송병렬은 한문과 교사 연수 교육의 대안을 말하면서 교사들의 수업 방식에 따라, '자기 주도적으로 구성하는 수업, 일상에서 찾은 창의적인 수업, 학습자 주도의 발표 수업, 전공 지식을 활용한 수업'의 4가지로 교수 - 학습 방법을 분류하였다.[61] 이는 한문과 교사들의 수업 설계를 의식한 분류로 한문과가 지향해야 할 방향을 제시했으나, 분류의 기

60) 유영희, 앞의 논문, 5쪽.
61) 송병렬, 앞의 책, 107~109쪽.

준이 교사 중심적이고 단편적이어서 구체적인 교수 - 학습 방법을 담아내지 못하고 있다.

김국회는 교육 내용(I : information), 교수 활동(T : teaching), 학습 활동(L : learning), 교실 환경(C : classroom)의 네 가지 변인을 고려하여 I-T-L-C형 모형을 제안하였다.[62] 그는 네 가지 변인이 갖고 있는 경우의 수를 가지고 산술적으로 조합하여 교수 - 학습 방법을 432가지를 만들 수 있다고 설명하고 있다. 그러나 한문과 수업에서 적용할 수 있는 교수 - 학습 방법의 가짓수를 논하는 것은 의미가 없는 일이다. 중요한 것은 한문과의 교과적 특성에 적합한 기준을 설정하여 한문과 고유의 틀 속에 교수 - 학습 방법이 자연스럽게 녹아들어가야 할 것이다. 따라서 이러한 분류법은 교과의 특성을 반영하지 못했다는 점에서 근본적인 한계를 드러낸다고 볼 수 있다.

앞서 살펴본 한문과 교수 - 학습 방법의 제 양상을 검토한 성과와 이제까지 논의한 점을 바탕으로, 한문과에 적용 가능한 교수 - 학습 방법의 기준(基準)을 몇 가지 설정하고자 한다.

첫 번째로 생각해 볼 수 있는 것은 개정 교육 과정 검토 시 추출한 기준으로, '내용 체계(內容體系)의 영역(領域)'에 따라 나누는 방식이 있을 수 있다. 이에 따라 '읽기, 이해, 문화, 한자, 어휘, 문장'의 6가지 내용 영역에 따라 교수 - 학습 방법을 분류할 수 있을 것이다.

두 번째로 생각해 볼 수 있는 방법으로는 '교수 - 학습의 형태(形態)'별 분류 방식이다. 이 기준은 다소 복잡하다. 왜냐하면 수업 형태, 학습의 성격, 수업 규모에 따라 모두 다르게 분류될 수 있기 때문이다.[63] 여기서는 교수 - 학습을 포괄할 수 있는 시겔(Siegel)

---

62) 김국회, "한문과 교수 - 학습 방법의 분류법 탐색," 『한자한문교육』 14(서울 : 한국한자한문교육학회, 2005)

63) 수업 형태에 따라 '전달 모형, 탐구 학습 모형, 훈련 · 연습 모형, 경험 모

의 분류법을 따르고자 한다.64) 이에 따라 '교사 행동을 강조하는 방법, 학습자 행동을 강조하는 방법, 교사 행동 - 학습자 행동의 통합적 방법'의 3가지로 나누어 한문과 교수 - 학습 방법을 유형화 할 수 있을 것이다.

세 번째로 생각해 볼 수 있는 방법이 현장 연구 검토 때 추출했던 '한문 텍스트'를 중심으로 나누는 방식이다. 이에 따라 '단문, 산문, 한시'로 분류하여 교수 - 학습 방법을 유형화할 수 있을 것이다.

네 번째로 생각해 볼 수 있는 방법은 '교육 과정의 목표 특성별'로 나누는 방식이다. 이에 따라 '한자, 어휘와 문장(읽기와 이해), 문화, 가치관 및 인성, 한자 문화권' 등으로 나눌 수 있다. 그러나 이 방법은 목표별 특성이 구체적인 내용 요소와 일대일로 대응되지 않아, 오히려 혼란을 가중시킬 가능성이 크다. 또한 앞서 한문과 목표에서 강조했듯이, 한문과의 제 1 목표는 '한문 독해력 신장'에 있는 데 이에 대한 반영이 선명하지 않다. 따라서 여기서는 '목표 특성별' 기준은 따로 제시하지 않을 것이다.

나) 유형화

앞서 한문과 교수 - 학습 방법을 3가지로 범주화하여 분류해 보았다. 이에 따라 '내용 체계의 영역'과 '교수 - 학습의 형태' 그리고 '한문 텍스트'라는 기준에 따라, 각각 교수 - 학습 방법을 유형화(類型化)할 수 있을 것이다. 다음은 지금까지의 한문과 교수 - 학습 방법의 연구 성과를 기준을 세워 유형화한 것이다.

형'이 있고, 학습의 성격에 따라 '개별 학습, 협동 학습, 경쟁 학습'이 있다. 또한 수업 규모에 따라 '무교사 학습, 개인별 학습, 소집단 학습, 대집단 학습'이 있다. 김창원 외, 『국어과 수업 모형』(서울 : 삼지원, 2005), 45쪽 참조.

64) 박성익, 『교수·학습 방법의 이론과 실제(Ⅰ)』(서울 : 교육과학사, 2005), 36~37쪽.

〈표Ⅱ-12〉 한문과 교수-학습 방법의 유형

<table>
<tr><th colspan="2">기 준</th><th>교 수 - 학 습 방 법</th></tr>
<tr><td rowspan="6">내용
체계의
영역</td><td>읽 기</td><td>· 낭독법
· 현토 활용법</td></tr>
<tr><td>이 해</td><td>· 강의법
· 토의 학습법
· 역할 놀이 학습법</td></tr>
<tr><td>문 화</td><td>· 토론 학습
· 비교 학습법</td></tr>
<tr><td>한 자</td><td>· 이미지컷 활용 지도법, 한자 카드 활용법
· 부수중심 지도법
· 구조 분석법
· 자원 활용법
· 옥편 지도법</td></tr>
<tr><td>어 휘</td><td>· 조어 분석법
· 언어 활용법
· 색출법
· 비교 학습법</td></tr>
<tr><td>문 장</td><td>· 허자(虛字)지도를 통한 독해지도법
· 어순(語順)구조를 통한 독해지도법</td></tr>
<tr><td rowspan="3">교수-학
습의 형태</td><td>교사 행동 강조</td><td>· 직접 교수법(강의법, 지시적 수업)</td></tr>
<tr><td>학습자 행동
강조</td><td>· 완전 학습법
· 토의식 학습법
· 협동 학습법</td></tr>
<tr><td>교사-학습자
행동의 통합</td><td>· 인지적 도제 교수법
· 대화 교수법
· 역할놀이 학습법</td></tr>
<tr><td rowspan="3">한문
텍스트</td><td>단 문</td><td>· 매체 활용법 - 라디오, 영화, 대중 가요
· 토론 학습법 - 속담, 고사 성어
· 협동 학습법 - 고사성어
· 창의성 계발 학습법 - 사자성어 의미 적용
· 가치 탐구 학습법 - 오륜(五倫)</td></tr>
<tr><td>산 문</td><td>· 역할 놀이 학습법 - 연극, 방송극
· 통합 학습법 - 역사 신문
· 협동 학습 - 한문 독해력 신장</td></tr>
<tr><td>한 시</td><td>· 매체 활용 감상법 - 대중 가요, 음악
· 독자 반응 학습법 - 그림, 만화, 현대시와 비교
· 인지적 도제 교수법</td></tr>
</table>

〈표Ⅱ-12〉은 기존의 한문과 교수 - 학습 방법의 연구 성과를 3가지 기준으로 범주화하여 종합적으로 유형화하였다. 먼저, '내용 체계의 영역'은 2007 개정 교육과정 영역을 좇아 '읽기 · 이해 · 문화'와 '한자 · 어휘 · 문장'으로 세분화하여 각각 교수 - 학습 방법을 유형화하였다. 특히 '낭독법, 현토 활용법, 부수 중심 지도법, 옥편 지도법, 색출법, 허자 지도, 어순 지도' 등의 방법은 한문 교과의 특성이 잘 반영된 교수 - 학습 방법들이라 하겠다. 다음 기준은 '교수 - 학습의 형태'로서, 다시 '교사 행동 강조', '학습자 행동 강조' 그리고 '교사-학습자 행동의 통합'으로 세분화하여 각각 교수 - 학습 방법을 유형화하였다. 마지막으로 '한문 텍스트'라는 기준에 따라 '단문'과 '산문', '한시'로 나누어 기존 한문과 교수 - 학습 방법을 유형화하였다.

위의 〈표Ⅱ-12〉에 제시된 교수 - 학습 방법이 때론 다른 방법과 엄격히 구분되지 않을 수도 있다. 또한, 한 영역에만 적용되는 고유한 틀로 보기 어려운 것들도 있을 수 있다. 이러한 문제들은 교수 - 학습 방법을 교실 현장에 실제 적용하고, 그 적용 과정을 세밀하게 관찰하고 분석함으로써 어느 정도 해결되리라 본다. 즉, 기준에 따른 교수 - 학습 방법들이 통합(統合)되거나 분화(分化)될 것이다. 그리고 그러한 연구 성과들이 축적되고, 그것이 교수 - 학습 이론으로 재투입되는 환류(還流)의 과정들을 통해 한문과 교수 - 학습 방법의 체계화(體系化)가 앞당겨질 수 있으리라 확신한다.

나. 방 향

한문과 교육을 위하여 교수 - 학습 방법을 어떻게 개선하고 발전시킬 것인가 기본적인 방향을 정하는 일은 필요하다. 필자는 앞서 한문과 교수 - 학습의 목표와 내용을 검토하면서 바람직한 목표를 제시한 바 있으며, 이에 따라 텍스트별로 내용 요소를 추출하였다.

또한 한문과 교수 - 학습의 문제점을 통해 한문과 교수 - 학습에 작용하는 원리와 변인도 살펴보았다. 여기서는 이러한 성과를 바탕으로 한문과 교수 - 학습 방법을 개선하기 위한 연구의 방향을 몇 가지 제시하고자 한다.

가) 한문 독해 중심

한문과 교육에서 가장 중요한 것은 교수 - 학습 방법에 있지 않다. 한문과 교육의 목표와 내용을 먼저 선정한 후, 그것을 효과적으로 달성하기 위한 구체적인 시도로서 교수 - 학습 방법이 필요한 것이다. 2007년 개정 한문과 교육과정에 제시된 한문과 교육의 일반 목표를 정리하면 다음과 같다.

첫째, 한문에 대한 기초적인 지식을 익혀 한문 독해와 언어 생활에 활용하는 능력을 기른다.

둘째, 다양한 유형의 한문 자료를 비판적으로 이해하고 심미적으로 향유할 수 있는 능력을 기른다.

셋째, 선인들의 삶과 지혜를 이해하고 건전한 가치관과 바람직한 인성을 함양하며, 전통 문화를 바르게 이해하고 창조적으로 계승 발전시키려는 태도를 지닌다.

넷째, 한자 문화권의 문화에 대한 기초적인 지식을 익혀 한자 문화권 내에서의 상호 이해와 교류 증진에 기여하려는 태도를 지닌다.

앞서 살펴보았듯이, 첫째 목표는 '한문 지식' 영역에서 달성해야할 목표로 제시했으며, 나머지 목표는 '한문' 영역에서 달성해야할 목표로 제시했다. 그런데 첫째 목표를 살펴보면, 성격이 다른 두 가지 목표가 한 문장 안에 함께 제시되어 있음을 알 수 있다. 즉, '한문 독해 능력'과 '언어 생활 활용 능력'이 동등하게 제시되어 있다. 이에 대해 개정 교육과정 해설서에는 다음과 같이 설명하고 있다.

> 한문과는 한자 문화권에서 공통적으로 사용되었던 고전 문언문인 한문에 대한 기초적인 지식을 익혀 한문 독해와 언어 생활에 활용하는 데 필요한 도구 교과이다. 한문에 대한 기초적인 지식은 한자, 어휘, 문장의 차원에서 한문 독해와 언어 생활에서의 활용을 위해 한문 교과에서 학습해야 할 최소한의 지식을 지칭한다. 이러한 한문에 대한 기초적인 지식의 학습을 통해서 얻어지는 한문 능력은 국어 어휘의 많은 부분을 차지하고 있는 한자어를 바르게 이해함으로써 언어 생활을 원활하게 하는 데 도움을 줄 뿐만 아니라 한문으로 이루어진 각종 한문 자료 및 이와 관련된 학문과 문화의 제 분야를 이해하는 데 기본적인 도구의 역할을 한다.[65)]

위의 해설서를 보면, 한문에 대한 기초적인 지식을 익혀 '언어 생활에 활용하는 능력'이 곧 국어 어휘의 많은 부분을 차지하고 있는 한자어를 이해함으로써 언어 생활을 원활하게 하는 데 도움을 주는 능력으로 설명하고 있다. 이는 한문 능력이 결국 국어과의 언어 능력 신장을 위한 도구로서의 능력임을 일부 인정하고 있는 것이다. 그러나 한자어가 국어 어휘의 대부분을 차지하는 언어 생활의 현실을 인정한다 해도, 한문 교과의 고유성 확보를 위해서라면 '언어 생활 활용 능력'이 '한문 독해 능력'과 동등하게 첫 번째 목표가 될 수는 없는 것이다. 필자는 앞에서 한문과 교수 - 학습의 목표를 검토하면서 한문과 교육의 첫째 목표를 둘로 나누어 '한문 독해 능력'을 한문과의 최우선 목표로 제시한 바 있다.

이처럼 한문과 교육의 최우선 목표는 한문을 읽고 풀이할 수 있

65) 한국교육과정평가원, 『중학교 교과재량활동Ⅰ(한문, 정보, 환경) 교육과정 해설 연구 개발』(서울 : 한국교육과정평가원, 2007).

는 능력, 즉 한문 독해력을 신장시키는 데 있음을 알 수 있다. 이에 따라 한문과 교수-학습 방법의 연구 방향도 '한문 독해력 신장'에 중점을 두어 개발해야 할 것이다. 그러나 앞에서 한문과 교수-학습 방법의 연구 양상을 살펴보았듯이, 한문 독해와 관련된 교수-학습 방법에는 상대적으로 연구가 소홀했음을 알 수 있다.

국가수준의 교육과정에 제시된 한문 독해 관련 교수-학습 방법을 보면 현재 한문과의 독해력 신장을 위한 교수-학습 방법의 현주소를 간접적으로 알 수 있다. 즉, 2007년 개정 한문과 교육과정에서 제시한 교수-학습 방법은 '한문'과 '한문 지식' 영역의 내용에 해당하는 '읽기', '이해', '문화', '한자', '어휘', '문장'의 교수-학습 방법들을 일일이 적시하고 있다. 그러나 정작 한문 독해력과 관련 있는 '한문 지식'의 '문장' 영역에서는 단 한 가지의 구체화된 교수-학습 방법도 제시하지 못하고 있다. 다만 '다양한 수업 방법'이라는 방법 아닌 방법을 제시하고 있을 뿐이다.

이와 같은 이유는 크게 두 가지로 볼 수 있다. 첫째는 교과 외적인 문제로 한문 교과가 언어 생활을 원활히 하기 위한 한자어 학습의 도구 교과로 인식되어, 한문 독해를 위한 교수-학습을 방해하는 외적인 상황이 조성된 것이다. 이와 같은 문제는 교과 외적인 필요에 의해 조성된 지형으로 한문 독해력 신장을 위한 교과의 성격이나 목표에 따른 입지를 더욱 좁게 만들고 있다. 둘째는 교과 내적인 문제로 한문 독해에 관한 연구 성과가 부족했다는 점이다. 앞서 교육과정 상에서 제시한 교수-학습 방법을 통해서도 알 수 있듯이, 독해와 관련된 교수-학습의 연구 성과가 턱없이 부족한 실정이다. 필자는 앞서 한문과 교수-학습 방법을 유형화하면서 한문 독해력 신장을 위한 교수-학습 방법으로 '허자(虛字) 지도를 통한 독해 지도법'과 '어순(語順) 지도를 통한 독해 지도법'을 제시한 바 있다. 이것은 필자가 새롭게 개발한 교수-학습 방법이 아니라, 이미 연구된 연구 성과를 교수 - 학습 방법으로 유형화한 것이다. 이렇게 기존 연구 성과를 체계화하는 작업도 필요하겠지만, 무엇보다 이러한 한문 독해 중심의 교수 - 학습 방법에 대한 활발한 연구가 시급하다. 아울러 독해 과정에 작용하는 요인 및 독해 양상과 관련된 인지 심리학적 연구도 함께 이루어져야 할 것이다.[66]

지금까지 한문과 교수 - 학습 방법을 개선하기 위한 첫 번째 연구 방향으로, 한문 독해력에 초점을 맞춘 교수 - 학습 방법을 제시하였다. 이와 같은 방법은 목표 지향적인 교수 - 학습 방법에 해당된다고 볼 수 있다. 즉, '한문 독해력 신장'이라는 분명한 수업의 목표를 제시해 줌으로써 한문 교과로서의 수업 전개가 보다 선명하게 드러나게 된다. 이는 단문이나 산문 텍스트, 또는 한시 텍스트 등 텍스트 유형에 상관없이 1차적인 목표는 텍스트 독해에 초점을 맞춘 교수 - 학습이여야 한다는 것이다. 따라서 이 점에 한문과 교수 - 학습 방법의 연구 지향점을 먼저 두어야 할 것이다.

나) 협동 학습 기반

한문과는 텍스트의 특성상 전통적으로 강의식 수업 형태가 많았다. 앞에서 한문과 교수 - 학습의 원리를 추출하는 과정에서 기존 강의식 수업의 문제점을 지적한 바 있다. 강의식 수업의 가장 큰 문제점은 학생들 간의 상호 작용을 찾아보기 어렵다는 점이다. 따라서 학생들의 참여도도 낮을 수밖에 없었으며, 단조롭고 무미건조한 수업이 될 수밖에 없었다.

---

66) 최근 독해 양상과 관련한 아래 두 편의 논문은 독해 교수 - 학습 요소를 개발하는 기초 자료로서의 의의와 함께, 한문과 교수 - 학습 방법의 연구 방향을 제시해준다는 점에서 주목할 만하다.
백광호, "思考口述을 통한 漢文科 讀解 樣相 硏究," 『한자한문교육』 18, 한국한자한문교육학회, 2007.
_____, "漢文科 敎育課程의 '읽기' 領域에 관한 고등학교 교실 수업 분석," 『한자한문교육』 19, 한국한자한문교육학회, 2007.

그래서 이러한 문제점을 개선하기 위해 바람직한 한문과 교수 - 학습 원리를 추출한 바 있다. 먼저 교사와 학생, 학생과 학생 간에 상호 작용(相互作用)하는 원리를 추출했으며, 학생들로 하여금 실질적인 활동을 통해 수업에 흥미를 갖게 하는 활동 중심의 원리도 추출했다. 또한 전통적 낭독법인 송독법(誦讀法) 등을 적극 활용함으로써, 전통에 대한 가치를 음미하게 하여 한문 교과만의 색깔이 배어있는 수업의 원리도 추출하였다.

그런데 최근 지식(知識)을 상대적이며 주관적으로 보는 구성주의적 관점이 우리 교육 전반에 영향을 끼치면서, 교수 - 학습 방법에서도 변화가 일기 시작했다. 즉, 기존의 학습 내용, 학습 방법, 교사의 역할, 학습 환경 등에서 획기적 변화를 요구하게 되었다. 즉 구성주의 학습에서는 학습자의 능동성, 창의성, 자기 주도성, 학습에서의 책임을 중요시하며, 교사는 학습자의 학습을 도와주고 촉진시키는 역할을 하게 된다. 즉 학습자에게 무엇을 가르쳐 주기보다는 학습자가 능동적으로 새로운 지식을 인지 구조 내에 구성할 수 있도록 도와주는 것이다.67) 이러한 구성주의 교수 - 학습의 원리를 보면, 앞서 필자가 기존 한문과 수업에서 반성적 고찰을 통해 추출해낸 원리와 다르지 않다는 것을 알 수 있다.

이러한 구성주의 교수 - 학습 원리에 기초한 대표적인 교수 - 학습 형태 중 하나가 협동 학습(協同學習)이다. 한문과에서는 최근에 와서 협동 학습에 관심을 갖은 현장 교사들을 중심으로 협동 학습에 기반한 교수 - 학습을 개발하여 수업에 적용하고 있다. 2005년 '육서 수업'을 시작으로 단문과 산문의 '독해 수업' 등 꾸준히 협동 학습에 기반한 교수 - 학습 방법을 개발・적용하고 있다. 2006년부터는 협동 학습 공부 모임을 통해 협동 학습의 이론과 실제 그리

---

67) 김윤희, "구성주의 교수 - 학습이론", 『교수 - 학습의 이론적 탐색』(서울 : 원미사, 2006), 335~337쪽 참조.

고 대안 교과서를 만드는 작업도 공동으로 진행하고 있다.[68] 여기서는 한문과 교수 - 학습 방법의 두 번째 방향인 협동 학습에 대해 살펴보고, 이의 한문 교육적 적용에 대해 강조하고자 한다.

일반적으로 협동 학습이란 '두 사람 이상의 학습자들이 어떤 주제에 관하여 협동적 노력으로 상호 작용(相互作用)하는 교실 학습의 한 형태'를 말한다.[69] 이러한 협동 학습은 전통적인 소집단 학습과 구별되는 차이점이 있다.

> 첫째, 협동학습은 구성원 사이의 긍정적 상호 의존성에 기초하는 반면, 전통적인 소집단 학습은 상호 의존성이 항상 존재하는 것은 아니다.
>
> 둘째, 협동학습은 분명한 개별적 책무성이 존재한다. 그러나 전통적 소집단학습에서의 개인은 다른 구성원들의 성취에 무임승객이 될 수도 있다.
>
> 셋째, 협동학습의 구성원은 개인적 특성에 있어서 이질적이지만

---

68) 장진실, "협동학습이란 무엇인가?", 『한문교육』 66(서울 : 전국한문교사모임, 2005), 74~88쪽.
최호영, "한문수업을 어찌 할까?", 『한문교육』 68(서울 : 전국한문교사모임, 2006), 38~52쪽.
장진실, "한자의 위치를 바꾸면 -주술과 수식-", 『한문교육』 69(서울 : 전국한문교사모임, 2006), 53~58쪽.
줄기차모임, "뭘 입고 누가 할래? -주어 중심의 주술 확장-", 『한문교육』 70(서울 : 전국한문교사모임, 2006), 24~27쪽.
줄기차모임, "뭘 입고 누가 할래? -술어 중심의 주술 확장-", 『한문교육』 71(서울 : 전국한문교사모임, 2007), 35~39쪽.
줄기차모임, "六十甲子 협동학습 수업", 『한문교육』 71(서울 : 전국한문교사모임, 2007), 53~56쪽.
강경모, "협동적 고등학교 한문 수업 사례", 『한문교육』 71(서울 : 전국한문교사모임, 2007), 57~76쪽.
줄기차모임, "2학년 단문 수업", 『한문교육』 72(서울 : 전국한문교사모임, 2007), 77~86쪽.
김진영, "협동학습으로 만나는 단군", 『한문교육』 73(서울 : 전국한문교사모임, 2007), 14~29쪽.

69) 서울대학교 교육연구소, 위의 사전, 2902쪽.

전통적인 소집단학습은 동질적인 경우가 많다.

넷째, 협동학습에서는 모든 구성원이 리더가 될 수 있고 책임을 지게 되지만 전통적인 소집단학습에서는 한 학생이 리더로 지정되고 책임을 지게 된다.

다섯째, 협동학습의 구성원은 목표 달성을 위해서 서로 도와주고 격려하여 상호 책임을 지지만 전통적인 소집단 학습에서는 그런 책임이 없다.

여섯째, 협동학습의 구성원들은 학습 성취를 최대화하기 위해 구성원 간의 좋은 협력 관계를 유지해야 하지만, 전통적인 소집단 학습에서는 주로 주어진 과제를 완성하는 데에만 관심을 둔다.

일곱째, 협동학습에서는 협동적으로 학습할 때 필요한 리더십 · 의사소통기술 · 신뢰 · 갈등의 조정 등 사회적 기능들을 직접 배우지만, 전통적인 소집단학습은 그런 상호작용 기능이 무시된다.

여덟째, 협동학습의 교사는 집단을 관찰하고 분석하여 적절한 피드백을 제공하지만, 전통적인 소집단 학습은 교사의 관찰이나 개입이 거의 없다.

아홉째, 협동학습의 교사는 어떻게 과제를 수행할 것인가에 대해 집단 과정을 구조화하지만 전통적인 소집단학습에서는 교사의 그런 관심이 주어지지 않는다.[70)]

이와 같은 전통적 소집단 학습과의 차이로부터 한문 교과를 염두에 둔 협동 학습의 기본 원리를 4가지로 추출하면 다음과 같다.[71)]

첫째, 긍정적 상호 의존성(相互 依存性)으로 다른 사람의 성과가 나에게 도움이 되고, 나의 성과가 다른 사람에게도 도움이 되게 하여 각자가 서로 의지하는 관계로 만든다.

---

70) 변영계, 『교수 · 학습 이론의 이해』(서울 : 학지사, 2006), 421~422쪽.
71) 장진실, "협동학습이란 무엇인가?," 『한문교육』 66(서울 : 전국한문교사모임, 2005), 79쪽.

둘째, 개인적 책임(個人的 責任)으로 집단 속에 자신을 감추는 일이 없도록 개인에 대한 구체적인 역할을 제시하고 그에 대한 책임을 묻는다.

셋째, 동등(同等)한 참여(參與)로 학습자 모두가 적극적으로 참여할 수 있도록 유도하면서 일부에 의해 독점되거나 반대로 참여하는 일이 없도록 한다.

넷째, 동시다발적(同時多發的)인 상호작용(相互作用)으로 한꺼번에 모든 학생들이 학습 활동에 참여할 수 있도록 해서 학습 활동이 이루어질 수 있도록 하며, 대답을 할 때나 토의·필기를 할 때 동시에 시작하고 동시에 마친다. 이런 방식을 반복하면 자연스럽게 학습자 스스로 시간에 따라 자신을 통제할 수 있게 된다.

이상의 협동 학습의 원리는 구체적인 한문과 교수 - 학습 방법을 개발하고 적용하는 과정에서 적절히 활용하게 될 것이다.

지금까지 필자는 한문과 교수 - 학습 방법의 두 번째 연구 방향으로 협동 학습에 기반한 교수 - 학습 방법의 필요성을 제기하였다. 이러한 협동 학습에 기반한 교수 - 학습 방법을 통해서 기존 한문과 수업에서 나타난 문제점을 어느 정도 보완할 수 있을 것으로 보인다. 즉, 협동 학습의 협력적인 상호 작용을 통해 '한문 독해의 기초적인 능력'을 신장시킬 수 있을 것이며, 향후 자기 주도적인 독해 학습을 위한 자신감도 길러질 것으로 기대된다. 따라서 협동 학습에 기반한 한문과 교수 - 학습 방법에 대한 다양한 연구가 이루어져야 하겠다.

다) 텍스트 유형별 모형화

앞서 한문과 교수 - 학습 방법을 체계화하기 위한 기준을 몇 가지 설정할 때, '한문 텍스트'를 기준으로 각각 '단문', '산문', '한시'로 나누어 한문과 교수 - 학습 방법을 유형화하였다. 한문 텍스트 유형을 '단문'과 '산문', '한시'로 구분한 것은 2007년 개정 한문과 교육과정에서 처음 이루어졌다.

> '한문 단문(短文)'은 예로부터 널리 전해지거나 알려진 속담(俗談), 격언(格言), 명언(名言)·명구(名句), 기타 한문 교육에 활용하기 위하여 만든, 하나의 문장으로 이루어진 짧은 글 등을 지칭하는 것으로, 대개 기존의 특정 작품 또는 저술의 일부에서 발췌(拔萃)하거나 가공(加工)한 것들이다.
>
> 〈中略〉
>
> '한문 산문(散文)'은 자수(字數)나 운율(韻律) 등의 외형적(外形的) 규범에 얽매이지 않고 자유롭게 쓴 글로, 한시(漢詩)와 상대되는 글을 말한다. 한문 산문은 원래 압운(押韻)을 하는 글인 운문(韻文)이나 압운(押韻)을 하지는 않지만 성률(聲律)과 대우(對偶)를 강구하는 변문(騈文)과 상대되는 글을 말한다. 그러나 중학교 한문과 교육과정에서 말하는 한문 산문은 한시(漢詩)와 상대되는 개념으로서 사용한다. 따라서 한시에 포함시켜 다루기 곤란한 작품이나 저술은 일단 모두 한문 산문에 포함시켜 다룰 수 있다.
>
> 〈中略〉
>
> '한시(漢詩)'는 한문으로 된 시를 말한다.72)

개정 중학교 한문과 교육과정 해설서에 따르면, '한문 단문(短文)'은 격언(格言), 속담(俗談), 명언(名言), 명구(名句) 등 하나의 문장으로 이루어진 짧은 글을 지칭하는 것으로 대개 특정 작품에서 발췌(拔萃)하거나 가공(加工)한 것을 가리킨다. 이에 비해 '한문 산문(散文)'은 자수(字數)나 운율(韻律) 등의 외형적(外形的) 규범에 얽매이지 않고 자유롭게 쓴 글로, 한시(漢詩)와 상대되는 글을 말한다. 통상 한시에 포함시켜 다루기 곤란한 작품이나 저

---

72) 한국교육과정평가원, 『중학교 교과재량활동 I (한문,정보,환경) 교육과정 해설 연구 개발』(서울 : 한국교육과정평가원, 2007).

술 형태를 가리킨다. '한시(漢詩)'는 일반적으로 한문으로 된 시를 가리킨다.

일반적으로 교수 - 학습 방법에 관한 연구는 기본적으로 구체적인 수업 상황에 대한 적용을 염두에 두지 않을 수 없다. 한문과 교수 - 학습 방법에 관한 연구도 마찬가지다.

오히려 교수 - 학습 방법에 대한 이론적 개발보다도, 개발한 교수 - 학습 방법을 교육 현장에 적용하는 것이 더 필요할지도 모른다. 그러나 개발한 교수 - 학습 방법들을 교육 현장에 적용하기 위해서는 일정한 방법과 절차를 따라서 적용해야, 적용에 따른 문제점과 개선점을 효율적으로 찾아 교수 - 학습 방법에 재투입되는 환류(還流)의 과정을 거칠 수 있는 것이다.

그러기 위해서는 개발한 교수 - 학습 방법들을 모형(模型)으로 체계화하는 작업이 필요하며, 체계화한 모형은 텍스트 유형별로 제시하는 것이 수업 현장에 적용하기가 용이하다. 왜냐하면 실제 수업 현장에서 제시되는 본문의 형태는 내용 체계의 영역인 '읽기, 이해, 문화, 한자, 어휘, 문장' 등의 영역별로 제시되기 보다는, '단문, 산문, 한시'와 같은 텍스트 형태로 본문이 제시되기 때문이다.

따라서 한문과 교수 - 학습 방법의 세 번째 연구 방향은 '단문', '산문', '한시' 텍스트별로 모형화(模型化)한 교수 - 학습 방법들을 지속적으로 개발해야 할 것이며, 또한 개발한 모형을 교육 현장에 적용하여 다시 모형으로 피드백하여 체계화하는 작업을 꾸준히 축적해야 할 것이다.

Ⅲ. 한문과 교수-학습 모형 구안

과거에는 '수업 모형'이라는 용어가 널리 사용되었으나, 최근에는 이 용어가 다분히 교사 위주의 권위적인 분위기를 풍긴다는 이유로 학생 활동의 중요성을 강조하기 위해서 '교수-학습 모형'이란 용어를 많이 사용한다.[73] 필자는 앞서 교사 위주의 교육관이 반영된 '수업(授業)'이라는 용어 대신에, 교사와 학습자 변인을 동등하게 드러내는 '교수-학습(教授-學習 : teaching-learning)'이라는 용어를 사용하겠다고 밝힌 바 있다. 따라서 여기서도 같은 이유로 '수업 모형'보다는 '교수-학습 모형'이란 용어를 사용하고자 한다. 그러나 두 용어 사이의 개념 차이는 거의 없다고 보아도 좋을 것이다.

일반적으로 '수업 모형'이란 "복잡한 수업 현상을 기술하고 설명할 수 있으며 나아가 예언할 수 있는 수업의 주요 특징을 간추려 체계화(體系化)시켜 놓은 형태 또는 전략"[74]을 가리킨다. 교수-학습 모형도 "교수-학습에 관한 이론을 명시하기 위해 조작적으로 정형화(定型化)해 놓은 것"[75]으로 정의하고 있다. 이와 같은 두 용어의 정의를 살펴보면 같은 개념어임을 알 수 있다. 즉, 두 용어 모두 수업 현상의 특징을 체계화해 놓은 것으로 일종의 잘 설계된

73) 서울대학교 국어교육연구소, 『국어교육학사전』(서울 : 대교출판, 2005), 75~76쪽.
74) 서울대학교 교육연구소, 『교육학대백과사전』(서울 : 하우동설, 1999), 1680쪽.
75) 서울대학교 국어교육연구소, 위의 사전, 76쪽.

'교수 - 학습의 방법과 절차'라고 할 수 있다.

이 장에서는 앞서 한문 교육에 대한 교육학적 이해와 교수 - 학습 방법의 체계화와 방향에 대한 연구 성과를 바탕으로, 한문 독해 전략이 반영된 한문과 교수 - 학습 모형을 구안하고자 한다. 이를 위해 필자가 체계화한 한문과 교수 - 학습 유형(표Ⅱ-12) 중에서 '한문 텍스트'를 기준으로 나눈 '단문, 산문, 한시'별로 각각 교수 - 학습 모형을 구안(具案)해 보고자 한다.

1. 문제 해결 중심 단문 독해 모형

2007년 개정 한문과 교육과정의 내용 체계에서는 한문 텍스트를 단문(短文), 산문(散文), 한시(漢詩)로 나누고 있다. 이에 따라 각 텍스트에 대한 읽기와 풀이, 이해와 감상, 그리고 이를 통한 계승과 교류 등과 같은 교수 - 학습 활동을 제시하고 있다. 그 중 단문(短文)에 대해 개정 한문과 교육과정 해설서에는 다음과 같이 설명하고 있다.

> '한문 단문(短文)'은 예로부터 널리 전해지거나 알려진 속담(俗談), 격언(格言), 명언(名言)·명구(名句), 기타 한문 교육에 활용하기 위하여 만든, 하나의 문장으로 이루어진 짧은 글 등을 지칭하는 것으로, 대개 기존의 특정 작품 또는 저술의 일부에서 발췌(拔萃)하거나 가공(加工)한 것들이다.[76]

따라서 여기서 구안할 한문과 교수 - 학습 모형의 기본 텍스트인 '단문(短文)'은 격언(格言), 속담(俗談), 명언(名言)·명구(名句)

76) 한국교육과정평가원, 『중학교 교과재량활동Ⅰ(한문,정보,환경) 교육과정 해설 연구 개발』(서울 : 한국교육과정평가원, 2007).

등 하나의 문장으로 이루어진 짧은 글을 지칭하는 것으로 대개 특정 작품에서 발췌(拔萃)하거나 가공(加工)한 것을 가리킨다.

가. 모형의 원리

앞서 단문(短文)에 대해 살펴보았듯이, 단문은 바로 문장(文章)으로서의 짧은 글을 가리킨다. 따라서 단문 교수 - 학습 목표는 한문 문장을 독해하는 기초적(基礎的)인 능력을 신장하는 데 있다고 할 수 있다. 이러한 교수 - 학습 목표에 따라 '문제 해결 중심 단문 독해 모형'을 구안해 보았다.

이 모형은 단문 텍스트의 독해(讀解)를 문제 상황으로 제시하여 학습자들이 문제를 때론 자기 주도적으로, 때론 협력적으로 해결해 가는 단문 독해 모형이다. 모형의 이론적 배경은 '문제 해결 학습'이며, 교수 - 학습 형태는 협동 학습을 기반으로 했다. 또한 모형의 단계별로 '낭독법(朗讀法)', '현토(懸吐) 활용법' 등 한문과 교수 - 학습 방법에 대한 연구 성과를 적절하게 적용함으로써, 한문과에 적합한 교수 - 학습 모형을 구안코자 하였다.

1) 이론 및 전략

모형의 이론적 배경이 되는 '문제 해결 학습'[77]은 구성주의에 그 기반을 두고 있다. 기존의 교육은 개념과 원리를 추상적 차원에서 암기시키는 단순 암기 위주의 주입식 교육이었다. 이것의 가장 큰 문제는 학습자가 개념과 원리, 기능을 제대로 이해하지 못하고 실제로 적용하지 못하는 데 있다. '문제 해결 학습'은 바로 이러한 주입식 암기 교육의 문제점을 처방하는 대안으로 등장하였다.

'문제 해결 학습'을 통해 학습자는 학습한 기능을 자신의 인지 구

77) 문제 해결 학습은 문제 중심 학습(Problem Based Learning)이라는 용어와 함께 사용되고 있다. 두 교수 - 학습 모두 개념과 절차상 서로 유사하므로 '문제 해결 학습'으로 통일하여 사용하고자 한다.

조 틀 속에서 문제를 해결하기 위해 새롭게 재구성하고 재창조하는 과정 속에서 고차원적인 사고 기능과 문제 해결 능력을 갖게 된다. 즉, '문제 해결 학습'은 반성적 사고(reflective thinking)의 작용을 통해 문제를 해결하여 새로운 지식이나 능력과 태도를 신장시키는 학습 방법이다.[78]

이러한 '문제 해결 학습'은 기존 암기 위주의 한문과 독해 수업의 문제점을 극복하는 효율적인 방법이 될 것이다. 또한 '문제' 또는 '과제' 형태로 독해(讀解) 상황이 진행되기 때문에, 짧은 문장의 형태로 제시되는 단문 텍스트의 독해 학습에 적합한 방법으로 판단된다.

다음은 '문제 해결 학습'의 일반적인 수업 절차이다.[79]

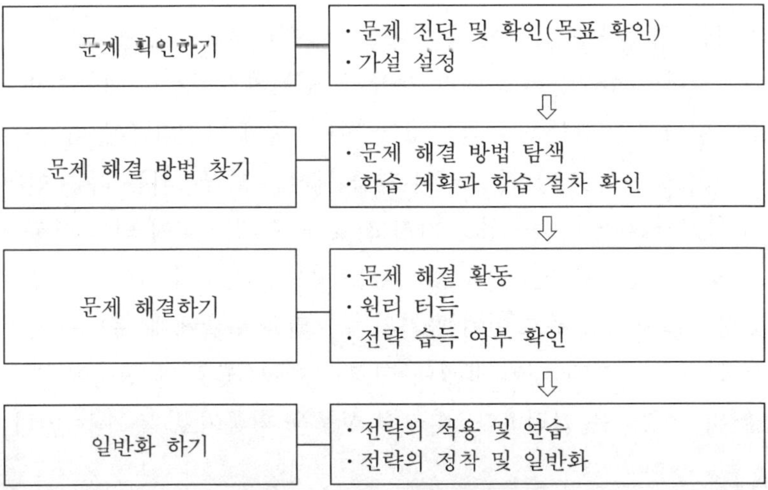

〈그림2〉 문제 해결 학습의 절차

〈그림2〉에서처럼 '문제 해결 학습'의 절차는 문제를 확인하고, 그에 맞는 해결 방법을 탐구한 후, 문제를 해결하고, 이를 적용·발전시켜 일반화하는 과정이라고 할 수 있다. 이에 덧붙여 다음 학

78) 김창원 외, 『국어과 수업 모형』(서울 : 삼지원, 2005), 86~87쪽 참조.
79) 김창원 외, 위의 책, 92쪽.

습 문제를 미리 확인하고 그 방안을 논의할 수 있는 기회를 제공하는 예습적 과제 파악 단계를 추가할 수 있다. 이와 같은 '문제 해결 학습'의 절차는 실제 한문 독해 수업에 투입되는 과정에서 한문과에 적절한 수업 절차와 세부 활동들이 마련될 것이다.

다음은 이 모형의 단계별 절차에 적용하게 되는 교수 - 학습 전략에 대해 살펴보겠다. 먼저 낭독법(朗讀法)은 전통적인 한문 학습 방법인 '성독(聲讀)' 또는 '송독(誦讀)'[80]의 현대적 접근 방법이다. 이러한 낭독법은 언어 교수 이론의 교수법 중에서 '읽기 중심 교수법'을 한문과에 적용한 것이라고 할 수 있다.[81] '읽기 중심 교수법'에 따르면 읽기는 외국어 학습에서 습득할 수 있는 가장 쉽고도 유용한 기능으로, 언어 학습의 초기 단계에서는 무엇보다 소리 내어 읽기를 강조하는 것이 중요하다고 주장한다.[82]

그렇다면 한문을 외국어라고 할 수 있는가? 실제로 대학수학능력시험에서는 한문 교과를 제2외국어와 함께 '제2외국어/한문 영역'으로 분류하고 있다. 그러나 한문은 기존 외국어와는 다른 언어적 특성과 역사적 특수성을 가지고 있다. 불과 100여 년 전만하여도 모든 공문서를 한문으로 표기했을 정도로 한문의 지위는 확고하였다. 그러나 그 후로 언어 표기의 주도권을 한글에게 내어 주기는 했으나, 아직까지 언어 생활에 미치는 한자(漢字)와 한자어(漢字語)의 영향력은 여전하다. 따라서 한문을 외국어로 볼 수는 없다.

---

80) 일반적으로 '성독(聲讀)'은 '소리내어 읽기'로, '송독(誦讀)'은 '암기를 위한 소리내어 읽기'로 오래전부터 한문 교육의 주요한 방법으로 활용된 것으로 보인다. 여기서의 낭독법은 송독(誦讀)보다는 성독(聲讀)에 가깝다고 볼 수 있다.
81) '읽기 중심 교수법'은 언어 교수의 목적을 독해로 엄격하게 한정하는 특징을 가진다. 이 이론은 1920년대에 영국과 미국의 몇몇 교육자들이 주창한 것이다. 말하기보다는 유창하게 읽는 것을 배우는 것이 훨씬 중요하다고 주장했다. '읽기 중심 교수법'은 언어 수업의 목적을 실용적이면서 도달 가능한 것으로 신중하게 제한한 언어 교수 이론인 것이다. H. H. stern 지음, 심영택·위호정·김봉순 옮김, 『언어교수의 기본개념』(서울 : 하우, 2005), 489쪽.
82) H. H. stern 지음, 위의 책, 489쪽.

그렇다고 한글을 공용어로 쓰고 있는 현실을 볼 때, 모국어로도 볼 수는 없는 것이다. 이에 대해 원용석은 한문의 언어적 특성을 '제이언어'에서 찾기도 했다.[83] 어쨌든 한문의 언어적 특성을 현재 한국 사회에서 명확히 밝히고 규정짓는 것은 쉽지 않은 문제다.

그러나 언어 교과적 특성을 가진 한문과에서 '낭독법'을 적절하게 활용하는 것은 고무적인 일이며, 전통 한문 교육과도 관련이 있어 교과의 특성에 적합한 방법으로 볼 수 있다. 더구나 개정 한문과 교육 과정의 내용 체계의 영역별 내용 항에는 '읽기'라는 하위 항목을 따로 설정하여, 낭독을 통한 읽기 학습을 강조하고 있다.

현토(懸吐) 활용법은 '낭독법'과 밀접하게 관련이 있다. 전통 한문 학습의 낭독법은 한문 문장에 우리말 토(吐)를 달아서〔懸吐〕 읽었기 때문에, 내용 이해가 빨랐던 것이다. 이러한 현토는 우리 선인들이 언어 구조가 서로 다른 한문과 우리말을 기능적으로 접근시킨 독창적인 한문 독법(漢文讀法)인 것이다.[84]

현토의 문법적 기능에 관한 연구 성과를 살펴보면, 토는 문장 성분·접속 관계·문형·존칭 등 종합적인 문법(文法)의 구실을 하고 있다는 것이다.[85] 즉, 이러한 반(半) 번역의 성격을 갖는 현토 문장은 읽는 이로 하여금 쉽게 접근하게 하여, 한문의 초보 학습

---

83) 그는 '제이언어'와 '외국어'와의 차이점을 설명하고 있는 H. H. stern(1983)의 말을 인용하면서, 한문은 역사적 배경에 따라 우리 속에 깊이 파고들어 있는 수많은 환경적 지원을 받으면서 자신도 모르는 사이에(stern의 표현대로 '주워들으면서') 익혀가고 있다고 했다. 그리고 이러한 상황은 유럽의 라틴어 교육도 유사한 것으로 보인다면서, 유럽에서 제이언어로 취급되고 있는 라틴어처럼 오늘날 한국 사회에서의 한문도 같은 양상으로 설명할 수 있다고 주장했다. 원용석, "한문과 교육과정 변천과 내용체계 연구", 한국교원대학교 대학원 박사학위논문, 2007, 97~101쪽.

84) 박정도·안재철·문지성, "한문과 산문교육의 교수·학습 모형 연구,"(청원 : 한국교원대학교 부설 교과교육 공동연구소, 1997), 91쪽.

85) 이병혁, "전통 한문 교육-한문 현토를 중심으로-," 『한자한문교육』 6(서울 : 한국한자한문교육학회, 2000)
송병렬, "현토 교육의 유용성과 토의 문법적 성격," 『한문교육연구』 13(서울 : 한국한문교육학회, 1999)

(初步學習)에 매우 유용함을 밝히고 있다. 따라서 단문(短文)을 통해 한문 독해력 기초 능력을 기르는 학습에 있어 현토를 활용하는 것은 필요하리라 본다.

2) 교수-학습의 유의점

'문제 해결 중심 단문 독해 모형'의 교수-학습 유의점은 교사, 학습자, 텍스트, 교실 환경의 측면에서 생각해 볼 수 있다.

첫째, 교사는 분담된 단문 텍스트 독해 문제를 학생이 스스로 해결하도록 격려하여야 한다. 학생 스스로 자전을 이용해 모르는 한자의 음과 뜻을 찾고, 모둠원의 도움없이 스스로 단문 텍스트를 독해하도록 분위기를 조성해야 한다. 또한, 정답을 요구하는 것이 아님을 강조하여 허여적(許與的)인 분위기 속에서 독해 활동이 이루어지도록 해야 할 것이다.

둘째, 공통 문제 해결 단계에서 교사는 모둠원 전원이 하나하나의 문장들을 검토하는 협력적 사고를 통해 공동으로 단문 텍스트를 독해하도록 안내해 주어야 한다. 이러한 문제 해결 과정에서 자기 주도적인 학습 능력도 요구되지만, 집단 구성원간에 상호 작용하는 토의를 통해 다른 사람의 사고를 변화시키기도 하고 반대로 자신의 사고를 명료하게 할 수도 있음을 알려줄 필요가 있다.

셋째, 학습에 임하는 학습자는 모둠원끼리 서로 격려하고 도와주며 상호 책임을 져야 한다. 개인별로 분명히 찾아야 할 한자나 독해할 단문이 분담되어 있으나, 각 모둠원의 성취를 기초로 해서 모둠이 평가받기 때문에 자기 스스로의 성취뿐만 아니라 다른 모둠원의 성취에도 도움을 주어야 할 것이다. 따라서 각자가 서로 의지하는 관계를 형성해야 할 것이다.

넷째, 단문 텍스트를 선정하는 방법은 두 가지 양상이 있을 수 있다. 하나는 교과서 본문의 단문을 추출하는 방법과, 다른 하나는 새롭게 단문을 구성하는 방법이다. 교사는 여러 가지 교수 - 학습 변인을 고려하여 텍스트를 선정해야 할 것이다. 또한, 모둠 활동지와 개인 활동지, 기타 교수 - 학습을 위해 교사가 준비해야 할 물리적인 것(보상을 위한 상품, 확인을 위한 정답지 등) 등을 빠짐없이 준비해야 할 것이다.

다섯째, 모형의 교수 - 학습 형태는 협동 학습을 기반으로 하므로 교실의 물리적 환경을 협동 학습 구조로 바꾸는 일이 필요하다. 모둠별 개성을 드러내는 협동 학습의 기본적 규칙 제정 등 협동 학습 환경을 먼저 조성하는 일이 교사와 학습자 모두에게 필요하다. 다음은 협동 학습을 위한 모둠 구성 및 모둠 세우기의 한 예이다.

① 모둠 짜기 : 중간고사 한문 시험 성적과 평소에 생각한 학생들의 활동성을 고려하여 4인 모둠으로 명단을 작성한다.

② 책상 배치 : 학생들의 책상을 아래와 같이 배치하고 모둠원을 불러주고 번호에 맞게 앉게 한다. 한 반에 8~12 모둠이 생기게 된다.

3번	2번
4번	1번

〈교 탁〉

③ 역할 부여 : 1번은 이끔이(사회자), 2번은 기록이(기록 및 발표), 3번은 칭찬이(스티커 관리), 4번은 섬김이(심부름)임을 알려준다.

④ 신호 규칙 연습 : 몇 가지 신호를 서로 맞추는데, 첫째가 침묵신호다. 침묵신호는 모둠 활동을 하다가 선생님이 설명을 할 때 집중이 필요하면 박수 두 번을 치고 '쉿' 하는 모양을 한다. 두 번째는 모둠 과제를 다 수행했을 때 4명이 함께 치는 박수인데, '딴딴따단'이라고 외치면서 박수도 4번을 친다. 세 번째는 칭찬 박수인데, 박수 2번 치고 '칭찬'이라고 외치면서 칭찬받을 사람에게 손을 내밀어 주는 것이다.

⑤ 모둠 형성 준비 : 각 모둠의 4번 섬김이를 나오게 해 칭찬 스티커판을 배부한다. 이끔이의 사회로 모둠 이름과 구호를 정한 뒤 기록이는 스티커판에 친구 이름과 모둠 이름을 기록한다.

⑥ 모둠 형성 : 모둠별로 일어나서 이름을 소개하고 구호를 외치며 모둠 발표의 시간을 갖는다. 교사는 미리 스티커를 준비했다가 소개를 잘하는 모둠에게 스티커를 배부한다.86)

여섯째, 토(吐)를 단 단문을 낭독할 때는 목소리를 크게 내도록 이끄는 것이 중요하다. 그리고 반복 학습의 형식을 취하되, 내용 파악 전후 단계에 적용하면 학습의 효과를 기대할 수 있을 것이다.

나. 모형의 절차

'문제 해결 중심 단문 독해 모형'의 목표는 단문 텍스트를 통해 기초적(基礎的)인 한문 독해 능력을 신장하는 데 있다. 모형의 이론적 배경은 '문제 해결 학습'이며, 교수-학습 형태는 협동 학습을 기반으로 했다. 또한 모형의 단계별로 '낭독법(朗讀法)', '현토(懸吐) 활용법' 등 한문과 교수-학습 방법에 대한 연구 성과를 적절하게 적용하여 모형을 설계하였다. 이 모형의 단계별 절차를 도식화하면 다음과 같다.

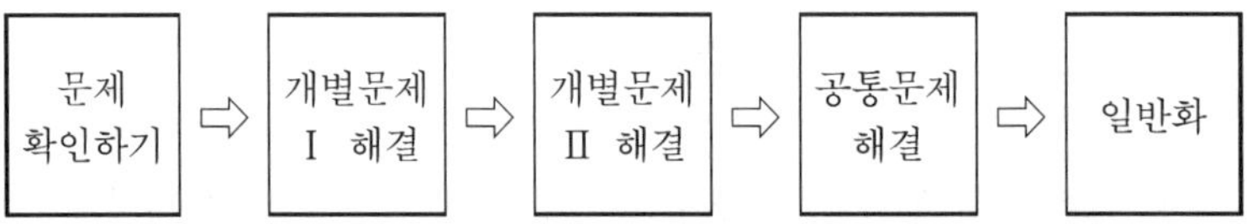

〈그림3〉 문제 해결 중심 단문 독해 모형의 단계별 절차

그러면 '문제 해결 중심 단문 독해 모형'을 실제 단문 텍스트에

86) 장진실, "중학교 2학년 수업 너무 평면적이지 않으세요?," 『한문 교육』 67(서울 : 전국한문교사모임, 2006), 28~30쪽.

적용했을 때에는 어떤 절차와 방법으로 진행해야 하는 지, 유의할 점은 무엇인지 구체적으로 단계별 세부 절차를 제시해보기로 한다.

1) 문제 확인하기

먼저 문제를 확인할 텍스트를 선정(選定)해야 할 것이다. 단문 텍스트를 선정하는 방법은 크게 두 가지로 나뉜다. 하나는 교과서 본문의 단문을 추출하는 방법과 다른 하나는 교사가 교육 과정에 근거하여 새롭게 단문을 재구성(再構成)하는 경우다. 교사는 학습자의 수준・태도, 교실의 내・외적 환경 등 여러 가지 변인을 고려하여 텍스트를 선정해야 할 것이다.

텍스트가 선정되면 학습자에게 단문 텍스트를 제시하게 된다. 이 때 '모둠별 활동지'라는 형태로 개별 학습자에게 제시해야 한다. 흔히 협동 학습을 잘 구조화(構造化)된 모둠 수업이라고 말하기도 한다. 여기서 잘 구조화되었다는 것은 '모둠별 활동지'가 개인별로 분담되어 있다는 것을 뜻한다. 이는 집단 속에 자신을 감추는 일이 없도록 구체적인 역할(役割)을 제시하고, 그에 대한 책임(責任)을 묻는 협동 학습 원리의 반영인 것이다.

2) 개별 문제Ⅰ 해결

개인별로 분담된 문제를 해결하는 단계로, 각자 자전(字典)을 이용해 모르는 한자의 음과 뜻을 찾도록 한다. 각자 개별 문제로 분담하여 활동하고 있지만, 학습에 임하는 학습자들은 모둠원끼리 서로 격려하고 도와주어야 할 것이다. 교사는 이와 같은 점을 중간중간에 적절하게 강화시켜주어야 한다. 즉, 개별 과제의 성취를 기초로 해서 모둠이 평가받기 때문에 자기 스스로의 성취뿐 아니라, 다른 모둠원의 성취에도 도움을 주어야 한다는 상호 책임성(相互責任性)을 인식시킬 필요가 있다. 또한 엄격하게 시간을 통제함으로써 한꺼번에 모든 학생이 학습 활동에 참여할 수 있어 동시다발적(同時多發的)인 상호 작용이 가능하리라 본다. 아울러 학습자 스스로 시간에 따라 자신을 통제하는 성숙함을 점차 보여주게 될 것이다.

개별 문제 해결 시 자전(字典)을 이용하는 것은 번거로울 수 있다. 왜냐하면 매 시간마다 교사는 자전 준비에 대해 확인하고 점검해야 하는 불편을 감수해야 하기 때문이다. 따라서 교사는 자전(字典) 준비에 대해 정적 강화(positive reinforcement)[87]를 해줌으로써, 자전을 수업 시간에 활용하는 데 소홀하지 않게 해주어야 한다. 때로는 교사가 사전에 자전(字典)을 준비하여 제시해 주는 것도 필요하리라 본다. 한문과 교수 - 학습에서 자전(字典)을 활용한다는 것은, 학습자 스스로 학습 내용을 찾고 구성한다는 측면에서 매우 큰 의미가 있다고 할 수 있다.

텍스트 낭독Ⅰ : 개별 문제Ⅰ은 단문에 나온 한자의 음과 뜻을 해결하는 기본적인 활동이다. 즉, 이 단계가 끝나면 한문 문장에 대한 최소한의 읽기 학습이 가능해 진다는 것을 의미한다. 따라서 제3 단계로 넘어가는 전(前)단계로 '한문 텍스트 낭독'을 함으로써 한문 문장과 친해질 필요가 있다.

원래 한문에서 낭독이라는 방법은 고저장단(高低長短)에 맞추어 문장을 크게 소리 내어 읽어 나가는 소위 '송독(誦讀)'을 말한다. 그러나 오늘날에는 소리 내어 읽더라도 높낮이를 맞추어 읽기도 어렵거니와, 우리말의 언어 구조와도 맞지 않아 큰 소리로 평범하게

87) 정적 강화(positive reinforcement)란 반응의 빈도를 증가시키는 모든 형태의 자극을 말한다. 즉, 어떤 자극이 가해져서 이 조작의 결과로 반응의 빈도가 증가할 때 이 자극을 정적 강화(positive reinforcement)라고 한다. 여기서는 자전을 준비해온 학생의 행동에 대해 칭찬을 해줌으로써 수업 시간에 자전을 준비하는 것에 대해 소홀하지 않도록 하는 긍정적 강화로 작용하도록 해준다는 의미이다.

읽는 것이 보편화되었다. 이러한 낭독법에 현토(懸吐)를 활용하여 읽는 방법은 앞서 배경 이론 및 전략에서 살펴보았듯이, 단문의 독해에도 어느 정도 도움을 줄 수 있을 것이다. 교사가 먼저 소리내어 읽으면〔선창:先唱〕, 학습자가 다같이 소리내어 읽는〔후창:後唱〕 방법, 모둠별로 선창자(先唱者)를 정해 낭독하는 방법 등 다양한 방법을 적용할 수 있다.

3) 개별 문제Ⅱ 해결

앞의 개별 문제Ⅰ이 기본(基本) 활동이었다면, 개별 문제Ⅱ는 단문 독해의 핵심(核心) 활동이라고 할 수 있다. 즉, 앞의 개별 문제Ⅰ 해결의 성과를 바탕으로, 개인별로 분담된 단문(短文)을 1차 해석하는 단계다. 이 때 교사는 개별 학습자가 해석하는 1차 해석이 모둠원의 도움 없이 '나의 해석'이 될 수 있도록 분위기를 조성하는 것이 필요하다. 또한 정답을 요구하는 것이 아님을 강조하여 허여적(許與的)인 분위기 속에서 활동이 이루어져야 할 것이다. 이 단계도 시간을 엄격하게 제한함은 물론이다.

교사의 비계 설정(飛階設定 : scaffolding) : 이 과정은 공통 문제 해결의 전(前)단계의 성격을 띤다. 즉, 공통 문제 해결 단계를 원활히 하기 위해 교사가 한문 독해와 관련된 힌트를 제공하는 단계다. 그러나 교사의 일방적인 정보 제공의 형태가 아니라, 개별 문제Ⅰ,Ⅱ를 해결하는 과정에서 나타난 의문점을 중심으로 대화(對話)하는 형태를 띠어야 할 것이다. 이러한 교사와 학습자 간의 협력적 대화와 상호 작용(相互作用)을 통해 문제를 해결해 나가는 것은 사회 구성주의(社會構成主義) 이론의 교육적 반영인 것이다. 따라서 구성주의 교수 - 학습에서 사용하는 비계 설정(飛階設定 : scaffolding)[88]

88) 비계(飛階)는 공중에 사다리를 놓아 다른 일을 할 수 있도록 돕는 도구이

이라는 용어를 사용하였다.

4) 공통 문제 해결

이 단계는 앞서 분담된 개별 문제에 대해 모둠원의 의견, 교사의 비계 제공 등을 종합적으로 참고하여 단문 텍스트 전체를 해결하는 단계이다. 이를 위해 모둠원 전원이 하나하나의 문장들을 협력적으로 검토하는 과정을 거치게 될 것이다. 이와 같은 모둠별 토의를 통한 문제 해결은 모둠원 간에 긍정적인 상호 의존성을 가지게 할 것이다. 즉 다른 사람의 성과가 나에게 도움이 되고, 나의 성과가 다른 사람에게도 도움이 됨을 인지하여 각자가 서로 의지하는 관계를 형성하게 될 것이다. 이 단계에서 공통으로 해결된 문제는 앞서 개별 문제Ⅱ에서 적은 '나의 해석'이 아닌 모둠별 토의를 거쳐 나온 '모둠 해석'을 적도록 한다. 여기서도 시간을 엄격하게 통제함으로써 학습자 스스로 시간을 효율적으로 관리할 수 있도록 끊임없이 강화해야 할 것이다.

텍스트 낭독Ⅱ : 앞서 텍스트 낭독Ⅰ이 한자의 음과 뜻만을 알고 막연하게 소리내어 읽었다면, 텍스트 낭독Ⅱ는 공통 문제 해결 단계를 통해 독해한 단문의 뜻을 정확히 떠올리며 내용을 음미하면서 낭독하게 될 것이다. 이처럼 단문의 뜻을 파악하게 되는 전후(前後) 단계에 낭독법(朗讀法)을 각각 적용함으로써 학습의 효과를 극대화할 수 있으리라 기대한다.

5) 일반화 하기

독해한 내용은 평가와 보상을 통해 일반화 과정을 거치게 된다.

다. 비계 설정(scaffolding)은 학습자가 과제를 수행하는 것을 보조하기 위한 교수적 지원을 가리키는 용어로 비계를 교육학적으로 적용한 것이다.

평가는 모둠별 평가 및 개인별 평가를 병행한다. 보상도 마찬가지로 모둠별로도 보상이 이루어지고, 개인별로도 보상하는 것을 원칙으로 한다. 교사는 먼저 개인 활동지를 나눠주어 학습한 내용을 정리토록 한다. 이 때 한자의 음과 뜻, 해석 외에도 쓰기에 대한 부분도 포함시켜야 할 것이다. 모둠별로 정답을 발표하고 교사가 확인하고 보상해 준다. 이러한 평가를 통해 개인별로 피드백(feedback)을 통해 일반화할 수 있으며, 동시에 독해(讀解)에 대한 자신감도 생기게 되리라 기대된다.

모둠별 발표가 끝나면 형성 평가를 통해 수업을 마무리 할 수도 있고, 다시 한 번 더 낭독의 방법으로 반복하여 정리할 수도 있을 것이다. 교수 - 학습 변인과 교실 환경 등을 고려하여 교사가 적절히 결정하여 마무리 하면 된다.

지금까지 '문제 해결 중심 단문 독해 모형'의 단계별 세부 절차와 유의점 등을 살펴보았다. 이 모형을 도식화(圖式化)하면 다음과 같다.

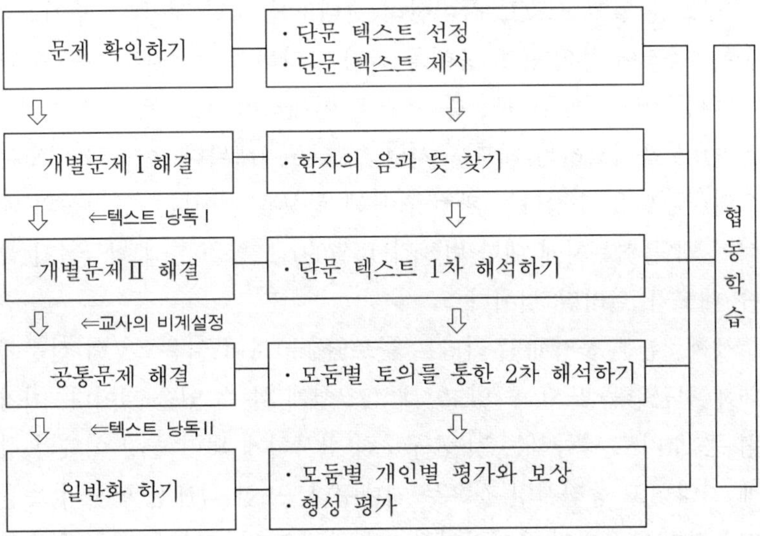

〈그림4〉 문제 해결 중심 단문 독해 모형

다. 기대 효과

필자는 한문과의 목표를 검토하면서 '한문 독해력 신장'을 교과의 최우선 목표로 제시해야 한다고 주장했다. '문제 해결 중심 단문 독해 모형'은 이러한 한문 독해력의 기초적 능력 신장을 목표로 구안되었다. 다음은 모형의 적용시 기대되는 효과다.

첫째, '문제 해결' 형태의 짧은 독해 상황을 해결해 가는 과정을 통해 기초적인 한문 독해 능력이 향상될 수 있을 것이다. 문제 해결 학습은 지식과 정보를 재구성하고 창조하는 사고 능력(思考能力)을 강조하는 문제 해결 과정을 중시한다. 이 모형을 통해 이러한 문제 해결 과정의 사고 능력이 자연스럽게 한문 독해 능력으로 이어지게 될 것이다. 따라서 단문과 같은 짧은 텍스트의 문제 해결 사고 능력은 한문 독해의 기초적인 능력 향상에 기여하게 될 것이다.

둘째, 개별 문제와 공통 문제 해결 과정을 통해 한문 문장의 기본 구조를 알고 스스로 풀이하려는 태도를 지닐 것이다. 주어, 서술어, 목적어 등의 문법 용어를 굳이 설명하지 않더라도, 우리말과는 다른 어순(語順) 구조를 스스로 이해하며, 스스로 자전(字典)을 찾아 풀이하려는 태도를 지닐 것으로 기대된다. 이러한 태도는 오역(誤譯)을 수정하는 과정을 통해 형성될 것이다. 즉 자신의 해석이 왜 틀렸는지에 대한 반성적(反省的) 고찰을 통해 적극적인 학습 태도가 길러질 것이다.

셋째, 한문 문장에 우리말로 현토(懸吐)하여 읽음으로써 한문에 대해 친근감을 느낄 수 있고, 해석도 쉽게 할 수 있을 것이다. 이처럼 큰 소리로 낭독하는 것을 꾸준히 반복하게 되면 문장 이해와 함께 기억력도 증진시킬 것으로 기대된다. 또한 독해한 단문의 뜻을 떠올리며 내용까지 음미하면서 낭독하게 되면, 낭독을 통한 학습의 효과를 극대화할 수 있을 것이다.

넷째, 협력하고 대화하고 토론하는 과정을 통해 한문 독해 학습을 하는 방법을 기르게 될 것이다. 협동 학습에서 모둠 구성을 이질적으로 하는 이유 중 하나가 모둠간의 학습 격차를 줄이기 위한 의도도 있지만, 친숙하지 않은 학생들끼리 대화하고 협력하는 경험을 제공해주기 위한 것이 중요한 이유 중의 하나다. 학생들은 다른 학생들과 대화를 통해 상호 작용하고 협력을 통해 독해라는 유익한 결과를 얻는 과정을 배울 수 있을 것이다.

2. 집단 탐구 중심 산문 독해 모형

한문에서 산문(散文)이란, 한 구절 속의 자수(字數)나 운율의 제한이 없이 자유롭게 기술하는 보통의 문장으로, 운문과 상대되는 문장을 말한다.[89] 2007년 개정 한문과 교육 과정의 내용 체계에서는 한문 텍스트를 단문(短文), 산문(散文), 한시(漢詩)로 나누고 있다.

그 중 산문(散文)에 대해 개정 한문과 교육과정 해설서에는 다음과 같이 설명하고 있다.

> '한문 산문(散文)'은 자수(字數)나 운율(韻律) 등의 외형적(外形的) 규범에 얽매이지 않고 자유롭게 쓴 글로, 한시(漢詩)와 상대되는 글을 말한다. 한문 산문은 원래 압운(押韻)을 하는 글인 운문(韻文)이나 압운(押韻)을 하지는 않지만 성률(聲律)과 대우(對偶)를 강구하는 변문(騈文)과 상대되는 글을 말한다. 그러나 중학교 한문과 교육과정에서 말하는 한문 산문은 한시(漢詩)와 상대되는 개념으로서 사용한다. 따라서 한시에 포함시켜 다루기 곤란한 작품이나

89) 교육부, 『고등학교 교육과정 해설』 -한문-(서울 : 대한교과서주식회사, 1997), 30쪽.

저술은 일단 모두 한문 산문에 포함시켜 다룰 수 있다.[90]

위의 설명을 보면, 여기서 구안(具案)할 한문과 교수 - 학습 모형의 기본 텍스트인 '산문(散文)'은 자수(字數)나 운율(韻律) 등의 외형적(外形的) 규범에 얽매이지 않고 자유롭게 쓴 글로, 통상 한시에 포함시켜 다루기 곤란한 작품이나 저술 형태를 가리킨다.

가. 모형의 원리

앞서 살펴보았듯이, 산문은 '한시와 상대되는 개념으로 한시에 포함시키기 어려운 작품이나 저술 형태의 다소 긴 글'을 말한다.

따라서 산문 교수 - 학습 목표는 단문을 통해 익힌 문장 독해의 기초를 바탕으로, 한문 독해력을 심화(深化)하는 데 있다고 할 수 있다.

이러한 교수 - 학습 목표에 따라 '집단 탐구 중심 산문 독해 모형'을 구안(具案)해 보았다.

이 모형은 산문 텍스트의 독해(讀解)를 탐구 주제로 제시하여 집단으로 토의를 통해 부여된 주제를 탐구하여 그 결과를 발표하는 산문 독해 모형이다.

모형의 이론적 배경은 '집단 탐구 학습'이며, 교수 - 학습 형태는 협동 학습을 기반으로 하였다. 또한, 모형의 단계별로 '낭독법(朗讀法)', '현토(懸吐) 활용법', '허자(虛字) 지도법', '어순 구조(語順構造) 지도법' 등 한문과 교수 - 학습 방법에 대한 기존 연구 성과를 반영했으며, 텍스트의 의미를 통해 사고력을 신장시킬 수 있는 '창의성(創意性) 계발 학습법'도 적절하게 적용함으로써, 한문과에 적합한 교수 - 학습 모형을 구안코자 하였다.

---

90) 한국교육과정평가원, 『중학교 교과재량활동 I (한문,정보,환경) 교육과정 해설 연구 개발』(서울 : 한국교육과정평가원, 2007).

1) 이론 및 전략

모형의 이론적 배경이 되는 '집단 탐구 학습'은 학생의 자기주도적 학습이 중요시되는 수업 형태로써 개인이 조사하고 연구하여 알고 있는 정보 자료들을 집단별로 서로 토의하며 질의 응답하고, 이에 대한 시사점을 분석하여 그 인과 관계 등을 따져 보는 수업의 형태다.91)

'집단 탐구 학습'의 이론적 토대가 된 듀이(Dewey)와 테렌(Thelen)은 학교에서 실시하고 있는 기계적 암기의 교육 활동에 대해 생명 없는 적용만 제공하고 있다고 비난하였다. 그러면서 학급에서 학생들의 탐구 활동을 능동적으로 촉진시킬 수 있는 수업 환경을 강조하였다.

결국 듀이와 테렌의 견해는 '탐구 공동체'로써의 학교를 지향한다고 볼 수 있다. 이러한 집단 탐구를 통해 학생들은 다른 관점을 가진 학생들과 상호 작용할 수 있으며, 탐구 과정에서 많은 정보를 수집하고 아이디어도 교환하게 된다.

이 과정에서 학생들은 다양한 정보와 아이디어를 해석하게 되는데, 이 때 해석은 학생이 갖고 있는 개인적 지식과 새롭게 획득한 지식 간의 타협의 과정으로 볼 수 있다. 이런 해석의 활성화를 유도하는 '집단 탐구 학습'은 인지적 구성주의의 지식 형성 과정(形成過程)과도 일치한다.92)

이러한 '집단 탐구 학습'은 한문 독해 학습에서 집단 구성원들이 개별적으로 탐구한 정보를 협동적으로 해석함으로써, 한문 독해 능력을 심화(深化)시키는 데 효율적인 방법이 될 것이다.

---

91) 박정도 외, 『한문과 산문교육의 교수 - 학습 모형 연구』(청원 : 한국교원대학교 부설 교과교육 공동연구소, 1997), 82쪽.

92) 전성연 외, 『협동학습 모형탐색』(서울 : 학지사, 2007), 121~126쪽 참조.

다음은 '집단 탐구 학습'의 일반적인 수업 절차이다.93)

단계	세부 활동
주제 선정 및 소집단 구성	· 탐구 주제 설정 · 하위 주제 결정 · 소집단 구성
계획 수립 및 역할 분담	· 탐구 계획 일정 수립 · 소집단별 역할 분담 및 탐구 내용 결정
탐구 활동	· 소집단별 탐구 활동 수행 · 다양한 관련 자료의 비교, 평가
발표 준비	· 탐구 결과의 설명, 비교, 평가 · 소집단별 발표 준비
발표 및 평가	· 소집단별 발표 · 전체 학급 및 소집단별 평가

〈그림5〉 집단 탐구 학습의 절차

〈그림5〉에서처럼 '집단 탐구 학습'의 절차는 탐구 주제를 선정하고 소집단을 구성한 후, 세부적인 탐구 계획을 수립하여 역할을 분담하는 과정을 거친다. 이어서 탐구 활동을 수행하여 그 결과를 발표하고 평가하는 다섯 가지 단계를 통해 이루어진다. 이와 같은 '집단 탐구 학습'의 절차(節次)는 실제 산문 텍스트의 독해(讀解) 수업에서는 한문과(漢文科)에 적절하게 절차와 세부 활동들이 마련될 것이다.

다음은 모형의 단계별 절차에 적용할 한문과 교수 - 학습 전략에

93) 집단 탐구 학습의 수업 절차는 다음을 참조하여 작성하였다.
정문성, "집단 탐구 모형",『수업 모형의 이론과 실제』(서울 : 학문출판, 2002), 555~575쪽.
전성연 외, 위의 책, 127~133쪽.

대해 살펴보겠다. '낭독법'과 '현토 활용법'은 앞에서 이미 검토했으므로 여기서는 한문 독해력과 관련 있는 '허자(虛字) 지도법'과 '어순 구조(語順構造) 지도법'에 대해 살펴보고, 다음으로 텍스트의 의미를 통해 학습자의 사고력을 신장시키는 '창의성(創意性) 계발 학습법'에 대해 살펴보고자 한다.

먼저, '허자(虛字) 지도법'은 '어순 구조(語順構造) 지도법'과 함께 한문 학습의 과학화와 현대화에 이바지해 왔다고 볼 수 있다. 교육과정 해설서에는 허자(虛字)에 대해 다음과 같이 설명하고 있다.

> '허자(虛字)'란, 글자와 글자, 어구와 어구, 글자와 어구를 이어 주거나 그 관계를 명료하게 하고, 문(文)의 어기(語氣)를 적절히 표현하여 그 뜻을 돕는 한자로서, 글자 자체가 어떤 실질적인 의미를 나타내기 보다는 주로 문법적인 기능을 가진다.94)

즉, 허자(虛字)는 한문 문장 속에서 주로 문법적(文法的)인 기능을 수행하는 한자임을 알 수 있다. 따라서 교사는 이러한 허자(虛字)의 용법을 추출하여 지도함으로써 학습자의 문장 독해력을 향상시킬 수 있을 것이다. 과거처럼 문리(文理)가 터질 때까지 무조건 읽고 암기만 하는 교육 방법은 일면 타당한 면도 있지만, 지식의 양이 폭발적으로 증가하는 현대에서는 이러한 학습 방법이 설득력을 갖기는 어려울 것이다. 따라서 한문 독해의 핵(核)이라고 할 수 있는 허자(虛字)를 익힘으로써, 좀 더 효율적인 한문 학습 방법을 모색할 수도 있을 것이다. 그러나 교사가 지나치게 허자(虛字)의 지도에 치중하게 되면, 자칫 기계적인 수업이 될 수도 있으므로 학생들 스스로 필요성을 인식하고 허자의 용법을 찾아 적용할 수 있도록 격려해야 할 것이다.

94) 교육부, 『고등학교 교육과정 해설』 -한문-(서울 : 대한교과서주식회사, 1997), 33~34쪽.

'어순 구조(語順構造) 지도법'은 한문과 교육 과정에는 '문장의 구조'라는 명칭으로 영역별 내용 요소에 포함되어 있다.95) 여기에 대해 교육 과정 해설서에는 다음과 같이 설명하고 있다.

> '문장(文章)'이란 하나의 완결된 생각을 나타낸 언어 단위로, 일반적으로 주부(主部)와 술부(述部)로 이루어진다. 주부를 이루는 성분이 주어(主語)이고, 술부를 이루는 성분에는 서술어(敍述語), 목적어(目的語), 보어(補語)가 있다. 이들 성분을 주성분(主成分)이라 한다. 주성분은 문장의 골격을 이루는 성분으로서 문장을 이루는 데 없어서는 안 될 필수적 성분이다. 그리고 주요 성분에 덧붙여 이를 수식하거나 한정하는 관형어, 부사어 등을 부속 성분(附屬成分)이라 한다.96)

위의 설명을 보면, 한문 문장은 '주어·서술어·목적어·보어'의 주성분과 '관형어·부사어' 등의 부속 성분으로 이루어져 있음을 알 수 있다. 이에 따라 문장의 구조를 크게 기본 구조(基本構造)와 확장 구조(擴張構造)로 나누어 설명하고 있다.97) 이와 같은 문장의 구조를 통해 한문 문장을 이해함으로써 좀 더 체계적이고 단계적인 한문 독해력 학습이 가능할 것으로 보인다.

따라서 교사는 문장의 구조를 통해 우리말과 어순(語順)을 비교

---

95) "(2) '문장의 구조'를 알고 문장을 스스로 풀이한다."(제7차 한문과 교육과정 3. 내용 → 나. 영역별 내용 → -한문- (2)에 포함되어 있다.)
"(2) 문장의 구조를 안다."(2007년 개정 한문과 교육 과정 3. 내용 → 나. 영역별 내용 → -한문지식- → 〈문장〉 (2)에 포함되어 있다.)

96) 교육부, 『고등학교 교육과정 해설』 -한문-(서울 : 대한교과서주식회사, 1997), 31쪽.

97) 한문 문장의 기본 구조로는 '주술(主述) 구조 : 주어+서술어, 주술목(主述目) 구조 : 주어+서술어+목적어, 주술보(主述補) 구조 : 주어+서술어+보어, 주술목보(主述目補) 구조 : 주어+서술어+목적어+보어'의 4가지이다. 확장 구조로는 '주술 확장 구조 : 주술 구조+수식어(관형어,부사어), 주술목 확장 구조 : 주술목 구조+수식어(관형어,부사어), 주술보 확장 구조 : 주술보 구조+수식어(관형어,부사어)'의 3가지를 제시하고 있다.

해가며, 단계적으로 학습할 수 있도록 수업을 설계해야 할 것이다. 그러나 앞서 '허자(虛字) 지도법'과 마찬가지로 지나치게 문장 구조에 치중하다 보면, 문장의 전체적인 양상을 놓칠 수도 있다. 즉, 한문 문장은 기본 구조와 확장 구조만으로 이해할 수 없는 복잡하고 다양한 형태라는 것을 인식시킬 필요가 있다.

또한, 문장을 이루는 한자의 뜻을 정확히 이해하고, 이들이 유기적(有機的)으로 결합하여 나타낸 하나의 완결된 생각이 문장이라는 것도 강조할 필요가 있다. 이러한 완결된 생각을 우리의 말과 글로 옮기는 독해(讀解)의 과정에서, 교수와 학습자, 학습자와 학습자 간의 협력적인 대화(對話)와 상호 작용(相互作用)이 필요함을 일깨워 주어야 할 것이다.

'창의성(創意性) 계발 학습법'은 산문 텍스트의 내용과 관련하여 유창성, 융통성 그리고 독창성을 증진시키는 데 관심을 두고 있다. 따라서 이 학습법을 통하여 학생들의 확산적 반응들이 격려되고 존중되는 수업 상황에서 창의적으로 사고하는 기법을 배운다면 분명히 학생들의 창의력이 신장될 것이다. 사실 이러한 창의성 교육은 교육 과정 속에서 용어상의 변화만 있을 뿐 변함없이 반영되어 왔다.[98] 그러나 창의성에 대한 지속적인 관심에도 불구하고, 학교 교육에서 창의성 계발 방법에 대한 논의는 체계성을 갖추지 못한 채 이루어져 온 것이 사실이다. 창의적으로 사고하는 방법에 대한 지도보다는 창의적인 학습 결과물 산출에 관심을 가져온 것이다. 따라서 창의적인 사고가 가능하도록 이끌어내는 교사의 역할이 어느 때보다 중요하다.

---

98) 창의성 교육은 제2차 교육 과정에서부터 교육 과정 목표의 하나로 설정된 이후 제5차 교육 과정에서는 '창조적인 사람'을 기본 방향으로 제시하였고, 제6차 교육과정에서는 '변화에 창조적 대응력을 배양하는 교육'을 강조하였다. 그리고 제7차 교육과정의 총론은 '기초 능력을 토대로 창의적인 능력을 발휘하는 사람'을 교육과정이 추구하는 인간상의 하나로 제시하고 있다. 김창원 외, 위의 책, 192~193쪽.

2) 교수-학습의 유의점

'집단 탐구 중심 산문 독해 모형'의 교수-학습 유의점은 교사, 학습자, 텍스트, 교실 환경의 측면에서 살펴볼 수 있다.

첫째, 교사는 학생들에게 자기 주도적인 독해 학습의 중요성을 강조하여 적극적인 수업 참여를 요구하여야 한다. 집단으로 탐구하는 수업은 대부분 학생들에 의해 주도되기 때문에, 학습자 스스로 학습 의지가 없이 학습에 임하면 수업이 원활하게 이루어질 수 없다. 따라서 주어진 독해 분량에 대해 자기 주도적으로 해결하려는 자세를 갖도록 격려해야 할 것이다.

둘째, 교사의 철저한 사전 준비가 필요하다. 탐구 중심 수업이 학습자 위주 수업이라 해서 학습자의 준비만 철저하면 된다는 말은 아니다. 학습자 위주의 수업일수록 학습 목표에서 이탈하지 않도록 교사는 더욱 더 치밀하게 학습 내용을 구성하고 학습자를 이끌어야 할 것이다. 따라서 교사는 독해 과정에 나타날 가능한 문제 상황을 예측해 철저한 사전 준비를 해야만 한문 독해력 심화라는 학습 목표에 도달할 수 있을 것이다.

셋째, 수업에 임하는 학습자는 자율성과 함께 책무성도 가져야 할 것이다. 개별 탐구와 집단 탐구를 수행하는 과정은 많은 부분에서 학습자의 자율성에 의존할 수밖에 없다. 따라서 학생들은 자신이 맡은 독해에 대해 자율적으로 탐구 활동을 수행하게 된다. 그러나 탐구 활동의 최종 결정 과정을 보면, 구성원 간의 협력적 상호작용을 통해 텍스트의 독해(讀解)가 결정되는 것을 알 수 있다. 따라서 자신이 맡은 독해 분량을 충분히 수행해서 집단에 기여할 책무성도 가져야 할 것이다.

넷째, 산문 텍스트를 선정하는 방법은 두 가지 양상이 있을 수 있다. 하나는 교과서 본문의 산문을 추출하는 방법과, 다른 하나는 새롭게 산문을 구성하는 방법이다. 교사는 여러 가지 교수 - 학습 변인을 고려하여 텍스트를 선정해야 할 것이다.

다섯째, 창의성을 계발하기 위해서는 무엇보다도 학습자에게 스스로 사고할 수 있는 분위기를 형성하는 것이 중요하다. 이를 위해 구체적 교수 - 학습 활동에서는 학생들의 다양한 사고(思考) 유형에 대해 긍정하고 존중해주는 정적 강화(positive reinforcement)를 주는 것이 바람직하다.

여섯째, 학생에 대한 평가와 보상은 모둠별로도 개인별로도 주어져야 할 것이다. 교사는 모둠별 평가를 통해 학생들로 하여금 자신의 학습뿐 아니라, 다른 사람의 학습에도 도움을 주도록 격려해야 할 것이다. 또한 개인별로도 평가하여 스스로의 성취감도 격려해야 할 것이다.

나. 모형의 절차

'집단 탐구 중심 산문 독해 모형'의 교수 - 학습 목표는 산문 텍스트를 통해 한문 독해 능력을 심화(深化)하는 데 있다. 모형의 이론적 배경은 '집단 탐구 학습'이며, 교수 - 학습 형태는 협동 학습을 기반으로 하였다. 또한, 모형의 단계별로 '낭독법(朗讀法)', '현토(懸吐) 활용법', '허자(虛字) 지도법', '어순 구조(語順 構造) 지도법' 등 한문과 교수 - 학습 방법에 대한 기존 연구 성과를 반영했으며, 텍스트의 의미를 통해 사고력을 신장시킬 수 있는 '창의성(創意性) 계발 학습법'도 적절하게 적용하여 모형을 설계하였다. 이 모형의 단계별 절차를 도식화(圖式化)하면 다음과 같다.

탐구 주제 선정 ⇨ 개별 탐구 수행 ⇨ 공통 탐구Ⅰ 수행 ⇨ 공통 탐구Ⅱ 수행 ⇨ 발표 및 평가

〈그림6〉 집단 탐구 중심 산문 독해 모형의 단계별 절차

그러면 '집단 탐구 중심 산문 독해 모형'을 실제 산문 텍스트에 적용했을 때에는 어떤 절차와 방법으로 진행해야 하는 지, 유의할 점은 무엇인지 구체적으로 단계별 세부 절차를 제시해보기로 한다.

1) 탐구 주제 선정

탐구 주제를 선정하는 일은 바로 산문 텍스트를 선정하고 학습자에게 제시하는 것이다. 산문 텍스트를 선정하는 방법은 크게 두 가지로 나뉜다. 하나는 교과서 본문의 산문을 추출(抽出)하는 방법과 다른 하나는 교사가 교육 과정에 근거하여 새롭게 산문을 재구성(再構成)하는 경우다. 교사는 학습자의 수준・태도, 교실의 내・외적 환경 등 여러 가지 변인을 고려하여 텍스트를 선정해야 할 것이다.

텍스트가 선정되면 학습자에게 산문 텍스트를 제시하게 된다. 이 때 '모둠별 활동지'라는 형태로 개별 학습자에게 제시해야 한다. 흔히 협동 학습을 잘 구조화(構造化)된 모둠 수업이라고 말하기도 한다. 여기서 잘 구조화되었다는 것은 '모둠별 활동지'가 개인별로 분담되어 있다는 것을 뜻한다. 이는 집단 속에 자신을 감추는 일이 없도록 구체적인 역할(役割)을 제시하고, 그에 대한 책임(責任)을 묻는 협동 학습 원리의 반영인 것이다.

2) 개별 탐구 수행

개별로 분담된 탐구를 수행하는 단계로, 배부된 개인 활동지의 빈 칸을 채워가는 형태로 진행된다. 먼저 기본적인 한자의 음과 뜻을 확인하고, 1차 해석까지 해 본다. 이 때 교사는 개별 학습자가 해석하는 1차 해석이 모둠원의 도움없이 '나의 해석'이 될 수 있도록 분위기를 조성하는 것이 필요하다. 또한 정답을 요구하는 것이 아님을 강조하여 어떠한 해석도 포용할 수 있는 허여적(許與的)인 분위기 속에서 활동이 이루어져야 할 것이다.

교사의 비계 설정(飛階設定 : scaffolding) : 이 과정은 제 3 단계 '공통 탐구Ⅰ수행'의 전(前)단계의 성격을 띤다. 즉, '공통 탐구Ⅰ수행' 단계를 원활히 하기 위해 교사가 한문 독해와 관련된 힌트를 제공하는 단계다. 주로 문법적으로 기능하는 허자(虛字)의 쓰임, 독특한 문장 구조(文章構造), 그리고 기타 고유 명사(固有名詞) 등에 대한 내용이 그것이다. 이러한 힌트들은 이미 모둠별 활동지 속에 녹아 들어가게 구조화(構造化)할 수도 있으며, 필요한 경우 별도로 학습용 자료를 제작할 수도 있을 것이다. 그러나 교사의 일방적인 정보 제공의 형태가 아니라, 개별 탐구를 수행하는 과정에서 나타난 의문점을 중심으로 대화(對話)하는 형태를 띠어야 할 것이다. 이러한 교사와 학습자 간의 협력적(協力的) 대화(對話)와 상호 작용(相互作用)을 통해 탐구를 수행해 나가는 것은 사회 구성주의(社會構成主義) 이론의 교육적 반영인 것이다. 따라서 구성주의 교수 - 학습에서 사용하는 비계 설정(飛階設定 : scaffolding)이라는 용어를 사용하였다.

3) 공통 탐구Ⅰ 수행

이 단계는 앞서 분담된 개별 탐구에 대해 모둠원의 의견, 교사의 비계 제공 등을 종합적으로 참고하여 산문 텍스트 전체를 독해하는 단계이다. 이를 위해 모둠원 전원이 하나하나의 문장들을 협력적(協力的)으로 검토하는 과정을 거치게 될 것이다. 이와 같은 모둠별 토의를 통한 탐구 수행은 모둠원 간에 긍정적인 상호 의존성(相互依存性)을 가지게 할 것이다. 즉 다른 사람의 성과가 나에게 도움이 되고, 나의 성과가 다른 사람에게도 도움이 됨을 인지하여 각자가 서로 의지하는 관계를 형성하게 될 것이다. 이 단계에서 공통으로 수행된 과제는 앞서 개별 탐구에서 적은 '나의 해석'이 아닌 모둠별 토의를 거쳐 나온 '모둠 해석'을 적도록 한다.

4) 공통 탐구Ⅱ 수행

이 단계는 앞서 산문 텍스트의 독해가 완료된 후, 산문의 내용·주제·의미 등을 통해 학습자의 창의성을 계발하는 단계다. 산문은 단문과 달리 '작품이나 저술 형태의 긴 글'이므로 글의 내용이나 주제, 의미 등을 통해 학습자의 다양한 활동들이 가능하다. 여기서는 학습자의 창의성 계발에 초점을 맞추어 활동을 계획하였다.

창의성(創意性)을 계발하는 교수 - 학습 모형은 무수히 많다. 일반적으로 인지적(認知的) 능력을 길러 주고자 소개하고 있는 거의 모든 방법들이 사고를 통한 창의성을 신장시킬 수 있는 것들이다. 바꾸어 말하면, 창의성을 신장시킬 수 있는 방법이 따로 존재하는 것은 아니라는 말이기도 하다. 그러나 창의성을 신장시키기에 비교적 용이한 교수 - 학습 방법으로는 '발견 학습, 탐구 학습, 협동 학습, 관찰 학습, 경험 학습, 개념 학습, 실험 실습, 토의법, 질문법, 프로젝트법, 역할 연기법, 현장 탐사' 등등 다양하다.[99] 여기서는 협동 학습에 기초하여 모둠별 토의 방법을 활용하여 창의성을 계발하고자 했다.

창의성을 계발하기 위한 기법도 위의 교수 - 학습 방법만큼 다양하다. 여기서는 아래와 같은 절차대로 공통 탐구Ⅱ를 수행하고자 한다.

첫째, 산문 텍스트의 '주제와 의미'를 협력적 대화와 상호 작용을 통해 추출해 낸다.

둘째, 산문 텍스트의 의미나 상황이 드러나도록 5자로 각자 개별적으로 표현해 본다.[100]

---

99) 서울대학교 교육연구소, 『교육학대백과사전』(서울 : 하우동설, 1999), 1358쪽.

100) '산문의 의미를 5자로 표현하기'는 전국한문교사모임의 회지인 『한문교

셋째, 개별적으로 표현한 아이디어를 모둠별 토의를 거쳐, 최선의 아이디어 하나를 선정한다.

이와 같은 활동은 학습자의 창의성을 최대한 이끌어내기 위해 놀이나 게임 형태로 진행할 수도 있을 것이다.

텍스트 낭독 : 텍스트 낭독은 한문 독해력 심화 모형을 성독(聲讀)을 통해 정리하고 반복하는 과정이라고 할 수 있다. 왜냐하면, 개별탐구를 통해 확인한 한자의 음과 뜻을 떠올리며 읽을 수 있을 것이고, 공통 탐구Ⅰ 수행을 통해 독해한 산문의 뜻을 이해하며 읽을 수 있을 것이며, 공통 탐구Ⅱ 수행을 통해 산문의 의미나 상황까지 음미하면서 산문 텍스트를 읽을 수 있기 때문이다. 텍스트 낭독의 방법은 교사가 먼저 소리내어 읽으면〔선창 : 先唱〕, 학습자가 다같이 소리내어 읽는〔후창 : 後唱〕 방법, 모둠별로 선창자(先唱者)를 정해 낭독하는 방법 등 다양한 방법을 적용할 수 있을 것이다.

5) 발표 및 평가

모둠별로 발표 준비를 통해 발표가 진행된다. 발표가 끝나면 형성 평가를 통해 수업을 마무리 할 수도 있고, 다시 한 번 더 낭독의 방법으로 반복하여 정리할 수도 있을 것이다. 교수 - 학습 변인과 교실 환경 등을 고려하여 교사가 적절히 결정하여 마무리 한다.

평가는 모둠별 평가 및 개인별 평가를 병행한다. 보상도 마찬가지로 모둠별로도 보상이 이루어지고, 개인별로도 보상하는 것을 원

육』 49호에 실렸던 '사자성어 의미를 5자로 줄이기'라는 이병주의 수업 아이디어를 산문에 적용해 본 것이다. 몇 가지 예를 들어보면 아래와 같다.

不老長生 - 의학의 발달, 因果應報 - 생태계 파괴
百害無益 - 담배의 진실, 有口無言 - 청문회 증인
錦衣夜行 - 자원 봉사자, 糟糠之妻 - 여보 잊지마
吳越同舟 - 한일 월드컵, 身土不二 - 국산이 최고
臥薪嘗膽 - 효종의 북벌, 左衝右突 - 만원 버스안

칙으로 한다. 교사는 먼저 개인 활동지를 나눠주어 학습한 내용을 정리토록 한다. 이 때는 세부적인 내용보다는 해석 위주의 정리가 바람직하다. 모둠별로 정답을 발표하고 교사가 확인하고 보상해 준다. 이러한 평가를 통해 개인별로 스스로 피드백(feedback)을 통해 보완할 수 있으며, 동시에 독해(讀解)에 대한 자신감도 생기게 되리라 기대된다.

지금까지 '집단 탐구 중심 산문 독해 모형'의 단계별 세부 절차와 유의점 등을 살펴보았다. 이 모형을 도식화(圖式化)하면 다음과 같다.

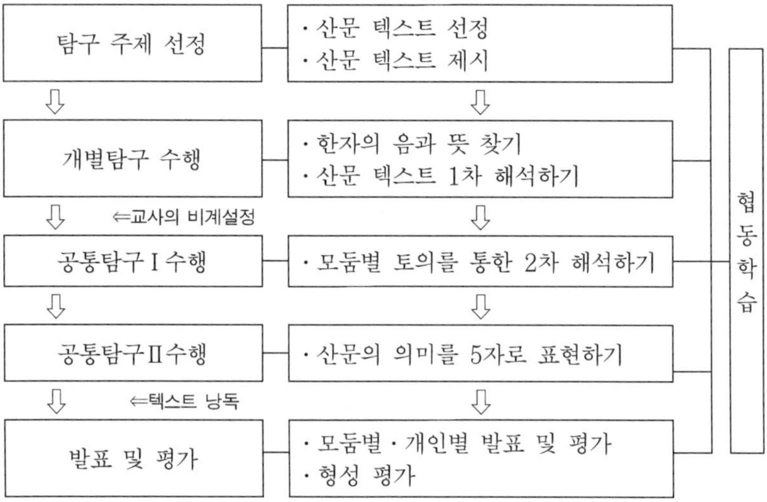

〈그림7〉 집단 탐구 중심 산문 독해 모형

다. 기대 효과

'집단 탐구 중심 산문 독해 모형'은 산문텍스트를 중심으로 한문 독해력 신장을 교수 - 학습 목표로 구안하였다. 이를 위해 '집단 탐구 학습'에 기초하여 창의성 계발, 낭독법 등 다양한 기법과 전략들을 활용하였다. 다음은 이 모형에서 기대되는 효과다.

첫째, 산문 텍스트를 학습자간 협력적 대화와 상호 작용을 통해 독해함으로써, 향후 자기 주도적(自己主導的)인 독해 학습 능력이 길러질 것이다. 학습자는 먼저 개별적으로 산문 텍스트를 해석하고 난 후, 모둠별 협동 학습을 통해 자신이 한 해석을 수정해 나가는 과정을 통해 한문 독해에 대한 성취감(成就感)이 생길 것이다. 결국 이러한 성취감이 자기 주도적인 독해 학습으로 이어지리라 기대한다.

둘째, 창의성 계발 학습을 통해 한문 전적에 대해 창의적으로 사고할 수 있으며, 나아가 비판적으로 이해하고 감상할 수 있을 것이다. 산문 텍스트는 하나의 완결된 이야기 구조를 갖고 있는 텍스트이다. 이러한 산문 텍스트와 관련된 의미나 주제를 압축해서 표현하는 활동은 창의성(創意性) 계발뿐만 아니라, 텍스트를 전반적으로 이해하고 감상하게 함으로써 폭넓은 사고력(思考力)도 기를 수 있을 것이다.

셋째, 문법적 기능을 수행하는 허자(虛字)의 쓰임을 익힘으로써 문장의 유기적(有機的) 결합을 이해할 수 있으며, 나아가 문장 독해력(讀解力)을 신장시킬 수 있을 것이다. 허자는 문장 속에서 문법적 기능을 하는 한자로, 한문 독해와 직접적 연관성이 크다. 교사의 설명이나 활동지를 통해 제시된 허자의 용법을 익힘으로써 학습자는 분석적으로 문장을 독해할 수 있을 것이다. 즉, 모형에서 교사는 비계(飛階 : scaffolding)를 통해 학습자의 문장 독해에 도움을 주고 있다.

넷째, 교수 - 학습의 마지막 단계에서 낭독법을 활용함으로써, 학습한 내용을 효율적으로 정리할 수 있을 것이다. 낭독법을 꾸준히 반복하게 되면, 재미도 있고 학생들이 흥미를 느끼게 될 것이다. 다 같이 큰 소리로 따라 읽어가는 중에 저절로 본문의 내용도 떠올리게 될 것이다. 즉, 낭독법은 단순히 음만을 읽어내려 가는 음독(音讀) 수준이 아니라, 산문의 내용을 떠올리며 음미하면서 학습 내용을 정리하는 효과도 있을 것이다.

3. 독자 반응 중심 한시 감상 모형

한시(漢詩)란, 한문으로 된 시를 말한다. 흔히 한시를 한문학의 꽃이라고 말한다. 이는 간결한 언어와 함축된 표현을 통해 완결된 사상과 감정을 어느 문학 양식보다도 잘 표현하기 때문일 것이다. 2007년 개정 한문과 교육 과정의 내용 체계에서는 한문 텍스트를 단문(短文), 산문(散文), 한시(漢詩)로 나누고 있다. 이에 따라 교육 과정에는 교수 - 학습을 위한 한시(漢詩)의 학습 내용을 다음과 같이 제시하였다.

〈읽기〉 7) 한시를 소리 내어 읽을 수 있다.
8) 한시를 끊어 읽을 수 있다.
9) 한시를 바르게 풀이할 수 있다.
〈이해〉 6) 한시의 형식과 특징을 이해한다.
7) 한시의 내용과 주제를 이해한다.
8) 한시의 특수한 표현 방식을 이해하고 감상할 수 있다.[101]

위에서 제시한 6가지 학습 내용은 다시 세 항목씩 묶어, 각각 '한시의 읽기와 풀이', '한시의 이해와 감상'이라는 내용 요소로 정리할 수 있다. 이와 같은 학습 내용을 볼 때, 한시 교육은 1차적으로 한시를 독해할 수 있는 능력을 기르는 것이 목표가 될 수 있다. 그러나 한시를 문학(文學)으로 본다면 문학 교육적 접근 방법도 중요한 목표가 될 수 있다. 즉, 한시 교육에서 '감상과 활용' 측면에 중점을 두고 교수 - 학습 방법을 설계할 수도 있다. 여기서 구안할 한시 교수 - 학습 모형은 이러한 문학 교육적 측면에서 학습자의 이해와 감

101) 교육인적자원부, 『한문 및 교양 선택과정 교육과정』(교육인적자원부 고시 제 2007-79호〔별책17〕), 3~4쪽.

상에 중점을 두었다.

가. 모형의 원리

앞서 한시(漢詩)의 문학 교육적 특성을 고려하여 한시 교수-학습 방법도 감상과 활용에 중점을 두어야 한다고 했다. 따라서 여기서 구안할 한시 교수-학습 모형의 목표는 물론 한시의 독해(讀解)가 1차 목표가 되겠지만, 주된 목표는 독해한 한시를 감상하고 활용하여 학습자가 스스로 내면화(內面化)하는 것이라고 할 수 있다. 이러한 한시 교수-학습 목표의 성격에 따라 '독자 반응 중심 한시 감상 모형'을 구안해 보았다. 이 모형은 학생들의 반응을 중심으로 문학 감상 능력을 증진시키는 한시 감상 모형이다. 모형의 이론적 배경은 '반응 중심 수업'이며, 교수-학습 형태는 협동 학습을 기반으로 하였다. 또한 모형의 단계별로 '낭독법(朗讀法)', '상호 텍스트성의 활용', '매체 활용 감상법' 등 한문과 교수-학습 방법에 대한 연구 성과를 적절하게 적용함으로써, 한문과에 적합한 교수-학습 모형을 구안코자 하였다.

1) 이론 및 전략

모형의 이론적 배경이 되는 '반응 중심 수업'은 문학 수업에서 텍스트와 독자의 조화를 추구하는 수업이다. 이 수업은 텍스트를 중심에 둔 교사의 일방적인 지식 전달이 문학 수업의 본질과는 거리가 멀다는 반성에서 출발한 수업 형태이다.[102] 문학 교육의 목적이 학생들의 문학 감상 능력 증진이라면 문학 수업은 학생들이 수업을 통하여 작품과 좀 더 친밀해지고 작품에 대한 학생들의 생각을 마음껏

---

102) 텍스트를 중심에 둔 교사의 일방적인 수업 이론을 신비평이론이라고 한다. 신비평 이론은 문학 작품의 외적인 측면을 철저히 배격하고 텍스트 자체만을 대상으로 작품을 비평하는 방법이다. 박정도, 『한문과 교수학습 방법론』(서울 : 박이정, 1999), 405쪽.

펼칠 수 있는 기회의 장(場)이 되어야 한다는 입장이다. 따라서 '반응 중심 수업'은 이러한 문학 수업의 본질에 가장 가까이 다가가는 수업으로 학생들의 텍스트에 대한 반응을 중요하게 생각한다.[103)]

이러한 '반응 중심 수업'은 2007년 개정 한문과 교육과정의 목표에서도 새롭게 강조하고 있다. 2007년 개정 한문과 교육과정의 목표 다항을 보면, '다양한 유형의 한문 자료를 비판적으로 이해하고 심미적으로 향유할 수 있는 능력을 기른다.'라고 되어 있다.[104)] 바로 '심미적 향유'가 문학 작품에서 독자의 반응 중심을 강조하는 학습법으로, 이를 한문과에서 수용한 것으로 볼 수 있다. 특히 한문 텍스트 중에서 가장 문학적 완성도가 높은 한시(漢詩) 텍스트야말로 학생들의 정서를 자극하여 반응을 이끌어내기에 가장 적합한 문학 교육의 감상 텍스트로 판단된다.

다음은 반응 중심 수업의 일반적인 절차이다.[105)]

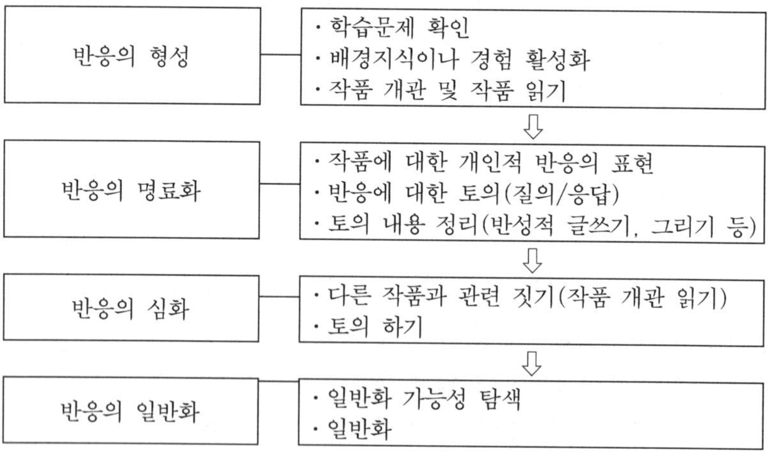

〈그림8〉 반응 중심 수업의 절차

103) 김창원 외, 위의 책, 99쪽.

104) 교육인적자원부, 『한문 및 교양 선택과정 교육과정』(교육인적자원부 고시 제 2007-79호〔별책17〕), 2쪽.

105) 김창원 외, 위의 책, 106쪽.

'반응 중심 수업'의 교수 - 학습 절차는 〈그림8〉에서처럼 반응의 형성 → 반응의 명료화 → 반응의 심화 → 반응의 일반화의 단계로 제시된다. 이와 같은 '반응 중심 수업'의 절차는 실제 한시 텍스트의 감상 수업에서는 한문과에 적절하게 절차와 세부 내용들이 마련될 것이다.

다음은 모형의 단계별 절차에 적용할 한문과 교수 - 학습 전략에 대해 살펴보도록 하겠다. 먼저, '상호 텍스트성(intertextuality)의 활용'이다. '상호 텍스트성'이란 문학에서 텍스트와 텍스트 사이의 모든 상호 관계를 포함하는 개념이다.

'상호 텍스트성'은 일반적으로 한 작가의 작품들의 관계와 서로 다른 작가의 작품 사이의 관계, 그리고 더 나아가 장르를 초월한 모든 문학 작품과 타 예술 텍스트와의 상호 연관 관계를 함축한다.[106]

그렇다면 한시 텍스트에 적용 가능한 '상호 텍스트성의 활용' 전략에는 어떤 것들이 있을까? 먼저 한시가 과거를 배경으로 노래한 작품이므로 현대의 다양한 장르와의 비교를 통한 감상이 가능할 것이다. 즉, 현대시와 관련 짓기, 대중 가요와 관련 짓기, TV드라마나 영화와 관련 짓기, 애니메이션 등 기타 영상 매체와 관련 짓기가 있을 수 있다. 그 외에 한시의 주제, 작가, 시대 상황 등에서 전혀 반대되는 성향을 지닌 타 작품과 관련을 지을 수도 있을 것이다. 어쨌든 이러한 다양한 관련 짓기를 통해 한시 작품을 보다 확장적(擴張的)으로 이해하고 감상할 수 있을 것이다.

'매체 활용 감상법'은 다양한 매체 자료를 활용하여 문학 작품을 감상하는 방법으로, 모형에서는 주로 모둠별 토의를 통해 확정한 2차 반응 자료를 발표할 때 활용하게 될 것이다. 이러한 매체 활용

---

106) 안성수, "상호 텍스트성과 문학 교육," 『문학 교육학』 제2호, 한국문학교육학회, 1998, 279~281쪽 참조.

에 대해 개정된 한문과 교육 과정에는 다음과 같이 언급하고 있다.

나. 교수 · 학습 방법

(3) 다양한 매체 자료를 활용하여 한문의 학습 효과를 높이되, 가급적 학습자 일방의 활동에서 멈추지 않고 다수의 학습자와 공유하고 교사와 학습자 간 쌍방향에서 서로 소통할 수 있도록 한다.

다. 교수 · 학습 자료

(3) '한문', '한문 지식'의 교수 · 학습 효과를 높이기 위해 다양한 매체 등 각종 자료를 효율적으로 활용한다.[107)]

한문의 학습 효과를 위해 가능한 다양한 매체 자료를 많이 활용해야 하며, 가급적 일방향 소통이 아닌 교사와 학습자간 쌍방향 소통을 요구하고 있음을 알 수 있다. 실제로 국어 교육에서는 이러한 쌍방향적인 기능에 착안하여 매체 언어(媒體言語)라는 개념을 써서 매체를 언어 교육 대상으로 보고, 언어 교육적 관점에서 접근하고 있다.[108)] 그러나 한문 교과의 경우는 매체에 대한 관점이 국어

107) 교육인적자원부, 『한문 및 교양 선택과정 교육과정』(교육인적자원부 고시 제 2007-79호〔별책17〕), 6쪽.

108) 아래의 표는 매체에 대한 국어교육적 관점을 표로 정리한 것이다. 이채연, "인터넷을 활용한 국어과 쓰기지도의 수업모형 구안과 그 효과," 『국어교육』 107(서울:한국어교육학회, 2002), 205쪽.

구분	매체교육	매체언어교육	매체언어활용교육
교육대상	매체소양교육 -도구적 관점	매체의 언어성 교육 -전언적 관점	매체활용교육 -상호소통적 관점
교육내용	매체의 일반적 특성과 유형	매체 언어의 특징과 소통 기제 (전언성,형상성)	매체언어의 수용과 비판, 언어정보의 생성과 공유
교육수준	기본적 수준 Media Literacy	발전적 수준 Text Literacy	심화적 수준 Information Literacy

과에서 지향하는 상호 소통적 관점과는 다르다는 점을 분명히 인식해야 할 것이다. 아직까지 매체에 대한 한문 교육의 관점은 도구적(道具的) 차원에서 적용하는 수준이 될 것이다.

2) 교수 - 학습의 유의점

'독자 반응 중심 한시 감상 모형'의 교수 - 학습 유의점은 교사, 학습자, 반응 자료, 교실 환경의 측면에서 살펴볼 수 있다.

첫째, 한시에 대한 학생의 반응이 수업의 중심이 되어야 한다. 교사는 학생들이 한시를 감상한 후 그들의 반응을 표현하도록 유도하여 작품에 대하여 어떤 생각이나 느낌이 드는지, 왜 그런지 등을 자유롭게 펼치도록 하고 이를 바탕으로 수업을 진행해야 한다. 반응 중심의 수업에서는 학생들의 감상 결과를 통하여 학생들 스스로 생각하고 토의하도록 하여 주제를 도출해 내게 된다. 교사는 단지 학생들이 반응할 수 있도록 분위기를 조성하고 안내할 뿐이지 정답을 제시하거나 반응의 형식을 강조해서는 안 된다.

둘째, 한시를 직역(直譯)하거나 의역(意譯)할 때 자연스러운 수업 상황이 이루어져야 한다. 한시를 직역할 때는 가장 초보적인 반응이 형성되므로 무엇보다 수업 환경이 편안하고 자유로워야 하겠다. 교사의 일방적인 통제와 권위가 지배하는 수업 상황에서는 학생들이 위축감을 느끼게 되고 따라서 자신의 생각을 자유롭게 펼치기 어렵다. 한시를 의역할 때는 반응이 명료해지는 단계로, 이 때 교사는 학생들이 자신의 경험(經驗)과 관련지어 자유롭게 표현할 수 있도록 분위기를 조성해 주어야 한다. 학생들이 교사와의 관계, 그리고 다른 학생들과의 관계에서 편안함을 느끼고 자연스러워야 반응을 자유롭게 펼칠 수 있는 것이다.

셋째, 한시 반응의 오류는 학생들 스스로 수정하도록 해야 한다. 물론 학생들은 한시 텍스트에 대해 자유로운 반응을 형성할 수 있다. 그러나 잘못된 정보에 의한 독해의 오류와는 구분되어야 한다. 학생들이 오역(誤譯)을 했을 때 교사는 즉각적인 피드백을 주기보다는 학생 스스로 협력적 대화를 통해 잘못된 반응을 바르게 형성할 수 있도록 도와야 한다.

넷째, 한시의 형식이나 한시와 연관된 전문적 용어들은 학생들의 한시 감상을 도와주는 보조 자료로서 제공되어야 할 것이다. 중요한 것은 한시의 형식적인 지식보다는 한시 자체에 내재된 깊은 의미를 통해 감동을 받고, 그것을 나의 경험과 교류하게 하는 것이다.

다섯째, 모둠별 토의를 통해 확정지은 2차 반응 자료를 발표할 때, 다양한 매체 자료를 활용할 수 있도록 격려해야 할 것이다. 즉, 한시 작품과 관련 짓기한 현대시와 대중 가요를 제시할 때 시각적 · 청각적 자료 등을 활용함으로써 훨씬 생동감 있는 수업이 되도록 해야 할 것이다.

나. 모형의 절차

'독자 반응 중심 한시 감상 모형'의 목표는 한시 텍스트를 통해 한시를 감상하고 활용하여 학습자 스스로 내면화(內面化)하는 데 있다. 모형의 이론적 배경은 '반응 중심 수업'이며, 교수 - 학습 형태는 협동 학습을 기반으로 하였다. 또한 모형의 단계별로 '낭독법(朗讀法)', '상호텍스트성의 활용', '매체 활용 감상법' 등 한문과 교수 - 학습 방법에 대한 연구 성과를 적절하게 적용하여 모형을 설계하였다. 모형의 단계별 절차를 도식화(圖式化)하면 다음과 같다.

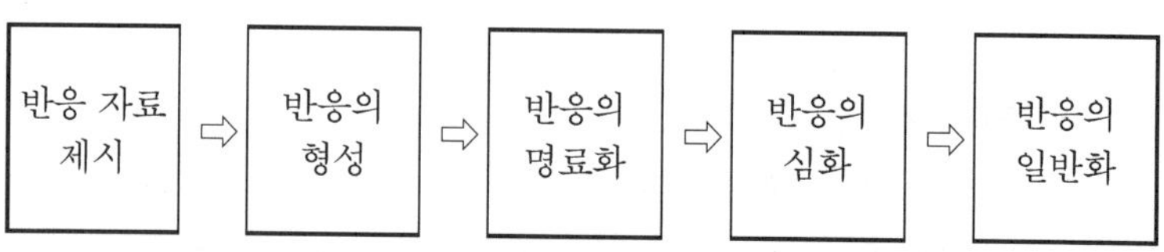

〈그림9〉 독자 반응 중심 한시 감상 모형의 단계별 절차

그러면 '독자 반응 중심 한시 감상 모형'을 실제 한시 텍스트에 적용했을 때에는 어떤 절차와 방법으로 진행해야 하는 지, 유의할 점은 무엇인지 구체적으로 단계별 세부 절차를 제시해보고자 한다.

1) 반응 자료 제시

먼저 제시할 반응 자료인 한시 텍스트를 선정(選定)해야 할 것이다. 한시 텍스트를 선정하는 방법은 크게 두 가지로 나뉜다. 하나는 교과서 본문의 한시를 추출하는 방법과 다른 하나는 교사가 교육 과정에 근거하여 새롭게 한시를 재구성(再構成)하는 경우다. 교사는 학습자의 수준·태도, 교실의 내·외적 환경 등 여러 가지 변인을 고려하여 텍스트를 선정해야 할 것이다.

반응 자료인 한시 텍스트가 선정되면 학습자에게 제시하게 된다. 이 때 교사는 학습자의 반응(反應)을 형성하기 위해 학습자 스스로 배경 지식(背景知識)이나 경험(經驗)을 활성화하도록 도와준다. 즉, '한시의 제목을 보고 내용을 상상해서 써보기', '관련 그림이나 사진 등을 미리 준비해서 말없이 보여주고서 떠오르는 느낌이나 경험을 적기' 등의 활동을 할 수 있다. 그러나 한시의 내용을 미리 말하거나 사전 지식을 제공하여 학생이 한시에 대해 스스로 반응을 형성하는 것을 방해해서는 안 된다.

2) 반응의 형성

학생들이 한시를 읽고 해석하는 과정으로 가장 초보적인 반응의 형성이 이루어지게 된다. 여기서는 배부된 개인 활동지의 빈 칸을 채워가는 형태로 진행된다. 먼저 기본적인 한자의 음과 뜻을 확인하고, 1차 해석까지 해본다. 이 때 교사는 시적 감흥이 떨어지더라도 직역(直譯)에 충실하게 해석하도록 요구할 필요가 있다. 왜냐하면 뛰어난 해석이나 정답을 요구하는 것이 아니라, 투박한 '나의 해석'

이 곧 한시 감상에서 중요한 의미를 지니기 때문임을 강조해 준다.

텍스트 낭독 : 한시는 과거 낭송(朗誦)을 전제로 지어진 것이므로, 그 자체로 뛰어난 음악적(音樂的) 특성을 갖고 있다. 그러나 오늘날에는 소리 내어 읽더라도 과거처럼 높낮이를 맞추어 읽기도 어렵거니와, 우리말의 언어 구조와도 맞지 않아 큰 소리로 평범하게 읽는 것이 보편화되었다. 다만, 단문과 산문에서의 송독과 마찬가지로 현토(懸吐)하여 낭독하는 것이 한시 텍스트에도 도움을 줄 수 있을 것이다. 따라서 교사는 각 구의 뒤에 '~하고, ~하니, ~인데, ~더라, ~이라' 등 적절한 토를 달아 읽도록 한다. 교사가 먼저 소리내어 읽으면〔선창 : 先唱〕, 학습자가 다같이 소리내어 읽는〔후창 : 後唱〕 방법, 모둠별로 선창자(先唱者)를 정해 낭독하는 방법 등 다양한 방법을 적용할 수 있다.

3) 반응의 명료화

이 단계는 모둠별 대화와 토의를 통해 한시 텍스트와 학습자와의 반응을 명료화하는 단계이다. 이를 위해 앞서 개별적으로 해석한 1차 자료를 바탕으로 모둠원 전원이 하나하나의 구절들을 협력적(協力的)으로 검토하는 과정을 거치게 된다. 이에 따라 활동지에는 '나의 해석'이 아닌 모둠별 토의를 거쳐 나온 '모둠 해석'을 적도록 한다.

2차 해석이 다 되었으면 학습자 개별로 1차 반응을 표현해 본다. 개별 활동지 '모둠 해석'란 밑에, 두 구씩 묶어서 그 구절의 속뜻을 '나의 생각'이라는 란에 자유롭게 적게 한다. 이 때 교사는 학습자가 자신의 경험과 관련지어 자유롭게 표현할 수 있도록 분위기를 조성해 주어야 한다. 그리고 반응 표현을 쓸 때는 가능한 구체적(具體的)으로 쓸 수 있도록 안내한다. 이러한 활동을 통해서 한시의 구절에 대해 막연하고 불분명하게 생각했던 것들이 명확해지고 그만큼 한시에 대한 감상 능력도 신장될 수 있을 것이다. 결국 반응의 명료화는 앞의 모둠별 대화와 토의를 통해서도 이루어지기도 하지만, 여기서처럼 자신의 생각이나 느낌을 쓰면서도 이루어지도 한다.

4) 반응의 심화

이 단계는 텍스트와 텍스트의 상호 관련 단계로, 본문의 한시 작품과 관련 있는 다른 텍스트를 선정하여 비교하는 단계이다. 이는 앞서 명료화한 반응을 심화(深化)시키는 단계로서 문학 수업의 마지막 단계에서 작품에 대한 폭넓은 이해를 위해 행해진다.

이를 위해 학습자는 모둠별 대화와 토의 과정을 통해 본문의 한시 텍스트와 관련 있는 다른 텍스트를 선정하게 된다. 이 때 교사는 다양한 텍스트에 대해 안내해 줄 수 있다. 즉, 현대시(現代詩)와 관련을 지을 수도 있으며, 대중가요(大衆歌謠)의 가사를 찾을 수도 있다. 또한 한시의 상황과 맞아 떨어지는 TV드라마나 영화 등 학생들에게 익숙한 다양한 영상 매체에서도 찾을 수 있을 것이다. 그러나 한시의 음악적 특성을 고려하여 '현대시'나 '대중가요'같은 음악적 텍스트에 한정할 수도 있다. 교사는 모둠별로 선정된 2차 텍스트에 대해 매체 자료를 활용해 다음 시간까지 발표 준비 해올 것을 과제로 제시한다. 교사는 모둠별로 발표에 따른 역할을 자율적으로 분담하도록 안내해 주어야 한다.

5) 반응의 일반화

이 단계는 개인별·모둠별로 반응을 발표해 봄으로써, 문학 작품의 감상을 통한 내면화의 실현을 모색해 보는 단계이다. 그러나 사실 반응의 일반화보다는 일반화의 가능성을 탐색해보는 활동으로 수업을 정리하면 될 것이다. 교사는 먼저 모둠별로 합의된 번역인 '모둠 해석'과 그에 대한 '나의 생각'을 모둠원 중 한 명이 발표하도록 한다. 모둠별 발표가 끝나면 번역에 있어 쟁점이 될 만한 것들은 대체적으로 정리될 것이다. 이 때 교사는 개인 활동지를 나눠주어 학습한 내용을 정리토록 한다.

이어서 모둠별로 2차 반응으로 선정한 한시 관련 텍스트에 대해서도 발표하도록 한다. 이 때 교사는 매체(媒體)를 적절히 활용하여 활기찬 수업이 될 수 있도록 학생들에게 사전에 격려해야 할 것이다. 끝으로 다시 한 번 더 낭독의 방법으로 반복하여 정리할 수도 있을 것이다. 이러한 한시 낭독은 한시 감상 모형을 성독(聲讀)을 통해 정리하고 반복하는 마무리 과정이라고 할 수 있다. 왜냐하면 앞서 반응의 형성과 반응의 명료화 단계를 통해 해석한 한시의 뜻을 이해하며 읽을 수 있을 것이며, 학습자의 1, 2차 반응의 경험을 통해 한시의 의미나 상황까지도 음미하면서 한시 텍스트를 읽을 수 있기 때문이다.

지금까지 '독자 반응 중심 한시 감상 모형'의 단계별 세부 절차와 유의점 등을 살펴보았다. 이 모형을 도식화(圖式化)하면 다음과 같다.

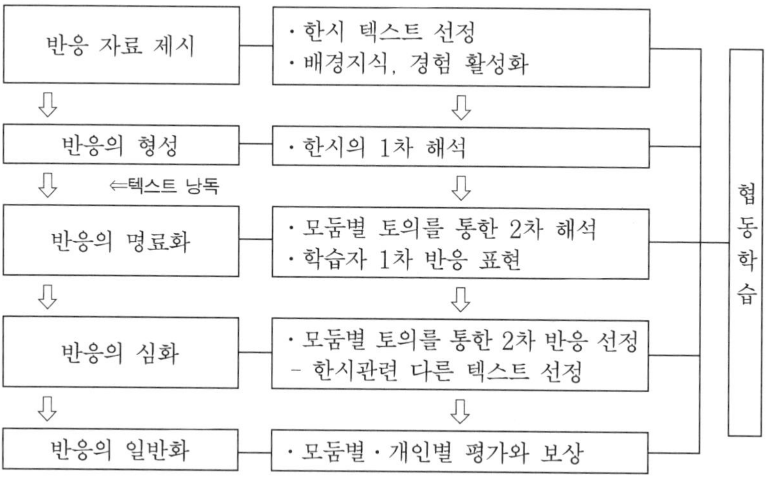

〈그림10〉 독자 반응 중심 한시 감상 모형

다. 기대 효과

'독자 반응 중심 한시 감상 모형'은 한시 텍스트를 통해 한시를 감상하고 활용하여 학습자 스스로 내면화(內面化)하는 것을 교수 - 학습 목표로 구안하였다. 이를 위해 '반응 중심 수업'을 이론적 토대로 하여 '낭독법', '상호텍스트성의 활용', '매체 활용 감상법' 등 다양한 기법과 전략들을 활용하였다. 다음은 모형에서 기대되는 효과다.

첫째, 학생은 토의나 발표, 낭독을 통해 한시에 대한 자신의 반응을 명료하게 할 수 있고, 반응의 오류를 수정할 수 있을 것이다. 한시를 해석하고 난 후의 1차 반응은 완벽하고 세련된 반응일 수 없다. 이러한 1차 반응이 수업이 전개되는 동안 수정(修正)되고, 정제(整齊)됨으로써 점차 내면화(內面化)라는 수업의 목표에 근접하게 될 것이다.

둘째, 한시와 관련된 다른 텍스트를 바탕으로 한 다양한 활동을 통해 좀 더 폭넓은 작품 세계에 관심을 갖게 될 것이다. 한시를 포함한 다양한 문학 작품이 인간의 보편적 삶을 다루고 있다는 것을 스스로 알게 됨에 따라, 문학을 보는 시야가 넓어질 것이다.

셋째, 모든 학생들이 한시의 해석과 감상에 주체적(主體的)으로 참여하게 된다는 점이다. 기존의 지시적 수업은 교사와 몇몇 학생을 중심으로 수업이 진행되었으며, 대부분의 학생은 방관자(傍觀者)로 있어 온 경우가 많았다. 그러나 학생들이 직접 자전을 찾아 풀이도 해보고, 또 느낀 점을 서로 공유하여 모둠별 토의를 통한 학습이 이루어짐에 따라, 모든 학생들이 수업의 주체로 참여하게 된다.

넷째, 다른 텍스트와의 연관 짓기를 통해서 한시에 대해 좀 더 친근감(親近感)을 느낄 수 있을 것이다. 흔히 한시에 대해 한문으로 된 딱딱한 시라는 생각을 갖고 있으나, 대중 가요나 현대시 등과 같은 다른 텍스트와의 연관 짓는 활동을 통해 좀 더 친숙하게 느낄 수 있을 것이다. 몇 백 년 몇 천 년 전에 지었지만 오늘날과 크게 다르지 않다는 느낌을 통해 한시에 대한 외연(外延)도 확대될 것이다.

지금까지 한문 교육에 대한 교육학적 이해와 교수 - 학습 방법의 체계화와 지향에 대한 연구 성과를 반영하여, 한문과에 적합한 교수 - 학습 모형을 구안해 보았다. 한문과 교수 - 학습 모형은 '한문 텍스트'를 기준으로 '단문, 산문, 한시'별로 각각 구안(具案)하였다.

먼저 필자는 단문과 산문의 수업에서 최우선 목표로 삼아야 할 것은 바로 한문 문장 독해력 신장에 있다고 보았다. 이에 따라 단문과 산문의 교수 - 학습 목표도 각각 문장 독해력 기초(基礎)와 심화(深化)에 두었다. 이 같은 수업 목표의 성격에 따라 단문 텍스트는 '문제 해결 중심 단문 독해 모형'을 구안했다. 이 모형의 이론적 배경은 '문제 해결 학습'을 기초로 하여 단계별로 '낭독법', '현토 활용법' 등 한문과 교수 - 학습 방법에 대한 연구 성과를 적절하게 적용함으로써, 한문과에 적합한 독자적인 교수 - 학습 모형을 구안코자 하였다.

산문 텍스트는 '집단 탐구 중심 산문 독해 모형'을 구안(具案)했다. 이 모형의 목표는 단문을 통해 익힌 문장 독해의 기초를 바탕으로, 한문 독해력을 심화하는 데 있다고 할 수 있다. 산문 교수 - 학습 모형의 이론은 '집단 탐구 학습'을 기초로 했으며, 단계별로 낭독법, 현토 활용법, 허자 지도법, 어순 구조 지도법' 등 한문과 교수 - 학습 방법에 대한 기존 연구 성과를 반영했다. 또한 산문 텍스트의 의미를 통해 사고력을 신장시킬 수 있는 '창의성(創意性) 계발 학습법'도 적절하게 적용하여 구안하였다.

한시 텍스트는 한시의 문학 교육적 특성을 고려하여 한시의 감상과 활용에 중점을 두고 구안했다. 한시 교육의 목표는 물론 한시의 독해가 1차 목표가 되겠지만, 이 모형의 중점은 독해한 한시를 감상하고 활용하여 학습자가 스스로 내면화(內面化)하는 것으로 보았다. 이러한 목표에 따라 '독자 반응 중심 한시 감상 모형'을 구안했다. 모형의 이론적 배경은 '반응 중심 수업'을 기초로 하여 '낭독법(朗讀法)', '상호텍스트성의 활용', '매체 활용 감상법' 등 한문과 교수 - 학습 방법에 대한 연구 성과를 적절하게 적용함으로써, 한문과에 적합한 교수 - 학습 모형을 구안코자 하였다.

Ⅳ. 한문과 교수-학습 모형 적용

'단문, 산문, 한시'별로 각각 구안한 한문과 교수-학습 모형의 현장 적용 양상을 전체적으로 고찰하기 위해 실행 연구(action research) 방법을 사용하였다. 실행 연구(action research)의 궁극적 관심은 연구 대상에 대한 이해에 머무르지 않고 반성적 성찰 과정을 통해서 연구 대상 자체에 내재되어 있는 문제적 상황을 개선하고자 하는 데 있다. 따라서 실행 연구 방법은 구안한 모형을 현장에 적용하여 전체적인 양상을 살펴봄으로써, 그 개선점을 찾아 모형의 완성도를 높이는 교수-학습 관련 연구에 유용하다.

이 장에서는 먼저 실행 연구의 개념과 특성에 대해 살펴본 후, 교수-학습 모형의 현장 적용 절차에 대해 상세히 기술할 것이다. 그리고 각 모형별로 실제 수업에 적용할 연구 참여자의 선정 과정과 참여 학교 및 학생에 대해 기술할 것이다. 이어서 자료 수집 방법에 대해 살펴본 후, 마지막으로 자료를 어떻게 분석하고 해석할 것인가에 대한 자료 분석 방법과 함께 자료의 진실성 확보를 위한 대책 등에 대해 기술해 보고자 한다.

1. 적용 설계

가. 실행 연구의 이해

'실행 연구(action research)'라는 말은 그렇게 새로운 말이 아니다. 이미 수십 년 전에 우리나라에 소개되었고, 현장 연구라는 말로 번역되어 보급되었다. 그리고 연구 대회를 통해서 수행되고 있는 많은 연구들이 실행 계획을 세우고, 이에 따라서 연구를 수행하는 것도 사실이다. 그러나 모든 연구 방법론이 그러하듯이 실행 연구의 전통도 스스로의 문제를 인식하고, 그 개선을 위해 노력하는 가운데 자기 진화를 거듭했다. 이 점에서 1970년대에 소개되어 보급된 현장 연구와 지금의 실행 연구(action research) 사이에는 상당한 차이가 있다. 현재의 실행 연구는 객관성이나 이론 정립에 대한 관심보다 실천의 개선에 관심을 가지며 반성적 실천의 자기 순환 과정을 강조하고 있다.109) 따라서 실행 연구는 교육 현장에서 교수 - 학습 방법의 문제점을 파악하고 그 개선을 목적으로 하는 연구에 적합한 연구 방식이라 할 수 있다.

이러한 실행 연구는 미국의 사회 심리학자인 레빈(Lewin. Kurt)에 의해 처음 사용된 이래 모든 분야에서 이루어지고 있지만, 그중 가장 많은 연구가 이루어지고 있는 분야가 바로 교육이다. 서구 여러 나라에서는 1970~80년대부터 실행 연구를 교육의 질적 개선에 중요한 방법으로 인식하여 왔다. 영국에서는 교육과정 개선을 위해 교수 - 학습의 현장 교사들의 의견을 반영하는 과정에서, 미국에서는 교사의 전문성 향상을 위한 연구 방법으로 실행 연구가 활성화되고 있는 실정이다. 또한 최근에는 제3세계 경제 개발 대상국들이 각국의 교육 개혁을 위한 목적으로 교수 현장을 연구할 때 실행 연구 방법을 많이 사용하고 있다.110)

교육 분야에서의 실행 연구에 대해 개념 정의한 것을 제시하면

109) 이용숙 외, 『실행 연구 방법』(서울 : 학지사, 2005), 19쪽.
110) Zeichner, K.(2001). Educational Action research, in H.Bradbury & P.Reason(Eds) Handbook of Action research, 273-284, Newbury Park: Sage. 유준호·이진화, "유아교사 전문성 발달을 위한 실행연구의 활용," 『영유아교육연구』 9,(서울 : 영유아교육학회, 2006), 7쪽에서 재인용함.

다음과 같다.

> 실행 연구는 교수 - 학습 상황에서 교사 연구자, 교장, 장학사, 그 밖의 관련 인사가 학교가 어떻게 돌아가는지, 그들이 어떻게 가르치는지, 그리고 학생들이 얼마나 잘 배우는지에 관한 정보를 수집하기 위해 행하는 모든 체계적인 탐구 활동이다.[111)]

위의 정의를 살펴보면, 교육 분야에서의 실행 연구는 교사를 포함한 교육 관련 인사까지도 연구의 주체가 될 수 있으며, 교수 - 학습의 내적 상황뿐 아니라 외적 상황까지도 연구 대상으로 삼을 수 있는 포괄적인 개념 설정을 하고 있다. 그러나 실행 연구의 특성상 연구의 주체는 교육 현장에 몸담고 있는 행위 당사자인 교사에 의해 주도될 수 밖에 없다. 따라서 일반적으로 실행 연구를 정의할 때, 현장 교사가 수행하는 연구로서, 주로 교수 - 학습 방법이나 교육 현실의 문제점을 개선하기 위한 연구로 정의할 수 있다.

이러한 실행 연구의 주된 특징으로 리즌(Reason)과 브래드베리(Bradbury)는 『실행 연구 핸드북(Handbook of action research)』에서 다음 네 가지를 들고 있다.

첫째, 실행 연구는 사람들의 매일 매일의 일상사에 유용한 실천적 지식을 산출하는 것을 중요한 목적으로 한다.

둘째, 실행 연구는 실천적인 결과를 달성하려고 할 뿐만 아니라 새로운 형태의 이해를 창출하려고 한다. 이런 점에서 행위 없는 이론이 의미 없는 것처럼 성찰과 이해 없는 행위는 맹목적이다.

셋째, 사람들의 매일 매일의 일상사와 함께 하면서, 해방적 방식의 앎과 실천적 지식을 추구하기 때문에 실행 연구는 참여적 연구

---

111) 제프리 E. 밀스, 강성우 외 옮김, 『교사를 위한 실행 연구』(서울 : 우리교육, 2005), 28쪽.

(participatory research)의 성격을 가진다. 실행 연구는 전문적인 연구자뿐 아니라 연구 대상이 되는 모든 사람과 함께, 그들을 위해, 그들에 의해서 수행될 때 비로소 의미있는 연구가 된다.

넷째, 실행 연구는 매일의 경험에서 출발하고 체험적 지식의 성장에 관심을 갖기 때문에 탐구의 결과뿐만 아니라 탐구의 과정 그 자체가 매우 중요하다. 이런 점에서 실행 연구에서 얻는 지식은 완결된 명사형(knowledge)이 아니라 끊임없이 형성되어 가는 동사형(knowing)이다.[112)]

위의 네 가지 특징을 보다 일반적인 연구 전개 과정상의 특징으로 다시 나타내면, 다음의 다섯 가지로 정리할 수 있다.

첫째, 연구 주제의 개방성
둘째, 연구 목적과 내용의 현실성/실천성
셋째, 연구 방법의 다양성
넷째, 연구 형식과 글쓰기의 창의성
다섯째, 연구 과정과 결과물의 지속적인 공유 체제[113)]

이것을 구체적으로 설명하면, 실행 연구의 특징은 먼저 교육 현장과 관련된 것은 모두 연구의 주제가 될 수 있으며, 교육 현장의 개선을 목적으로 하며 아울러 연구자로서의 교사의 자질도 개발할 수 있다. 또한, 질적인 자료뿐만 아니라 양적인 측정과 분석을 모두 포함하는 다양한 자료 수집 방법이 가능하다. 연구 논문의 형식

---

112) Reason, P., & Bradbury, H.(2001). Inquiry and participation in search of a world worthy of human aspiration, *Handbook of action research*: Participative inquiry and practice(pp. 1-14). London: Sage Publications. 이용숙 외, 위의 책, 33쪽에서 재인용함.
113) 조재식, "연구자로서의 교사 개념에 대한 이론적 고찰," 『교육인류학 연구』 5(2), 2002, 193-224. 이용숙 외, 위의 책, 34쪽에서 재인용함.

도 연구자에 의해 창의적으로 변화를 줄 수 있으며, 만약 질적 연구 방법을 통해 자료를 수집했다면 독창적으로 기술되어도 무방하다. 단지 현장의 목소리와 현장의 생생한 자료를 통해 교육 현장을 개선하려는 교사의 의지만 확고하면 큰 문제될 것은 없다. 마지막으로 실행 연구는 산출된 의미있는 결과물을 지속적으로 공유하는 가운데 그러한 성과를 현장에 재투입하는 체제를 갖추고 있는 것을 특징으로 한다.

지금까지 교육 현장 개선을 목적으로 하는 실행 연구의 개념과 특징을 살펴보았다. 이러한 실행 연구는 필자가 개발한 한문과 교수 - 학습 모형을 현장에 적용하여 그 양상을 고찰함으로써 모형의 완성도를 높이고자 하는 연구 목적에 적합한 연구 방법이라 할 수 있다.

나. 연구 문제 및 절차

이 연구의 목적은 한문 텍스트별로 구안한 한문과 교수 - 학습 모형을 교육 현장에 적용하여 모형의 적용 양상을 전체적으로 고찰함으로써 한문 교과 교육에서 교수 - 학습 방법에 대한 모형의 완성도를 높이는 데 있다. 이러한 연구의 목적을 위하여 필자는 다음과 같은 연구 문제를 설정하였다.

첫째, 문제 해결 중심 단문 독해 모형은 실제 수업에서 어떤 양상으로 적용되는가?
둘째, 집단 탐구 중심 산문 독해 모형은 실제 수업에서 어떤 양상으로 적용되는가?
셋째, 독자 반응 중심 한시 감상 모형은 실제 수업에서 어떤 양상으로 적용되는가?
넷째, 현장에서 한문 독해(讀解)에 중점을 둔 교수 - 학습 모형은 어떤 의미를 찾을 수 있는가?

다섯째, 현장에서 한시 감상(鑑賞)에 중점을 둔 교수 - 학습 모형은 어떤 의미를 찾을 수 있는가?

이상의 연구 문제를 해결하기 위해서 개발한 한문과 교수 - 학습 모형을 현장에 적용하여 그 실행 양상을 질적 연구 방법의 한 영역인 실행 연구 방법을 통해 자료를 수집하고 분석하였다. 이에 따라 모형의 현장 적용 절차도 실행 연구(action research)의 절차를 따랐다.

많은 학자들이 실행 연구의 절차를 제시했는데, 여기서는 케미즈와 맥타가트(Kemmis & McTaggart, 1998)의 7단계 절차를 참조하여 적용 절차를 설계하였다.

· 1단계 : 문제의 발견
· 2단계 : 사전 조사
· 3단계 : 가설 세우기
· 4단계 : 새로운 방법의 적용
· 5단계 : 평가
· 6단계 : 연구 결과의 배포
· 7단계 : 후속 연구114)

위의 7단계 절차를 한문과 교수 - 학습 모형으로 구체화하면 다음과 같다.

· 1단계 문제의 발견 : 한문과 교수 - 학습 방법은 다양하게 연구되었으나, 단순히 기법 차원에 그치거나 텍스트의 감상에

114) 이용숙 외, 위의 책, 37쪽에서 재인용함.

치중한 문제점이 있었다. 따라서 한문 텍스트의 독해 능력에 바탕한 교수 - 학습 모형의 개발이 필요하다. 또한, 지금까지의 연구 성과를 모형으로 체계화하는 일도 필요하다.

· 2단계 사전 조사 : 1단계 문제점에 대한 연구를 진행한다. 즉, 한문과에 적합한 교수 - 학습 모형을 개발하고자 먼저 한문 교육에 대한 교육학적 이해와 교수 - 학습 방법의 체계화와 방향을 탐색해 본다. 그 후에 한문과 교수 - 학습 모형을 텍스트별로 각각 모형을 개발한다.

· 3단계 가설 세우기 : 구안한 교수 - 학습 모형이 과연 한문과에 적합한 모형인가를 가설의 형식으로 진술해본다. 그리고, 현장에 적용하기 위한 적용 과정을 설계한다.

· 4단계 새로운 방법의 적용 : 구안한 교수 - 학습 모형을 단문과 산문, 그리고 한시별로 각각 현장에 적용한다. 연구자가 직접 적용할 수도 있고, 참여 연구자를 통해 적용할 수도 있다.

· 5단계 평가 : 모형 적용을 통해 산출된 각종 자료를 수집하여 분석을 통해 자료를 해석한다. 문제점을 도출해 개선점을 정리한다.

· 6단계 연구 결과의 배포 : 연구 논문을 작성한 후, 전문가 및 협력 교사에게 조언을 구한다.

· 7단계 후속 연구 : 발견된 문제점 해결을 위해 모형을 수정하게 되는 1단계로 다시 돌아가서 실행 연구를 다시 처음부터 시작하게 된다.

위에서 구체화한 연구의 절차를 바탕으로 한문과 교수 - 학습 모형 연구를 설계하면 다음과 같다.

문제 인식	· 한문과 교수 - 학습 방법의 비체계성 · 교수 - 학습 모형으로 체계화 시급
⇩	⇩
모형 개발	· 한문교육에 대한 교육학적 이해 필요 · 단문, 산문, 한시별 교수 - 학습 모형 개발
⇩	⇩
참여 교사 선정	· 적용에 참여할 교사 선정(학교급별 고려)
⇩	⇩
모형 적용	· 각 모형별 1-2차시 수업 실시 · 참여 관찰, 심층 면담 실시
⇩	⇩
자료 수집	· 산출된 각종 자료 수집(수업 전사자료, 면담자료, 활동지 등)
⇩	⇩
자료 분석	· 반복적 비교 분석을 통해 항목별로 범주화 · 모형의 문제점 및 개선점 도출
⇩	⇩
후속 연구	· 다시 '문제 인식' 단계로 돌아가서 모형 수정 과정 반복 · 이 과정은 후속 연구로 남겨둠

〈그림11〉 한문과 교수 - 학습 모형 연구의 설계

2. 적용 대상

가. 참여 교사 선정

모형을 현장에 적용할 연구 참여 교사는 모형별, 학교급별을 고려하여 '문제 해결 중심 단문 독해 모형'은 중학교 한문 교사를, '집단 탐구 중심 산문 독해 모형'과 '독자 반응 중심 한시 감상 모형'은 각각 고등학교 한문 교사를 선정하고자 했다.

먼저 단문과 산문 텍스트를 적용할 참여 교사의 선정 기준으로는

'협동 학습'에 관한 수업 경험이 주된 기준이었다. 모형의 이론적 배경이 협동학습이기도 했지만, 협동 학습의 특성상 단시간 내에 협동 학습의 절차나 방법을 숙지하여 수업에 적용하기란 불가능하기 때문이었다. 따라서 협동 학습 경험이 풍부한 교사를 선정하는 것이 무엇보다 시급했다. 그러나 타 교과에 비해 인적 자원이 많지 않은 한문 교과에서 그것도 협동 학습 경험이 풍부한 교사를 찾기란 쉽지 않았다.

'문제 해결 중심 단문 독해 모형'의 참여 교사로 첫 번째로 시도했던 교사는 서울 소재 중학교 여교사로, 그 동안 협동 학습에 대해 꾸준히 관심을 갖고 교사 모임에서도 협동 학습의 보급을 위해 솔선수범하는 베테랑급 교사였다. 그러나 타 연구 논문을 위해 이미 수십 차례 수업 공개를 한 상태라 많이 지쳐 있었다. 또한 계속되는 수업 관찰과 학생 면담 등의 자료 수집 활동들로 인해 학교 측에서도 시선이 곱지 않은 것도 섭외를 어렵게 했다.

두 번째로 시도한 서울 소재 중학교 남교사는 교사 모임을 통해 협동 학습을 접했으며, 1년 전부터 수업에 실제 적용해오고 있었다. 그러나 수업 과정 일체를 공개하는 데 부정적이었으며, 3학년 담임 업무를 들어 소극적인 연구 참여 의사를 밝혀 아쉽게 무산되고 말았다.

세 번째로 시도한 경기도 소재 중학교 여교사는 모형 적용 수업에 적극적이었고 자발적으로 협력 의사를 밝히기도 했다. 또한 산문으로 수업 연구도 앞두고 있어 도움이 될 듯하다며 적극적인 지원 의사를 밝혀 수락이 가시화되는 듯했다. 그러나 학교 일정이 필자의 연구 일정과 맞지 않았고, 막판에 교사의 소극적인 태도 변화로 인해 무산되고 말았다.

네 번째 시도에서 드디어 연구 참여 교사가 선정되었다. 세 번째 시도에서 무산되었던 교사의 추천을 받아 섭외하게 되었다. 경기도 소재 중학교에 근무하는 30대 초반의 여교사로, 나름대로 협동 학습 수업에 관심을 갖고 꾸준히 수업을 해 온 터라 모형을 적용하는데 큰 무리는 없어 보였다. 또한 협동 학습으로 수업 연구 대회에 나가 수상한 경력이 말해주듯 수업 공개에 대해서도 적극적이었다.

필자는 참여 교사로 선정된 K교사에게 이메일을 통해 구안한 단문 교수-학습 모형과 교수-학습을 구체화한 수업 절차를 보냈고, K교사와 1차 협의를 통해 구체적인 교수-학습 지도안 및 수업의 유의점, 수업 적용 날짜 등을 정하는 것으로 선정이 마무리되었다.

'집단 탐구 중심 산문 독해 모형'의 참여 교사로 첫 번째로 시도했던 교사는 경기도 소재 고등학교 남교사로, 교사 모임에 적극적으로 활동하고 있었다. 교과서 없이 교사가 교육 과정에 근거해 교육 내용을 재구성하여 가르치고 있었으며, 협동 학습에 대한 경험도 풍부하였다. 특히 교사 모임 회지에 산문 관련 교수-학습 방법을 꾸준히 발표하고 있어, 내심 기대가 컸었다. 그러나 아쉽게도 개인적인 질병과 피로 누적으로 인해 매우 힘들어하고 있어 섭외가 불가능하였다.

두 번째의 시도에서 연구 참여 교사가 선정되었다. 참여 교사의 적극적인 협력 의사로 쉽게 선정되었지만, 단문 모형의 참여 교사 선정 과정에서 수차례 실패를 맛본 필자의 공격적 섭외 방식도 어느 정도 영향을 끼쳤으리라 본다.

어쨌든 산문 교수-학습 모형의 참여 교사로 선정된 S교사는 경기도 소재 인문계 고등학교에 근무하는 40대 후반의 남교사이다. 한문 교육 전공으로 교육학 박사 학위를 최근에 취득하여, 한문과 교수-학습 방법뿐 아니라 한문 교육학 전반에 관해 높은 관심을 표명했다. 산문 텍스트가 한문 독해력 신장을 위한 교수-학습에서 가장 어려운 텍스트라는 것을 감안한다면, S교사의 연구 참여 교사 선정은 적절하다고 볼 수 있다.

필자는 S교사에게 이메일을 통해 산문 교수 - 학습 모형 이론과 이를 구체화한 교수 - 학습 절차를 보냈고, S교사와 1차면담을 통해 모둠조 편성, 수업 지도안 및 기타 수업 유의 사항 등을 협의함으로써 선정 과정이 마무리되었다.

다음으로 '독자 반응 중심 한시 감상 모형'을 적용할 참여 교사의 선정 기준으로는 '한시 수업'에 대한 이론과 함께 실질적인 한시 수업에 대한 풍부한 경험이 주된 기준이었다.

첫 번째 시도했던 경기도 소재 고등학교 남교사는, 교사 모임에 적극적으로 참여하고 있었고 특히, 한시 감상 수업에 관심을 두어 수차례에 걸쳐 한시 교수 - 학습 지도안을 교사모임 회지에 투고한 바 있었다. 그러나 연구 참여 의사는 있었으나, 개인적인 일로 고사하는 바람에 다음 기회를 기약하게 되었다. 앞서 산문 모형의 참여 교사 선정 때처럼, 두 번째 시도에서 연구 참여자의 적극적인 협력 의사로 수월하게 선정할 수 있었다.

참여 교사로 선정된 P교사는 대전 소재 인문계 고등학교 남교사로, 1999년 한시 교수 - 학습 방법으로 석사 학위를 취득한 40대 초반의 연륜있는 교사였다. 현재 한문 교육 전공으로 박사 과정에 재학 중이어서, 한시 교수 - 학습 방법뿐 아니라 한문 교육학 전반에 대한 관심이 남달랐다.

필자는 P교사에게 이메일로 한시 교수 - 학습 모형관련 이론과 세부적인 교수 - 학습 절차의 예시를 보냈고, 1차면담을 통해 차시별 교수 - 학습 지도안, 수업의 유의점, 모둠별 활동지, 기타 수업 적용 날짜 등을 협의함으로써 선정을 마무리하였다.

이로써 단문과 산문, 그리고 한시별로 구안한 교수 - 학습 모형을 현장에 적용하기 위한 연구 참여 교사를 모두 선정하였다. 단문은 중학교 교사를, 산문과 한시는 각각 고등학교 교사를 선정하여 텍스트와 함께 학교급별도 고려하였다.

나. 참여 학교 및 학생 소개

'문제 해결 중심 단문 독해 모형'을 적용한 학교는 경기도 소재 A중학교로, 주변에 자동차 공장이 있어 학부모 대부분이 노동자라고 했다. 학교의 학업 성취도는 전반적으로 하위권에 해당된다는 참여 교사의 설명이 있었다. 모형을 적용할 2학년 5반 학생들은 참여 교사의 말에 따르면, 한문 점수가 낮지만 평상시 수업 분위기가 밝고 적극적이어서 연구 참여반으로 선정했다고 한다.

필자는 2학년 5반 학생들을 대상으로 사전에 설문 조사를 통해 '한문 교과 흥미도 기초조사'를 실시하였다.

그 결과 학생들 대부분(73.3%)이 초등학교에서 한문을 처음 배웠으며, 그 중 23% 정도는 한자 급수를 취득한 경력을 갖고 있었다. 한문에 대한 관심도는 그리 높지는 않았으나, 43% 정도가 보통의 관심을 표명했다. 가장 관심이 가는 분야를 묻는 질문에는 고사성어(53.3%)와 한자(26.7%)로 대답한 학생이 많았다. 한문 교과의 필요성에 대해서는 대부분(70%) 인정하고 있으나, 그 이유로 일상생활의 언어생활에 필요하기 때문(46.7%)으로 생각하는 학생들이 가장 많았다. 또한 한문에 대한 흥미는 70% 가까이 재미있어 하는 것으로 나타났으며, 한문을 배우는 정도에 대해서는 보통이다(50%)로 답변한 학생들이 많았다.

위의 결과를 볼 때, 중학교에서 한문 교과에 대한 흥미나 관심은 비교적 높게 나왔음을 알 수 있었다. 특히 한문 교과의 필요성 부분에 대해서는 대부분 인정하고 있음을 알 수 있었다. 그러나 한문 교과가 필요한 이유로 '일상생활의 언어생활에 필요해서(46.7%)', '국어를 잘하기 위해서(16.2%)' 순으로 답변한 것은 한문교육의 방향성에 대해 심각한 고민을 던져주고 있다.

'집단 탐구 중심 산문 독해 모형'을 적용한 학교는 경기도 소재 K고등학교로, 개교한 지 10년이 조금 넘는 신설 고등학교로 일반계 고등학교였다. 학업성취도는 중간 정도라는 연구 참여 교사의 설명이 있었다. 1학년에 한문 교과가 개설되지 않고, 2·3학년에 개설되어 있었다. 인문계열은 2학년에, 자연계열은 3학년에 주당 3시간씩 개설되어 있었다. 1학년은 국민공통기본교육과정에 한문이 포함되어 있지 않아서 교과가 개설되지 않았지만, 1년에 2회 개최하는 교내 한자 경시대회의 성적을 국어과 수행 평가에 일부 반영하고 있어 비교적 한문에 대해 익숙하다고 했다.

수업 모형을 적용할 2학년 1반 학생들은 인문계열로 제2외국어를 '불어'로 선택한 학생들로 구성되어 있었으며, 학업 성적은 다소 저조한 편이라고 했다. 그러나 학습 분위기가 활발하여 연구 참여 반으로 선정하게 되었다는 연구 참여 교사의 설명이 있었다.

필자는 수업을 적용하기 전에 마찬가지로 2학년 1반 학생들을 대상으로 '한문 교과 흥미도 기초 조사'를 실시하였다. 이에 대한 결과 분석은 '독자반응중심 한시교수학습모형'을 적용한 H고등학교와 함께 통합해서 뒤에 기술하겠다. 각각 결과 분석을 하고자 했으나, 두 학교 모두 일반계 고등학교였고, 결과의 통계치도 비슷하기보다는 거의 똑같은 결과가 나왔기 때문에 함께 통합해서 결과 분석을 하고자 한다.

'독자 반응 중심 한시 감상 모형'을 적용한 학교는 대전시 소재 H고등학교로 역사가 깊은 일반계 사립 고등학교이다. 대전 시내에서 약간 외진 곳이라 학부모들의 선호도가 떨어지며, 학업 성취도는 중간 정도라고 했다.

수업 모형을 적용할 2학년 1반의 수업 분위기는 차분한 편이며, 성적은 2학년 평균에 해당하는 반이었다.

필자는 수업 적용 며칠 전에 연구 참여 교사에게 부탁하여 '한문 교과 흥미도 기초 조사'를 실시하였다. 앞서 산문 교수-학습모형을 적용한 K고등학교의 조사와 통합하여 결과를 분석하였다.

먼저 학생들 대부분 초등학교에서 한문을 처음 접하였으며 그 중 34% 정도는 한자 급수를 취득한 경력을 가지고 있었다. 한문의 필요성에 대해서는 대부분 인정하면서도 한문에 대한 관심도는 매우 낮아서 거의 대부분이 담담하거나 관심이 없다고 응답하였다. 한문 교과의 내용 중에서는 고사성어(53.2%)에 가장 많은 관심을 보였으며, 한자(15.6%)와 한시(15.6%)에도 다소의 관심을 나타냈다. 그리고 한문 과목이 필요한 이유에 대해 일상의 언어생활에의 필요(47.1%)를 가장 중요하게 인식하는 것으로 드러났다. 그 외에도 국어를 잘하기 위해(17.6%), 어려운 글은 한문이 많아서(17.6%), 역사를 잘 알기 위해(11.8%)서도 한문이 필요한 분야라는 인식을 드러냈으며, 유식해지기 위해 한문을 배워야 한다는 의견도 있었다.

한편 한문에 대한 흥미는 중학교 때에 비해 급격히 떨어져서 보통 정도(43.8%)가 대부분이었으며, 한문을 배우는 정도에 대해서도 중학교에 비해 대부분이 어렵다는 쪽으로 인식하고 있었다.

위의 결과로 볼 때, 학생들은 한문 교과에 크게 흥미를 느끼지 못할 뿐만 아니라 배우기도 어렵다고 인식하는 것으로 판단된다. 이에 대해 설문 조사를 도와주었던 S교사의 아래의 고백은 현 한문교육에 시사하는 바가 크다.

> T[115) : 그 자료는 우리 반뿐만 아니라, 지금 현재 고등학교 상황이 거의 그렇다고 봐요. 다 어려워하고 한문에 대해 필요는 하다고 인정은 하지, 그렇지만 다 재미없어하고 흥미도 별로 없는 상황을 거의 그대로 반영하고 있어요. 〔필자의 현장일지 中에서〕

---

115) T는 Teacher의 약호로 연구 참여 교사를 가리킨다.

3. 자료 수집

가. 수업 참여 관찰

질적 연구의 가장 대표적인 방법 중의 하나가 참여 관찰이다. 참여 관찰은 연구자가 현장에 들어가서 연구 참여자의 세계에 오랫동안 머물면서 관찰하여 연구하는 방법을 말하는 것으로 질적 연구의 특징을 가장 잘 나타내 주는 방법이다.116) 이 연구에서는 필자가 수업 현장에 직접 참여하여 수업을 관찰하였다.

이러한 참여 관찰은 연구자의 관여 정도에 따라 비참여에 의한 관찰, 완전한 관찰자로서 참여 관찰, 참여자로서 참여 관찰, 관찰자로서 참여 관찰, 완전한 참여자로서 참여 관찰의 다섯 가지로 나눌 수 있다.117) 교실이라는 연구 현장은 실험실처럼 완벽하게 통제될 수 없기 때문에, 교수-학습 상황은 수많은 변인들에 의해 영향을 받는다. 따라서 최대한 자연스러운 상황에서 수업을 관찰하려고 했다. 그리고 연구자가 모형을 직접 적용하는 참여 교사가 아니기 때문에 학생들과 완전한 참여자로서 상호 작용을 하는 데 제한적일 수밖에 없었다. 따라서 이 연구에서는 '참여자로서 참여 관찰'과 '관찰자로서 참여 관찰'의 형태를 띠고 수업 관찰이 이루어졌다.

필자는 관찰에 앞서 교실 앞으로 나가 연구 참여 학생들에게, 연구의 취지와 목적을 간략히 설명하고 캠코더로 녹화되고 있다는 사실을 알려주었다. 물론 연구 참여 학생들에게 자신들이 관찰되고 있다는 사실을 알리지 않을 경우, 부자연스럽고 의도된 행동들을 방지할 수 있다는 장점이 있기는 하지만, 연구 참여자의 인권이나

---

116) 김영천, 『질적연구방법론Ⅰ』(서울 : 문음사, 2006), 203쪽.
117) 김영천, 위의 책, 208~210쪽.

사생활 침해와 같은 윤리적인 문제에 대해 자유로울 수 없다. 따라서 연구의 목적을 설명하고 녹화 자료를 비롯한 수집된 관련 자료에 대해 연구 이외의 목적에 사용하지 않을 것을 설명했고, 이에 대한 동의를 구하는 절차를 수업 관찰 전에 실시하였다.

수업은 캠코더 2대를 교실 앞과 뒤에 한 대씩 설치하여 수업의 전 과정을 녹화하였다. 중간에 모둠별 토의 때는 관찰자가 수시로 보이스 레코더를 이용하여 녹음하거나 현장 일지(field note)를 적절히 활용하였다. 수업의 전체적인 흐름은 녹화된 자료를 통해 파악할 수 있으나, 캠코더 사각지대나 모둠별 토의 과정의 세밀한 느낌 등은 오로지 관찰자의 몫이다. 따라서 필자는 현장 일지(field note)를 이용해 할 수 있는 한 모두 관찰하고 기록을 했다. 그러나 모형을 적용한 수업 중심의 참여 관찰이기 때문에, 구안된 모형의 절차가 실제 수업에서 어떤 양상으로 전개되며 또 학생들의 반응은 어떤 양상으로 나타나는 지에 중점을 두고 관찰했으며, 그 양상들을 그 때 그때마다 현장 일지에 기록하였다.

나. 심층 면담

심층 면담은 앞의 참여 관찰 방법과 함께 질적 연구를 대표하는 연구 방법으로 '연구 참여자로부터 정보나 의견이나 신념에 대한 자신의 관점을 표현하도록 유도하는 언어적 의사교환'(Maccoby and Maccoby, 1954), 또는 '목적을 가진 대화'(Bogdan & Biklen, 1992 : 133, Kahn & Cannell, 1957 : 149, Lincoln & Guba, 1985 : 268)를 뜻한다.[118] 이러한 심층 면담을 통해 수업 관찰로는 얻을 수 없었던 연구 참여자들의 수업에 대한 의견이나 느낌 등의 자료를 수집할 수 있었다.

이 연구에서는 비구조화된 면담법(unstructured interview)

118) 김영천, 위의 책, 261쪽.

과 반구조화된 면담법(semistructured interview)을 적절하게 활용하였다. 먼저 비구조화된 면담법은 연구자와 참여자간의 면담 진행이 주로 일상적 대화의 형식으로 이루어지게 되며, 주로 연구 참여자의 답변 내용에 따라 질문의 내용과 형태도 변하게 된다.

필자는 수업 모형을 적용하기 전에 필자와 참여 교사가 1차 협의회를 했을 때, 비구조화된 면담법을 통해 자료를 수집하였다. 다음으로 반구조화된 면담법은 연구자가 미리 면담지를 준비하나, 질문의 형태가 개방적이어서 질문의 순서나 속도, 질문 내용 등이 가변적인 특성을 가진다.

필자는 모형을 적용한 수업이 끝난 후, 연구 참여 교사와 학생에게 반구조화된 면담을 실시하였다. 면담시 질문의 형태는 참여자의 응답 내용이나 방향이 어느 한쪽으로 미리 결정되거나 제한되지 않도록 개방형(open-ended) 질문을 사용하였다. 또한 참여자의 응답이 짧게 대답하는 형태가 아니라, 되도록이면 많은 얘기를 할 수 있도록 우호적인 분위기를 형성한 후에 본격적인 면담을 실시하였다.

면담 방식은 연구 참여 교사의 경우는 개별 면담을 원칙으로 했으나, 상황에 따라 집단 면담도 실시하였다. 단문(短文)과 한시(漢詩) 교수 - 학습 모형의 적용 후에는 각각 참여 교사와 개별 면담을 실시했으나, 산문(散文) 교수 - 학습 모형의 적용 후에는 같은 학교의 동료 한문교사와 집단 면담을 실시하기도 했다. 교과 협의회 형태의 집단 면담이었는데, 초점 집단 면담(focus group interview)[119]의 성격이 강했다. 연구 참여 학생과의 면담은 개별 면담보다는 모

---

119) 초점 집단 면담(focus group interview)은 핵심주제 면담이라고도 하는데, 특정 연구 주제에 대하여 그 집단의 사람들이 어떻게 생각하고 느끼는가를 자세하게 알아보기 위하여 소집단을 구성하여 면담을 하는 방법이다. 면담은 집단 면담의 형태로 진행되지만 단순한 의미에서 각 개인을 한 집단으로 놓고서 면담하는 것과는 달리 어떤 주제에 대하여 면담자들로 하여금 핵심적으로 토론하고 고민하게 한다는 측면에서 다른 일반적인 집단 면담과 다르다. 김영천, 위의 책, 274쪽.

둠별로 1명씩 선정하여 집단 면담 방식으로 실시하였다. 이는 개별 면담에 따른 부담감을 덜어주어 필자와 참여 학생과의 우호적인 공감대가 쉽게 형성되어, 참여자의 솔직하고 자유로운 생각을 표현하는 데 도움이 되었다. 이밖에 연구 참여 교사와 이메일 면담을 통해 추가 자료를 수집하였다.

다. 문서 자료

질적 연구에서 문서 자료는 참여 관찰, 심층 면담과 함께 많이 이용하는 자료 수집 방법이다. 필자는 연구 내용을 분석하고 이해하는 데 도움이 되거나, 연구 참여자의 상황이나 배경을 이해하는 데 필요한 문서 자료를 수집하였다. 수집한 문서 자료로는 연구 참여 교사의 수업 계획서 및 교수 - 학습 지도안, 연구 참여 학생의 개별 활동지 및 모둠별 활동지, 필자가 작성한 현장 일지(field note) 등이다.

이러한 관련 문서 자료들은 수업 관찰, 참여자의 면담 자료와 함께 한문과 교수 - 학습 모형의 적용 양상을 이해하고 기술하는 데 유용한 자료로서 기능하였다. 필자는 문서 자료들을 하나의 텍스트(text)로 보고, 이것을 통해 연구의 맥락(context)을 이해하는 데 사용하였다.

4. 자료 분석

가. 반복적 비교 분석

질적 자료의 여러 가지 분석 방법 가운데 가장 보편적으로 활용되는 방법이 반복적 비교 분석(constant comparative analysis)이다. 반복적 비교 분석은 원래 근거 이론(grounded theory)을 도출해내기 위해서 활용되는 분석 방법이었으나, 최근에 근거 이론 이외의 일반적인 질적 자료 분석에 있어서도 광범위하게 활용되고 있다. 반복적 비교 분석은 수집된 질적 자료들을 반복적으로 비교하는 과정을 통해서 여러 자료를 관통하는 공통적 범주와 속성들을 탐색, 도출해내는 분석 방법이다.[120] 필자는 이러한 반복적 비교 분석법에 따라 수집한 자료를 분석하였다.

이를 위해 우선 수집된 자료를 전사(transcription)한 후, 코딩(coding)의 단계를 거쳤다. 코딩은 질적 자료 분석의 가장 대표적이면서 일반적인 방법으로, 수집된 자료 속에 내재된 의미를 개념화시키는 작업이다. 반복적 비교 분석법은 이러한 코딩의 유형을 개방 코딩, 축코딩, 선택 코딩의 세 단계로 나누고 있다.

> 개방 코딩(open coding)은 반복적 비교 분석의 가장 일차적인 단계의 코딩 방법으로 질적 자료에서 중요한 개념을 확인하고 그러한 개념들의 속성과 차원을 발견하기위해 실행하는 코딩이다. "개방"이라는 것은 질적 자료의 구절, 문장, 혹은 단락들에 내재되어 있는 개념들을 끄집어내기 위해서 방대한 자료를 "풀어헤치는"작업이 필요하다는 것을 내포하는 용어이다. 개방 코딩이란 바로 커다란 덩어리로서 수집한 자료를 작은 의미의 단위로 분할하는 과정을 말한다.
>
> 축코딩(axial coding)은 개방 코딩이 이루어지고 난 후에 실행하는 분석 방법을 말한다. 개방 코딩 과정을 통해서 분절된 의미 단위로 쪼개어진 자료들을 상호 비교함으로써 새로운 범주로 묶이게 된다. 즉 축코딩을 통해서 좀 더 추상적인 개념의 범주로 묶이게 되는 데, 이 때 범주로 묶이는 과정은 각 범주, 혹은 개념들의 속성이 상호 관련성을 따라서 연결되어지기 때문에 축코딩이라고 한다.

---

120) Merriam, S. B.(1998). *Qualitative research and case study application in education*. San Francisco: Jossey-Bass. 김한별, 『질적연구의 이해와 실행 분석』(청원 : 한국교원대 대학원 특강 자료집, 2007), 17쪽에서 재인용함.

> 선택 코딩(selective coding)은 이론을 형성하는 과정에서 실시하는 자료 분석 활동으로서 축코딩을 거쳐서 도출된 범주들을 이론의 형태로 통합하기 위한 과정이다.121)

위의 코딩 작업의 단계에 따라 필자는 수집한 자료를 범주화했다. 먼저 전사한 수업 관찰 자료와 심층 면담 자료를 반복적으로 읽으면서, 분석 텍스트를 큰 틀의 개념 단위로 분할하였다. 모형의 적용 양상을 살피는 연구의 특성상 개방 코딩은 주로 모형의 절차를 따라 분할하였다. 이러한 큰 틀의 분할로 쪼개진 개념 단위들은 다시 반복적 상호 비교 과정을 거쳐 추상적인 개념의 범주로 묶어 보았다. 이 과정에서 수업 관찰 자료와 면담 자료의 비교뿐만 아니라, 필자가 작성한 현장 일지(field note)와도 상호 비교하였다. 이와 같은 범주화 과정은 모형의 적용 양상을 체계적으로 이해하는 데 도움을 주었다. 마지막으로 범주화한 개념들 간의 비교를 통해서 가장 핵심적이고 통합적인 주제를 도출하였다. 이 같은 핵심 주제의 생성은 모형의 적용 양상을 비판적으로 분석하여 그 문제점에 대한 논의를 진행할 수 있었다.

필자는 반복적 비교 분석법(constant comparative analysis)에 의해 코딩 작업을 진행할 때 메모 일지(memo note)를 기록했다. 메모 쓰기(memoing)는 코딩 과정에 떠오르는 생각들을 형식 없이 기록한 것이다. 그러나 코딩 과정뿐 아니라, 전사(transcription)하는 과정에도 필자의 느낌을 기록하였다.

이와 같은 메모 쓰기를 통해 세심하게 머릿속 생각들을 기록함으로써 자료에 대한 보다 풍부한 분석과 해석이 가능할 수 있었다.

---

121) Strauss, A., & Corbin, J.(1998). *Basics of qualitative research : Techniques and procedures for developing grounded theory (2nd ed.)*. Thousand Oaks, CA: Sage. 김한별, 위의 자료집, 17~20쪽에서 재인용함.

그러나 무엇보다도 가장 큰 수확은 질적 연구를 하는 즐거움을 어느 정도 얻을 수 있었다는 점이다.

나. 자료의 진실성

이 연구는 질적 연구에 의해 이루어지므로 자료 수집이나 분석 과정에서 연구자의 주관적 견해를 피할 수 없다. 이러한 연구자의 견해가 한쪽으로 치우쳐 연구 결과의 신뢰도와 타당도를 저해할 우려가 있다. 일반적으로 양적 연구에서 자료의 신뢰도와 타당도의 개념은 질적 연구에서는 자료의 진실성(verisimilitute)이란 개념으로 설명된다. 필자는 이러한 자료의 진실성을 제고하기 위해 가장 대중적으로 사용되고 있는 린컨(Y. Lincoln, 1981)과 구바(E. Guba, 1985)가 개발한 준거[122]들을 참고하여 다음과 같이 트라이앵귤레이션, 전문가에 의한 조언과 지적, 연구 참여자에 의한 검토 방법[123]을 사용하였다.

1) 트라이앵귤레이션(Triangulation)

트라이앵귤레이션(Triangulation)은 '삼각 측정법', '다각도 분석법' 등으로 번역되는데, 두 가지 이상의 방법을 사용하여 현상을 연구하는 것을 말한다. 질적 연구의 타당도 작업에서 이러한 방

---

122) Lincoln과 Guba(1981, 1985)가 개발한 준거로는 다음의 7가지 있다. 충분한 기간 동안의 집중적인 관찰(Prolonged and persistent observation), 트라이앵귤레이션(Triangulation), 심층적 기술(Thick description), 참조자료의 사용(referential adequacy materials), 동료 연구자에 의한 조언과 지적(Peer debriefing), 연구 현장 구성원에 의한 연구 결과의 평가(Member checking), 반성적 주관성과 저널쓰기(Progressive subjectivity and reflexive journal)가 그것이다. 이러한 준거들은 연구의 목적이나 상황에 따라 연구자가 선택적으로 수용하는 것이 바람직하다고 본다. 이용숙외, 『실행연구 방법』(서울 : 학지사, 2005), 39~42쪽.

123) 이에 관한 내용은 김영천, 『질적연구방법론 I』(서울 : 문음사, 2006), 547~558쪽과 이용숙 외, 『실행연구 방법』(서울 : 학지사, 2005), 39~42쪽을 참조하였다.

법이 중요하게 평가되는 이유는, 두 가지 이상의 방법을 조합하여 사용함으로써 그 만큼 연구 자료 해석의 결점과 판단에 대한 오류를 보완할 수 있기 때문이다. 필자는 수업 관찰과 면담 기록지, 관련 문서 자료, 그리고 현장 일지(field note) 등의 자료가 서로 상충될 경우에 트라이앵귤레이션(Triangulation)을 통하여 자료의 신뢰도와 타당도를 높이려 하였다. 이를 위해 관찰 자료 및 면담 자료, 문서 자료, 그리고 현장 일지 등 여러 가지 방법으로 자료를 수집하게 함으로써 단일한 자료 분석에서 오는 필자의 오류를 줄이고 연구의 타당도를 높일 수 있었다. 또한 수집한 자료들을 코딩(coding)을 통해 범주화한 후, 이를 반복적으로 비교 분석함으로써 일관성을 확인하여 신뢰도를 높일 수 있었다.

2) 전문가에 의한 조언과 지적(Peer debriefing)

전문가에 의한 비평은 연구의 배경이나 학문 분야가 같은 전문가를 선정하여 자신의 질적 분석과 해석에 대한 그들의 관점과 조언 그리고 평가를 구하는 활동을 의미한다. 이러한 방법은 연구 과정에 전문가를 참여시켜서 1인 연구자가 범할 수 있는 방법적, 해석적, 그리고 절차적 오류를 줄이려고 노력하는 것을 뜻한다.

필자는 이를 위해 2차례에 걸쳐 전문가에 의한 검토를 의뢰하였다. 첫 번째는 교수 - 학습 모형의 타당도와 적용 절차, 그리고 자료 수집 방법 등에 대해 한문 교육 전공으로 박사과정을 졸업한 현장 한문 교사 1명과 한문 교육 전공의 대학교 교수 1명에게 검토를 부탁하였다. 이 과정에서 모형의 흐름도나 연구 절차 등에 대한 조언과 지적이 제시되었다.

두 번째는 자료의 수집과 분석 · 해석 과정의 타당성 등에 대해 대학원 석 · 박사 과정에 재학 중인 현장 한문 교사 8명(박사과정 2명 포함)과 회의를 열어 집중적으로 검토하였다. 이 과정에서 수집한 자료와 연구 문제와의 관련성, 해석 과정에서 범주화에 대한 다양한 의견들이 제시되었다. 그 중에서 범주화에 대한 부분은 제시된 의견들을 충분히 고려하여 최종적으로 결정하였다. 이와 같은 과정을 통해 연구자의 편견을 최소화할 수 있었다.

3) 연구 참여자에 의한 검토(Member checking)

연구 참여자에 의한 검토는 질적 연구의 타당도 작업에서 가장 중요한 준거 중의 하나이다. 이 작업은 연구자가 이끌어낸 분석과 결론이 과연 맞다고 할 수 있는지를 연구 참여자에게 확인하는 절차를 말한다. 이를 위해 필자는 모형 적용 수업을 한 한문 교사 3명에게 수업 관찰 및 심층 면담의 전사 자료, 모형 적용에 따른 결과 분석 자료를 주고, 이에 대해 내용 검토와 평가를 부탁하였다. 3명의 연구 참여자 모두 관련 기록에 대한 사실과의 일치성을 확인하였고, 자신들의 본래 의도와 비교했을 때 왜곡되거나 생략된 것이 있는지 여부도 확인하였다. 연구 참여자 3명 모두 성실히 관련 자료를 검토했으며 결과 분석에 대한 필자의 잠정적인 결론에 대해 긍정적으로 평가하였다. 이와 같은 과정을 통해 연구 결과의 신뢰도를 높일 수 있었다.

Ⅴ. 한문과 교수 - 학습 모형 적용 결과

앞서 필자는 세 가지 한문과 교수 - 학습 모형 가운데 '단문 텍스트'는 중학교에, '산문'과 '한시 텍스트'는 고등학교에 각각 현장 적용하였다. 그리고 질적 연구 방법, 그 중에서도 실행 연구 방법을 사용하여 모형의 실행 양상을 총체적으로 살펴보고자 했다.

이를 위해 필자는 수업 참여 관찰, 교사와 학생 면담, 기타 문서 자료 등을 통해 실석 사료를 수집하였으며, 수집된 자료는 전사(transcription)한 후, 코딩(coding)의 단계를 거쳐 반복적 비교 분석법에 의해 자료를 분석하고 해석하였다.

이 장에서는 이렇게 수집된 자료의 결과에 대해 설명하고, 또한 자료 분석을 통해 드러난 의미에 대해 논의하고자 한다. 이를 위해 필자는 먼저 각 모형들을 적용하는 과정에서 드러나는 단계별 양상에 대해 살펴볼 것이다. 즉, 모형 적용 수업의 진행 단계별로 실행되는 모습과 그 속에서 발견된 문제점 등을 중심으로 기술할 것이다. 다음으로 각 모형들이 현장에 적용될 수 있는지에 대한 가능성 및 기대 효과 등을 살펴봄으로써, 한문과 교수 - 학습에서 모형이 가지는 의미를 밝히고자 한다.

1. 문제 해결 중심 단문 독해 모형

'문제 해결 중심 단문 독해 모형'은 연구 참여 교사로 선정된 경기도 소재 A중학교에 근무하는 K교사에 의해 2학년 5반 학생들에게 적용되었다. 필자는 모형 적용 수업을 캠코더로 녹화하면서 참여 관찰하였으며, 수업 후에는 모둠별로 1명씩 총 8명의 학생들과 집단으로 심층 면담을 실시하였다. 또한 연구 참여 교사와도 심층 면담을 실시하였으며, 이밖에 교수-학습 과정안, 개별·모둠별 활동지, 한문 교과 흥미도 조사지 등 관련 문서 자료도 수집하였다. 이처럼 자료를 다각도로 수집하여, 전사(transcription)와 코딩(coding)의 단계를 거쳐 자료를 반복적으로 비교 분석하였다. 이 절에서는 먼저 '문제 해결 중심 단문 독해 모형'을 적용하는 과정에서 단계별로 어떤 양상(樣相)을 보였는지에 대해 살펴볼 것이다. 또한 이를 통해 모형이 지니는 의미(意味)에 대해서도 논의할 것이다.

가. 단계별 적용 양상

1) 문제 확인하기

연구 참여 교사인 K교사는 현재 근무하고 있는 학교에서 사용하고 있는 『한문』 교과서[124]를 모형 적용을 위한 본시 학습의 단문 텍스트로 결정하였다. 다만, 구체적인 소단원을 정하는 부분에서는, 모둠원의 인원 수, 학습자의 수준 등을 고려해서 적절한 본문을 선정하였다.

T : 주변에 ○○ 자동차 공장이 있어 노동자들이 많아요. 부모님들의 학력이 낮고 대부분 맞벌이를 하기 때문에, 방치된 애들도 많아서 기본적인 학력이 높지 않아요. 그리고 이번에 학업 성취도 평

124) 유성준·송요권·유경순 공저, 『중학교 한문2』(서울 : 새한 교과서(주), 2002).

가 결과를 보면 하위권 중에서도 좀 떨어져요. ……한문 점수도 높지 못해요.

〔문제 해결 중심 단문 독해 모형 적용 연구참여교사 면담전사본 中에서〕

위의 면담 자료에서도 확인할 수 있듯이, 학습자의 낮은 수준을 고려하여 비교적 쉬운 한자로 이루어진 본문을 선정하였다.

필자는 연구 참여 교사로 선정된 K교사에게 이메일을 통해 모형의 이론과 이를 구체화한 교수 - 학습 절차를 제공하였다. K교사는 필자가 제공한 자료를 토대로 본시 교수 - 학습 과정안을 다음과 같이 작성하였다.

〈표V-1〉 문제 해결 중심 단문 독해 모형 적용 수업 과정안

<table>
<tr><td colspan="2">지도일시</td><td colspan="2">2007. 10. 31(수) 5교시</td><td>지도 대상</td><td>2-5(30명)</td><td>지도 교사</td><td>○○○</td></tr>
<tr><td colspan="2">단 원 명</td><td colspan="5">V. 풍속과 지리 21. 我國之勢</td><td>차시</td><td>1/1</td></tr>
<tr><td colspan="2">수업모형</td><td colspan="7">협 동 학 습</td></tr>
<tr><td colspan="2" rowspan="2">수 업 계 통</td><td colspan="2">전시수업</td><td colspan="3">본시수업</td><td colspan="2">차시수업</td></tr>
<tr><td colspan="2">19. 德談</td><td colspan="3">21. 我國之勢</td><td colspan="2">20. 秋夕</td></tr>
<tr><td colspan="2">학습목표</td><td colspan="7">1. 문장을 읽고 해석할 수 있다.
2. 이중 부정을 알고 해석에 작용할 수 있다.</td></tr>
<tr><td colspan="2" rowspan="2">학습자료</td><td colspan="3">교 사</td><td colspan="4">학 생</td></tr>
<tr><td colspan="3">각 모둠별 학습지, 종이, 풀, ppt 자료, 타이머프로그램,</td><td colspan="4">자전, 필기도구</td></tr>
<tr><td colspan="2" rowspan="3">단계</td><td colspan="3">교수 - 학습 과정 내용</td><td rowspan="3">시간</td><td rowspan="3">자료</td><td rowspan="3">모형의절차</td></tr>
<tr><td rowspan="2">교사</td><td colspan="2">학 생</td></tr>
<tr><td>기본과정</td><td>추가과정</td></tr>
<tr><td colspan="2">도입</td><td>1. 전시학습 내용 확인
2. 학습 목표 확인
3. 제목 설명하기
4. 택리지 소개하기</td><td colspan="2">1. 전시 학습내용을 상기하기
-19. 속담 읽어보기
2. 본시 학습 목표 인지하기</td><td>5</td><td></td><td>문제확인하기</td></tr>
<tr><td>전</td><td>한자의 음·뜻 확인</td><td>자전찾기 보조</td><td>한자의 음·뜻 찾기</td><td>학습지에 필기하기</td><td>5</td><td>자전</td><td>개별문제 I 해결</td></tr>
</table>

개		한자의 뜻에 대해 보충설명 船 배: 선	모둠별로 나와 한자의 음·뜻 확인			
	독음읽기	문장의 독음 읽기		2		〈텍스트낭독〉
	개별해석	1. 모둠별 자료 제공 2. 모둠별 피드백 3. 학습보조 역할 수행	개인별 한문문장 해석하기	2	자료, 게시자료	개별문제Ⅱ 해결
	모둠해석		모둠별 토의를 통해 한문문장 해석하기	3		공통문제 해결
	해석확인	전체 확인(모둠별 발표 및 정리)		5		〈교사의 비계〉
		해석 피드백하기 -이중부정에 대한 설명	문장 정리 및 필기하기	2		
	해석정리	전체 소리내어 읽기		2		〈텍스트 낭독〉
	모둠별 평가	모둠별 피드백하기	조원끼리 한자를 손가락으로 짚어가며 소리내어 읽고 외우기	3		일반화
		모둠별 발표하기		5		
보충과정		1. 한자를 보면 뜻이 보인다. 2. 言과 관련된 한자 익히기		7		
정리		1. 船無不通의 해석 2. 문장 전체 읽고 해석하기 3. 과제 제시		3		

위의 지도안을 살펴보면 먼저, 학습 단계를 명명하면서 필자가 제시한 모형의 단계별 명칭을 사용하지 않고 있음을 알 수 있다. 즉, K교사는 '도입, 전개, 정리'라는 일반적인 학습 단계를 사용하였다. 물론 자료란 옆에 모형의 절차에 따른 단계를 예시했지만 학습 단계 명명에는 사용하지 않았다. 이것으로 볼 때, K교사는 필자가 개발한 '문제 해결 중심 단문 독해 모형'을 정형화된 모형으로서의 수업의 틀로 보기보다는 교수 - 학습 전략이나 과정 차원으로 이해한 것으로 보인다.

이 지도안의 특징 중 하나는 학생 활동을 '기본 과정'과 '추가 과정'으로 나누었다는 점이다. 이 점에 대해 연구 참여 교사는 다음과 같이 그 이유를 밝히고 있다.

> T : 추가 과정을 삽입한 이유는 모둠별로 과제 수행의 시간적 차이가 있음을 고려했기 때문입니다. 과제를 일찍 수행한 조에게 2차 과제를 부여함으로써 수업 시간을 좀 더 규모있게 사용할 수 있을 겁니다. 〔문제 해결 중심 단문 독해 모형 적용 지도안 자료에서〕

즉, '추가 과정'은 학생들의 과제 수행의 시간적 차이를 고려하여 수업 시간을 효율적으로 사용하기 위한 기법이라고 볼 수 있다. 이러한 '추가 과정'의 설정은 모형의 단계 중, '개별문제Ⅰ해결' 단계에만 설정되어 있다. 즉, 자전을 이용해 한자의 음과 뜻을 찾는 활동에만 '추가 과정'이 있는 것이다. 이는 결과적으로 '한자에 대한 사전 지식의 차이', '자전 찾기에 대한 숙달 정도' 등에 따른 수준별 차이를 고려한 매우 탁월한 수업 기법으로 판단된다.

연구 참여 교사가 작성한 수업 지도안은 전체적으로 '한문 독해력의 기초적인 능력'을 신장시킨다는 모형의 학습 목표를 정확히 파악하여, 모형의 단계별로 세부 활동 내용들을 충실히 반영하였다. K교사는 미리 프린트해온 본문을 자석을 이용해 칠판에 붙이는 것으로 단문 텍스트를 미리 제시하였다. K교사는 협동 학습의 신호 규칙을 다시 한 번 상기시키는 활동을 통해 주의를 환기시켰으며, 본문 제목의 뜻풀이와 '택리지'라는 출전에 대해 소개하는 것으로 텍스트의 내용을 학습자가 미리 예측토록 하였다.

2) 개별 문제Ⅰ·Ⅱ 해결

이 단계의 주된 활동 내용은 개인별로 분담된 단문 텍스트를 각자 자선을 이용해 모르는 한자의 음과 뜻을 찾고, 혼자 힘으로 단문 텍스트를 나름대로 1차 해석해 보는 활동이다.

연구 참여 교사는 먼저 모둠별로 미리 준비한 모둠 수만큼의 자전을 나눠주면서, 개인별로 분담된 활동지를 통해 한자의 음과 뜻을 찾게 하였다.

T[125] : 자, 이제 모둠별로 노란 봉투를 꺼내서, 두 장을 반으로 나누면 4장이 되는 데, 그런 다음에 1명당 1장씩 가지신 다음에 음과 뜻을 찾는 겁니다. 다한 조는 마침 박수 잊지 말고요. 자, 시작! 시간은 3분이면 될까요?

SS : 아니요.

S6 : 5분이요!

T : 남을 텐데. 그럼 4분!

(K교사는 타이머를 4분에 맞추고 칠판에 타이머를 부착시켜 놓는다)

(K교사는 모둠을 순회하면서 주의 깊게 살피며 잘 찾을 수 있도록 격려해 주기도 하며, 때로는 자전 찾는 방법을 직접 도와주기도 한다.)

(4분이 지나자 타이머에서 알림소리가 울린다)

〔문제 해결 중심 단문 독해 모형 적용 수업전사본 中에서〕

그리고 위에서처럼 타이머를 이용하여 시간을 철저히 통제함으로써, 밀도있는 수업 진행이 가능할 수 있었다. 또한 학생들도 스스로 시간에 따라 자신을 통제하는 성숙함을 보여주기도 했다.

약속된 시간이 되자, K교사는 모둠별로 희망하는 학생 1명씩 칠판앞에 나가서 미리 붙여 놓은 본문 밑에 한자의 음과 뜻을 적게 하였다. 그리고 한자의 음과 뜻을 확인하면서, 의미 이해가 어려운 것들에 대한 보충 설명이 있었다.

T : (모둠별로 마침 박수가 다 나오자, 집중하는 종을 흔들며) 자,

---

125) T는 Teacher의 약호로 연구 참여 교사를, S는 student의 약호로 연구 참여 학생을, R은 researcher의 약호로 필자를 가리킨다.

칠판에 적은 것 중에서 의미가 이해 안 되는 것 있어요?

S7 : 들야.

T : 들은 넓게 펼쳐져 있는 것이에요. 또?

Ss : 다 개.

T : 응, 그래 여기에서 다 개는 '모두'의 의미야. 그래서 하루라도 빠지지 않고 학교 나오는 애들이 받는 상이 뭐야?

SS : 개근상

T : 맞아요. 개근상 할 때가 이 개 자예요. 그 다음 또 뭐가 있을까? 배 선자 있죠. 이것은 먹는 배나 사람의 배가 아니라, 타는 배 선박의 배자입니다.

(K교사는 음과 뜻을 확인한 후 본문 송독을 2번 하였다)

〔문제 해결 중심 단문 독해 모형 적용 수업전사본 中에서〕

위에서처럼 연구 참여 교사는 의미 이해가 어려운 '野, 皆, 船'자에 대해 교사가 직접 확인하면서 자세히 설명하였다. K교사처럼 교사가 직접 의미 이해가 어려운 한자에 대해 비계(飛階 : scaffolding)를 제공할 수도 있겠지만, 그것보다는 활동지에 녹여서 학습자 스스로 1차 해석 시 고민하도록 하는 편이 보다 바람직하다. 그것이 협동 학습의 상호 협력적인 원리와도 부합되는 것이다. 따라서 '개별문제Ⅰ' 단계에서 교사의 비계를 설정하는 것은 불필요한 것으로 판단된다.

한자의 음과 뜻을 확인한 K교사는 본문 낭독을 2번 한 후, 개인별로 텍스트를 1차 해석하는 '개별문제Ⅱ' 단계로 넘어갔다. 이 단계에서도 타이머를 이용하여 엄격히 시간을 통제하였다. 학생들은 모둠원의 도움 없이 스스로 찾은 한자를 바탕으로 '나의 해석'란에 1차 해석을 적었다. 필자는 모형의 절차에서 이 단계가 완료된 직후, 다음 단계인 '공통 문제 해결'을 원활히 하기 위해 교사의 비계(飛階 : scaffolding)를 설정하였다. 그러나 연구 참여 교사인 K

교사는 교사의 비계를 '공통 문제 해결' 단계 뒤로 설정하였다. 이러한 교사의 비계 설정과 관련하여 K교사의 생각은 다음과 같다.

R : 예, 그다음 질문은 바로 교사의 설명 부분을 어느 단계에 투입해야 할지?

T : 이것은 과제(텍스트의 내용)에 따라 다르다고 생각해요. 너무 어려운 것 같은 경우에는 학생들이 많이 힘들어하거든요. 그런 경우 조금만 교사가 안내해서 제시해주면, 조금 더 쉽게 접근할 수 있는 용이함이 있고요. 만약에 오늘 한 내용 같은 것은 그다지 어렵지 않았기 때문에, 이런 경우는 학생들이 먼저 해석하고 나중에 제가 해주는 것이 오히려 더 낫다고 생각합니다.

R : 네, 과제의 수준에 따라 다르게 비계를 설정해야 한다는 거죠.

〔문제 해결 중심 단문 독해 모형 적용 교사 면담전사본 中에서〕

위의 면담 자료를 볼 때, K교사는 텍스트의 난이도(難易度)에 따라 교사의 비계를 먼저 제공할 수도, 뒤에 제공할 수도 있다는 다소 탄력적인 생각을 가지고 있음을 알 수 있다. 학생들의 수준을 고려하여 본문을 쉬운 내용으로 선정해서인지, 실제로 연구 참여교사는 교사의 비계를 모둠별 토의를 통한 2차 해석 활동인 '공통 문제 해결' 단계 뒤로 설정하였다.

그러나, '나의 해석' 후에 곧바로 '우리 조의 해석'으로 수업이 진행되면, 자칫 '나의 해석' 활동이 위축될 우려가 있다.

T : 자, 이제는 해석을 해야겠죠. 모둠별로 빨간 봉투가 있죠. 이것이 해석하는 봉투입니다. 자 봅시다. 여기 보면 '나의 해석'과 '우리 조의 해석'이 있는데, '나의 해석'을 개별적으로 먼저 한 후에 조별로 협의해서 '우리 조의 해석'을 적어보는 겁니다. 자, 그러면 지금부터 해석하는 시간을 5분 주겠습니다. 시작하세요.

〔문제 해결 중심 단문 독해 모형 적용 수업전사본 中에서〕

위의 교사의 발문을 보면, '나의 해석'과 '우리 조의 해석' 활동을 함께 묶어서 시간을 할당하고 있다. 이렇게 되면, '나의 해석' 활동이 정상적으로 진행되기 어려워 보인다. 따라서 '나의 해석' 후에 교사는 모둠별로 돌아가면서 개인별 '나의 해석'을 발표시키며, '이중 부정'같은 쓰임에 대해서도 정보를 제공할 필요가 있다. 그래야만 '나의 해석' 활동이 의미를 찾을 수 있을 것이다. 이러한 '나의 해석' 활동의 중요성은 바로 이러한 활동을 통해 얻어진 반성적(反省的) 고찰이 한문 독해력의 기초적인 능력을 신장시킬 수 있다는 점이다.

3) 공통 문제 해결

이 단계는 모둠별 토의를 통해 단문 텍스트 전체를 해석하는 단계이다. 연구 참여 교사는 '나의 해석'을 개별적으로 먼저 해결한 후에, 조별로 협의해서 '우리 조의 해석'을 적도록 하였다. 연구 참여 교사는 타이머를 맞춰 놓고 모둠을 순회하며, 잘 되지 않는 모둠에 가서 설명하고 학습을 도와주는 활동을 하였다. 타이머에서 알림 소리가 울리자, K교사는 모둠별로 1명씩 나와서 칠판에 미리 부착한 본문 밑에 해석을 쓰도록 하였다. 학생들은 자발적으로 손을 들고 모둠별로 1명씩 나와서 칠판에 해석을 적었다.

T : 자, 확인해 봅시다. 첫 번째 구에서 다르게 해석한 조 없어요? (해석 : 우리나라는 산이 많고 들이 적고)

SS : …….

T : 없어요. 잘했어요. 두 번째 구도 잘했고, 세 번째 구도 잘했어요. 네 번째 구는 사실 틀려주었으면 했는데 (無不 위에 강조 표시를 하고서) 이것이 오늘의 두 번째 학습목표입니다.
(해석 : 우리나라의 지세는 동쪽이 높고 서쪽이 낮다. 우리나라는 동서남이 모두 바다여서 배가 통하지 않음이 없다)

T : 바로 이중 부정입니다. 자!

S8 : 아닌 게 아니다!

T : 그렇지, 수학에서 마이너스랑 마이너스랑 합하면 뭐가 되지?

SS : 플러스

T : 그래! 플러스지. 하나 더 예를 들면, '나는 너를 좋아하지 않는 게 아니야'는 말은 좋아한다는 말이에요? 좋아하지 않는다는 말이에요?

SS : 좋아한다는 말이에요.

T : 한다는 말이지. 또, '나는 먹지 않는 게 없다'는?

S9 : 다 먹는다

T : 그렇지. 그런 거예요. 마찬가지로 무는 없을 무자고, 불은 아니 불자지. 부정과 부정이 섞이면 긍정이 돼요. 이중 부정이 되는 거예요. 여기서 배가 통하지 않음이 없다는 말은 무슨 말이에요?

Ss : 배가 잘 통한다는 말이에요.

T : 그렇지, 잘 통한다는 말이죠. 자, 그럼 한 번 다같이 읽고 해석을 다시 해봅시다.

(교사의 선창에 학생들이 후창하는 방식으로 송독한다.)

〔문제 해결 중심 단문 독해 모형 적용 수업전사본 中에서〕

그리고 위의 수업 전사 자료에서도 알 수 있듯이, 칠판에 적은 학생들의 해석을 하나하나 검토해 가면서, '이중 부정'과 같은 문법적 부분들은 K교사가 직접 설명해 주었다.

해석에 대한 확인이 끝난 후에는 텍스트 낭독을 통해서 다시 한 번 단문 텍스트의 내용을 정리토록 하였다. 이 때 낭독은 앞서 문장의 독음만 읽던 낭독에서 문장의 뜻풀이까지 낭독함으로써, 독해한 단문의 뜻을 떠올리며 내용까지 음미할 수 있는 낭독이 되었다. 또한 연구 참여 교사는 낭독의 효율을 극대화하기 위해 아래와 같이 단문의 풀이 순서에 대한 학습 요소를 추가하였다.

T : 자, 그럼 풀이 순서를 알아보죠. 여러분들이 오늘 너무 잘해서 빨리 진행이 되는 것 같아요. 풀이 순서 적을 조! 손들어 보세요.

(모둠별로 1명씩 자발적으로 나와서 풀이 순서를 칠판에 적는다. 모둠별로 골고루 기회가 돌아가도록 배려하였다.)

(틀리게 해석한 부분은 다시 지적하고 교사가 고치기 보다는 다른 모둠에게 기회를 주어서 학생들 스스로 고치도록 유도하였다.)

틀린 부분 : 선무불통

T : (모둠별로 해석이 다 끝난 후, 손가락으로 짚어가면서 송독을 반복하였다)

〔문제 해결 중심 단문 독해 모형 적용 수업전사본 中에서〕

위에서처럼 K교사는 모둠별로 해석 순서를 칠판에 적게 한 후, 틀리게 해석한 부분은 다시 지적하고, 학생들 스스로 고치도록 유도하였다. 그리고 해석 순서에 대한 확인이 끝나면, 손가락으로 짚어가며 텍스트 낭독을 반복하였다. 이와 같이 손가락을 활용한 낭독법은 한문을 구조적으로 분석하는 데 일정한 도움을 주리라 기대된다.

4) 일반화

연구 참여 교사는 먼저 3분의 시간을 주면서, 모둠별로 본문을 외워서 모둠 전체가 낭독할 준비를 하게 하였다. 학생들은 모둠별로 소리 내어 열심히 외웠다. 모둠원끼리 서로 외우는 것을 들어주며 도와주기도 했다. 시간 경과 후 K교사가 먼저 낭독을 하면서 읽고 해석하는 시범을 보여주었다. 시범이 끝난 후 K교사는 칠판에 적은 음과 뜻, 해석 부분, 풀이 순서 등을 모두 지웠다. 그리고 다 함께 읽고 해석하는 낭독 활동을 교사와 함께 한 번 더 해보았다. K교사는 시간을 고려하여 2개 모둠을 임의로 정하여 모둠원 모두가 나와서 함께 선창(先唱)토록 했으며, 자리에 앉아있는 나머지 학생들은 후창(後唱)토록 하였다. 그리고 본문 해석을 낭독하는 부분에서는 모둠원 중에서 한 명을 지명하여 선창을 하도록 하여 개인별 평가까지 가능하도록 했다.

보상과 관련해서는 K교사와의 협의 과정 중에 단기 보상은 큰 의미가 없다는 데 의견 일치를 보았다.

> T : 네. 그리고 이게 학생들이 보상에 따라 움직이는 거거든요. 어떨 때는 젤리 같은 학생들이 좋아하는 것을 줬었는데요. 학생들이 정말 열심히 했거든요. 그런 부분(과자를 먹기 위해)에서 교육적이지 못한 것 같다는 생각이 들었어요. 동기유발은 잘 되는데, 먹는 것으로 유도한다는 것이 이건 아닌 것 같다는 생각이 있었어요.
>
> 〔문제 해결 중심 단문 독해 모형 적용 교사면담전사본 中에서〕

위의 자료에서처럼, 단기 보상은 동기 유발은 잘 되겠지만 교육적이지 못한 부분들이 많다. 따라서 보상 방법은 최소 한 학기 이상 꾸준히 체계적인 보상이 이루어져야 교육적 효과를 기대할 수 있을 것이다.

지금까지 '문제 해결 중심 단문 독해 모형'을 적용하는 과정에서 단계별로 어떤 양상을 보였는지에 대해 살펴보았다. 먼저 '텍스트 제시' 단계에서는 텍스트를 선정하는 과정을 살펴보았는데, 연구 참여 교사인 K교사는 학습자의 수준을 고려하여 현재 사용하고 있는 한문 교과서 내에서 비교적 쉬운 한자로 이루어진 본문을 선정하였다. '개별문제 Ⅰ · Ⅱ 해결' 단계에서는 타이머를 사용하여 시간을 엄격히 통제한 것이 돋보였으며, 어느 단계에서 교사의 비계를 설정하는 것이 가장 효과적인지에 대한 논의가 있었다. 논의의 핵심은 '나의 해석' 활동이 정상적으로 이루어져야 하는 점이었다. 그렇게 되어야 '문제 해결 중심 단문 독해 모형'에서 강조하는 한문 독해력 기초 능력이 길러질 수 있다고 보았다. '공통 문제 해결' 단계에서는,

특히 낭독의 효과를 높이기 위해 해석 순서에 따라 손가락을 활용한 낭독법이 돋보였다. 마지막으로 '일반화' 단계에서는 주로 낭독의 방법을 통해 모둠별·개인별 평가가 이루어졌으며, 보상 방안은 최소 한 학기 이상의 장기적인 보상 방안의 필요성이 제기되었다.

나. 협동 학습을 통한 독해 기초 능력의 신장

필자가 개발한 '문제 해결 중심 단문 독해 모형'의 학습 목표는 한문 문장을 독해하는 기초적인 능력을 신장하는 데 있다. 모형의 이론적 배경은 '문제 해결 학습법'으로 문제 해결 형태로 독해 과제가 제시되었다. 그러나 교수 - 학습 형태는 협동 학습을 기반으로 했기 때문에, 협동 학습을 통해서 독해 과제를 해결하며 독해의 기초적인 능력을 달성할 수 있을 것으로 기대된다.

다음은 협동 학습의 가장 큰 장점 중 하나인 학생들의 참여도에 대한 연구 참여 교사의 생각이다.

R : 그 다음에 이 모형을 통해서 가장 개선될 것 같은 것이 어떤 점일까요? 모형의 장점이죠?

T : 학생들이 수업의 주체자라는 느낌을 받아요. 교사는 다만 옆에서 도와주는 역할이구요. 학생들이 직접 해보니까, 적절한 보상만 주어진다면 정말 미친 듯이 해요. 즉 학생들의 참여도가 높고요, 학생들이 직접 하니까 지루하지 않다는 거죠. 또 좋은 점이 혼자만 하는 것이 아니라, 옆의 친구를 도와 함께 한다는 것이죠. 그런 부분은 인성적으로도 긍정적인 효과가 있어요.

〔문제 해결 중심 단문 독해 모형 적용 교사면담전사본 中에서〕

위의 자료에서도 알 수 있듯이, 연구 참여 교사는 모형의 가장 큰 장점으로 학생들의 높은 참여도를 첫 번째로 꼽고 있다. 과거에는 교사의 수업으로부터 '지겹다'라는 것이 학생들의 가장 큰 불만 사항이었지만, 협동 학습에 기반한 수업에서는 학생이 주체자이기 때문에 '지겹다'라고 할 대상이 없어진 것이다. 그래서 대부분의 학생들은 주체자의 입장에서 적극적으로 수업에 참여하게 되는 것이다.[126] 문제는 이러한 학생들의 높은 참여도를 어떻게 하면 한문 독해능력을 신장시키는 방안과 관련짓느냐 하는 것이다. 이에 대한 방안으로 필자가 구안한 모형의 단계 중에 '개별문제Ⅱ 해결'과 '공통문제 해결' 단계에서 협동학습을 통한 한문 독해 기초 능력의 방안을 찾을 수 있었다.

R : 그럼, 한문 독해와 관련해서는 어떻습니까?
T : 저는 아주 좋아요.(모형의 효과가 있다고 생각해요)
R : 한문 독해 능력도?
T : 네. 왜냐하면 이 모형에서 중요한 것이 시행 착오를 겪게 한다는 거죠. 공부할 때도 시행착오를 겪는 것이 중요하다고 생각해요. 왜 틀렸는지에 대해 고쳐나가는 과정에서 한문 독해 능력이 생기는 것 같아요.

〔문제 해결 중심 단문 독해 모형 적용 교사면담전사본 中에서〕

위의 면담 자료에서처럼, 모둠별로 토의하는 협동 학습을 통해서 학습자 스스로 왜 틀렸는지에 대해 고쳐나가는 과정에서 한문 독해 능력이 생긴다는 점이다. 연구 참여 교사는 이러한 방안을 '시행 착오'의 방법이라고 말하면서, 실제로 이 방법으로 '한문반'을 운영한 사례를 들어 강조했다.

T : 지금 졸업한 학생들은 제가 3년 동안 한문반을 운영했는데, 주로 '시행 착오'의 방법이죠.

126) 한편 협동 학습에서도 소극적으로 활동하는 학생들이 있기 마련이다. 그러나 그 학생들의 불만은 '지겹다'에 있는 것이 아니라, 주어진 과제에 대해 '귀찮아하는 것'에 있다는 것이 협동 학습에 기반한 수업과의 차이라 할 수 있다. 이와 같은 인식의 차이는 결국 수업의 주체를 누구에 더 두느냐에 따라 생긴 결과라 볼 수 있다.

R : 제가 구안한 모형에서처럼 먼저 '1차 해석'을 자기가 해보는 방법과 같은 건가요?

T : 네. 맞아요. 그 학생들은 그런 방법으로 계속 공부를 저와 같이 했는데, 정말 어려운 문장도 해석을 정말 잘했어요. 그러니까 확실히 느는 것 같더라고요.

R : 한문독해 능력이죠?

T : 네, 본인들도 자부심을 느끼고 잘했어요. 한 번은 이제마의 사상의학에 대한 것을 했거든요. 뭐 태양인, 태음인 이런 것을 했는데, 학생들이 정말 잘하더라구요. 스스로.

〔문제 해결 중심 단문 독해 모형 적용 교사면담전사본 中에서〕

위에서 K교사가 특별 활동의 형태로 운영한 사례를 보면, '1차 해석'을 학습자 스스로 해보고, 그것을 동료들과 맞춰보고 고쳐 나가는 과정에서 한문 독해 능력이 신상되었음을 알 수 있었다. 이와 같은 과정은 필자가 구안한 '문제 해결 중심 단문 독해 모형'의 3·4단계인 '개별문제Ⅱ 해결'의 1차 해석과 '공통문제 해결'의 모둠 토의를 통한 2차 해석과 다를 바가 없다.

다음은 모형의 적용 과정에서 학습자가 협동 학습을 통해서 자신의 1차 해석을 수정한 과정이 보이는 개별 활동지이다.

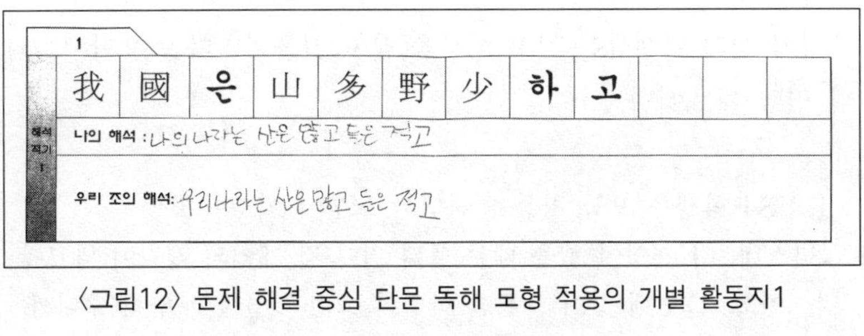

〈그림12〉 문제 해결 중심 단문 독해 모형 적용의 개별 활동지1

〈그림12〉에서 '我國'을 해석한 부분을 보면, '나의 해석'에서는 "나의 나라"로 해석했던 것이 '우리 조의 해석'에서는 "우리나라"로

수정된 것을 볼 수 있다. 이는 1차 해석이 모둠별 토의를 통한 협동 학습의 과정을 거치면서 한문 독해의 기초라 할 수 있는 어휘에 대한 이해 능력이 길러진 것으로 볼 수 있다. 이러한 예를 하나 더 제시하면 다음과 같다.

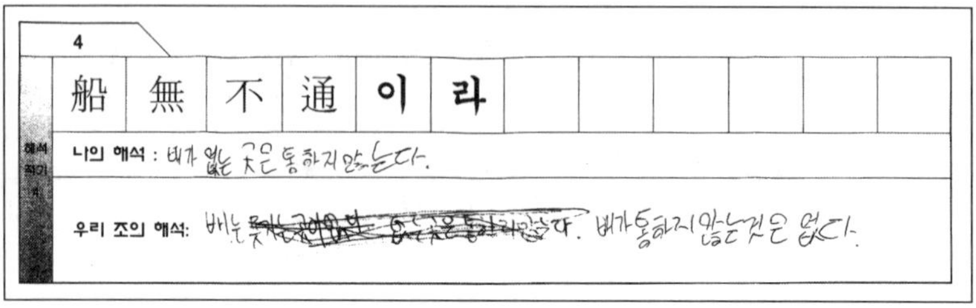

4

船 無 不 通 이 라

나의 해석 : 배가 없는 곳은 통하지 않는다.

우리 조의 해석: 배는 다. 배가 통하지 않는 것은 없다.

〈그림13〉 문제 해결 중심 단문 독해 모형 적용의 개별 활동지2

〈그림13〉에서 '船無不通'이라는 문장을 해석한 것을 비교하면, '나의 해석'에서는 "배가 없는 곳은 통하지 않는다"로 해석한 것이 '우리 조의 해석'에서는 "배가 통하지 않는 것이 없다"로 수정된 것을 볼 수 있다. 이는 이중부정이라는 문법 용어를 굳이 설명하지 않더라도, 모둠별 토의를 통해서 우리말과는 다른 어순(語順) 구조를 이해할 수 있는 한문 독해의 기초 능력이 길러진 것으로 볼 수 있다.

이에 대해 학생들은 어떤 생각을 갖고 있을까? 다음은 학생들과의 면담 자료이다.

R : S4 학생은 모둠 활동을 하면서 느낌이 어땠어요?

S4 : 네. 각 개인이 했을 때는 틀리 거나 각 개인의 생각이 다르잖아요. 그런데 같이 토론을 하면서 그런 것들을 보완해 주니까, 완벽한 해석 같은 것이 나와요.

(중략)

R : 오늘 같은 모둠별 협동학습을 하면서 어떤 점을 느꼈는지? S6

학생?
S6 : 뭔가 달라요.
R : 어떻게 다르죠?
S6 : 아, 그게 제가 해석을 먼저 해볼 수 있었다는 점이 좋았어요. 그리고 그것을 친구들과 맞춰보고 고치는 활동이 좋았어요.

〔문제 해결 중심 단문 독해 모형 적용 학생면담전사본 中에서〕

위의 면담 자료를 통해 볼 때, 학생들 대부분은 스스로 먼저 해석해 보는 활동에 대해 긍정적으로 생각하고 있음을 알 수 있다. 또한 모둠별 협동 학습을 통해서 자신이 잘못 생각했거나 몰랐던 사실에 대해 도움을 받을 수 있어, 결국 완벽에 가까운 문장 해석이 가능하다고 생각하고 있었다. 이와 같은 학습의 과정은 긍정적 상호 의존성에 기초한 협동 학습의 기본 원리를 그대로 보여주고 있는 것이다.

필자는 학생들과의 심층 면담에서 다음과 같은 짓궂은 질문을 던졌다.

R : 그래요, 그러면 질문 하나 해볼께요.
SS : (모두들 약간은 긴장한 듯 쳐다본다)
R : 아주 모르는, 교과서에 없는 한문 문장을 7~8자로 된 문장을 딱 놓고 해석을 한 번 해봐라 하면, 덤벼들어서 끙끙대더라도 일단 해볼 생각이 있는 친구는 손들어 봅시다.
S4 : 자전 같은 것은?
R : 물론 다 주고 하는 거죠. 한번 손들어 보세요.
(처음에는 눈치를 살피는 듯 하더니, 이내 7명이 거의 동시에 손을 들었다)
R : 아이고, 8명 중에 7명이 대단합니다. 전혀 모르는 문장을 주더라도 뭔가 대들어서 덤벼들어서 할 자신, 이런 것들이 이 수업을 통해서 자신감이 생겼을 거라고 봅니다.

SS : (처음 면담을 시작했을 때보다 더 눈이 초롱초롱해지는 듯 하다. 마치 본인들이 지금 당장이라도 한문 문장을 해석하려는 듯한 자세로 의욕에 찬 모습들이다)

〔문제 해결 중심 단문 독해 모형 적용 학생면담전사본 中에서〕

결국, 이와 같은 한문에 대한 강한 자신감이 한문 독해의 출발점이며, 동시에 한문 독해 능력의 중요한 기초인 것이다.

다. 낭독을 통한 친근감 형성

필자가 구안한 '문제 해결 중심 단문 독해 모형'은 문제 해결 학습을 이론적 토대로 했지만, 전통적 한문 교육 방법인 낭독법과 현토 활용법을 전략으로 적용하여 모형을 설계하였다. 실제로 모형의 절차에서도 '텍스트 낭독Ⅰ'과 '텍스트 낭독Ⅱ'를 설정하여 낭독을 통한 여러 가지 효과를 의도하였다.

다음은 연구 참여 교사인 K교사가 모형의 적용 수업에서 사용한 낭독법을 정리해 본 것이다.

〈표Ⅴ-2〉 문제 해결 중심 단문 독해 모형 적용 수업의 낭독법 사용횟수

단 계	낭독 회수	비 고
문제확인하기		
⇩		
개별문제Ⅰ해결		
⇩	낭독 2회	본문의 음과 뜻만 낭독
개별문제Ⅱ해결		
⇩	낭독 1회	본문의 음과 뜻, 해석까지 낭독
공통문제 해결		
⇩	낭독 1회(손가락 이용)	본문의 음과 뜻, 해석까지 낭독
일반화	낭독 1회(교사 시범) 낭독 2회(모둠원 평가) 낭독 1회(정리)	본문의 음과 뜻, 해석까지 낭독

위의 〈표Ⅴ-2〉에서와 같이, K교사는 9회에 걸쳐 낭독법을 사용하였다. 본문의 음과 뜻만을 낭독한 처음의 2회를 제외하면 나머지 7회는 해석까지 모두 낭독하였다. 필자가 모형을 구안할 때 최대 3회 정도의 낭독법을 제시했는데, 연구 참여 교사는 그 3배에 해당하는 총 9회의 낭독을 실시한 것이다. 이처럼 낭독을 꾸준히 반복해서 수업 시간에 활용한다면 어떤 효과를 기대할 수 있을까? 다음은 K교사와의 면담 자료이다.

> T : 송독을 좋아하는 것 중에 하나가, 전체 학생들이 참여해서 입으로 해야 되니까 그것도 활동이잖아요. 그래서 좋아하고요.
>
> 〔문제 해결 중심 단문 독해 모형 적용 교사면담전사본 中에서〕

위의 자료를 통해 볼 때, 낭독법의 가장 큰 의미는 전체 학생이 동시에 참여해서 할 수 있는 활동이라는 점이다. K교사는 이러한 낭독법을 통해 활기차고 생동감 있는 한문 수업을 의도했던 것으로 보인다.

학생들은 이러한 낭독법을 활용한 수업에 대해 어떤 생각을 갖고 있을까? 다음은 학생들과의 면담 자료이다.

> R : 다음으로 큰 소리로 읽는 낭독 활동을 수업 시간 보니까, 5-6번씩 반복해서 했습니다. 그러한 활동들을 할 때 어떤 점을 느꼈는지?
>
> S1 : 반복학습이니까 머리에 많이 남고요, 크게 소리내어 하니까 재미도 있어요.
>
> (중략)
>
> R : 음, 손가락으로 가리키면서 읽는 것은 어땠어요? S2 학생?
>
> S2 : 음, 더 기억에 남아요.
>
> R : 아, 손가락을 이용하면 어떤 점에서 좋을 것 같아요?

S8 : 그걸로 하면 시선이 가니까 더 집중이 잘되고, 손가락을 이용하면 순서를 더 잘 알게 되고 기억에도 도움이 되요.

〔문제 해결 중심 단문 독해 모형 적용 교사면담전사본 中에서〕

위의 자료를 통해 본다면, 낭독법의 효과는 학습자에게는 기억력을 증진시킬 것으로 기대된다는 점이다. 왜냐하면 꾸준히 반복해서 소리내어 읽는 과정 중에 내용을 인지하는 능력도 향상될 것이기 때문이다. 특히 손가락으로 짚어가면서 낭독하는 활동은 앞서 살펴보았듯이, 한문 문장을 구조적으로 분석하는 데 도움을 줄 것으로 기대된다.

그러나 낭독법을 통해 얻을 수 있는 가장 큰 효과는 바로 한문이 '재미있다'는 인식을 심어준다는 점이다.

T : 학생들이 입에 많이 익히면 문장이 좀 가깝게 친근하게 느껴져서, 해석할 때나 공부할 때나 더 잘 할 수 있다는 생각을 했어요.

〔문제 해결 중심 단문 독해 모형 적용 교사면담전사본 中에서〕

S1 : 크게 소리내어 하니까 재미도 있어요.

R : 예. 이런 활동을 통해서 한문에 대한 거부감에 대한 생각은 어땠어요? 좀 변화가 있었나요?

S1 :…….

R : 낭독을 하면서 느낀 한문에 대한 생각은?

S1 : 아무래도 입으로 소리내어 크게 읽고 하면, 한문이 가깝게 느껴지더라고요. 쉬는 시간에도 흥얼거리게 되고.

SS : (모두 웃음)

〔문제 해결 중심 단문 독해 모형 적용 학생면담전사본 中에서〕

위의 자료를 보면, 먼저 교사 입장에서는 낭독법을 통해 학생들이 입에 익숙해지게 되면 한문에 대해 친근감을 느끼게 되어 좀 더 적극적이고 재미있는 수업이 될 것으로 기대하고 있음을 알 수 있다. 이와 같은 생각은 학생들의 입장에서도 크게 다르지 않다. 즉, 학생들이 갖고 있던 한문에 대한 막연한 거부감이 낭독법을 통해 어느 정도 사라지는 느낌을 체험하게 되는 것이다. 이러한 낭독법을 꾸준히 반복한다면, 결국 한문에 대해 가깝게 느껴서 평상시에도 한문을 흥얼거릴 정도로 한문에 대해 친근감이 형성될 것으로 기대된다.

2. 집단 탐구 중심 산문 독해 모형

'집단 탐구 중심 산문 독해 모형'은 연구 참여 교사로 선정된 경기도 소재 K고등학교에 근무하는 S교사가 2학년 1반 학생들에게 적용하였다.

필자는 참여 교사의 수업을 캠코더로 녹화하면서 참여 관찰하였으며, 수업 후에는 모둠별로 1명씩 총 8명의 학생들과 집단으로 심층 면담을 실시하였다.

또한 연구 참여 교사, 동료 한문 교사 3명 등 총 4명의 현직 한문 교사와 면담도 실시하였다.

이밖에 교수 - 학습 과정안, 개별 · 모둠별 활동지, 한문 교과 흥미도 조사지 등 관련 문서 자료도 수집하였다.

이처럼 자료를 다각도로 수집하여, 전사(transcription)와 코딩(coding)의 단계를 거쳐 자료를 반복적으로 비교 분석하였다.

이 절에서는 먼저 '집단 탐구 중심 산문 독해 모형'을 적용하는 과정에서 단계별로 어떤 양상을 보였는지에 대해 살펴볼 것이다. 또한 이를 통해 한문과 교수 - 학습에서 모형이 지니는 의미에 대해서도 논의할 것이다.

가. 단계별 적용 양상

1) 탐구 주제 선정

S교사는 현재 근무하고 있는 학교에서 사용하고 있는 『한문』 교과서[127]를 모형 적용을 위한 본시 학습의 텍스트로 결정하였다. 구체적인 소단원을 정하는 부분에서도 정상적인 진도에 따라 산문 텍스트를 결정했다. 수업 시작 전에 S교사는 이러한 텍스트 선정과 관련하여 간단히 언급했다.

T : 오늘은 저 뒤에 계신 선생님들을 모시고 수업을 하게 되었습니다. 그러나 이 수업은 정상적인 진도를 나가는 수업이기도 한 것입니다. 아시겠죠?

SS : 예!

T : 자, 그럼 지금부터 시작하도록 하겠습니다.

〔집단 탐구 중심 산문 독해 모형 적용 수업전사본 中에서〕

S교사의 텍스트 선정 과정을 살펴보면, 개발한 모형을 의식해서 모형의 입맛에 맞는 텍스트를 일부러 선정하지는 않았다. 다만 현장의 한문 교육 현실에 대해 긍정하면서 최대한 모형적 이상(理想)과 교육적 현실(現實)과의 접점을 찾으려고 애썼음을 알 수 있다. 따라서 필자가 구안한 산문 교수-학습 모형의 적용 양상을 살펴봄으로써 실질적인 교육 현장의 개선에 도움을 줄 수 있으리라 기대된다.

필자는 '집단 탐구 중심 산문 독해 모형'의 참여 교사로 선정된 S교사에게 이메일을 통해 모형의 이론과 이를 구체화한 교수-학습 절차를 제공하였다. S교사는 필자가 제공한 자료를 토대로 본

127) 최상익·이병혁·허남욱·이영우 공저, 『고등학교 漢文』(서울 : 금성출판사, 2002).

시 교수 - 학습 과정안을 다음과 같이 작성하였다.

〈표Ⅴ-3〉 집단 탐구 중심 산문 독해 모형 적용 수업 과정안

단원명	二十九. 통일을 이룩한 사람	지도 일시	2007.10 10.	차시	1 /1
학습목표	· 문장을 스스로 풀이할 수 있다. · 모둠의 협동 활동을 통하여 문장의 풀이를 완성할 수 있다.				
학습단계 (배당시간)	교수 · 학습 활동		과정과 시간	교수 · 학습 의 유의점	
	교사	학생			
도입	· 禮 · 전시 학습 상기 · 학습 동기 유발 · 텍스트 제시 · 학습목표 제시 학습 목표를 제시하고 읽게 한다. · 학습 과정 안내	· 禮 · 전시 학습 상기 · 텍스트 확인 二十九. 통일을 이룩한 사람 · 문장을 스스로 풀이할 수 있다. · 모둠의 협동 활동을 통하여 문장의 풀이를 완성할 수 있다. · 협동 학습을 통한 한문 독해력 심화 모형 이해	탐구주제 선정 (5분)		
전개 (40분)	· 개별 활동지 배부 -활동지의 한자를 찾아서 써 넣도록 안내한다. · 찾은 한자를 토대로 1차 해석을 유도한다.	· 개별 활동지를 받는다. · 개별 활동지를 받고 자전에서 모르는 한자를 찾아 활동지에 써 넣는다. · 개인이 해석을 하여 개별 활동지에 써 넣는다.	개별탐구 수행 (10분)	· 개별 학습시 모둠의 도움을 받지 않도록 한다.	
	· 개별 학습한 결과를 발표 · 허자, 본뜻과 다르게 해석되는 한자, 문장 해석의 요점에 대하여 힌트를	· 자전 찾기나 1차 해석의 과정에서 자신이 가진 문제점을 발표한다.(4명 정도 확인)	〈교사의 비계〉 (10분)	· 자유로운 분위기를 유도	

	부여한다.			
	· 모둠 학습지를 배부한다. · 모둠별 토의를 통한 2차 해석하기 · 모둠별로 돌아가며 발표.	· 모둠 학습지를 받고 개인의 견해를 교환하고 모둠의 토론을 통하여 모둠의 해석을 완성한다. · 모둠별로 발표한다.	공통탐구 Ⅰ 수행 (10분)	
	· 본문의 내용을 5자 이내로 표현하게 한다. · 모둠 별로 5자로 압축한 것을 발표	· 모둠 토의를 통하여 본문의 내용을 5자 이내의 내용으로 압축한다.	공통탐구 Ⅱ 수행 (7분)	
	· 전체가 함께 읽고 해석	· 내용을 환기하고 다시 한 번 읽고 번역한다.	〈텍스트 낭독〉 (3분)	
정리 및 평가	· 형성평가 문항 제시 · 피드백		발표 및 평가(5분)	PPT 자료

위의 지도안을 살펴보면 먼저, 학습 단계를 명명하면서 필자가 제시한 모형의 단계별 명칭을 사용하지 않고 있음을 알 수 있다. 즉, S교사는 '도입, 전개, 정리 및 평가'라는 일반적인 학습 단계를 사용하고 있다. 물론 시간 배분 란에 모형의 단계를 예시했지만 학습 단계의 명칭으로는 사용하지 않은 것으로 보아, S교사는 필자가 개발한 모형을 정형화된 모형으로서의 수업의 틀로 보기보다는 교수 - 학습 전략이나 과정 차원으로 이해한 것으로 보인다.

다음으로 S교사가 작성한 수업 지도안에는 낭독에 대한 구체적인 방법이나 절차가 제시되지 않았다. 실제 수업에서도 낭독에 의한 내용 정리보다는 파워포인트 자료를 이용하여 본문을 정리하였다. 단지 낭독은 수업 끝부분에 그것도 시간에 쫓겨 교사 혼자 낭독하고 서둘러 정리해 버리고 말았다. 따라서 필자가 의도한 낭독을 통해 본문 내용을 정리함으로써 얻는 효과는 반감되었다.

S교사가 작성한 수업 지도안은 전체적으로 한문 독해력 심화라는 모형의 목표를 정확히 파악하여, 모형의 각 단계별로 활동 내용

들을 충실히 반영하였다. 필자가 연구 참여 교사에게 본시 학습 목표에 대해 구체적으로 제시해 주지 않았는데도, S교사는 '문장을 스스로 풀이할 수 있다, 모둠의 협동 학습을 통하여 문장의 풀이를 완성할 수 있다'라는 모형의 목표에 부합하는 학습 목표를 도출해 내었다. 아쉬운 점은 '공통 탐구Ⅱ 수행' 단계에서 '산문의 의미를 5자로 표현하기'에 대한 학습 목표 진술이 포함되지 않았다는 점이다.

S교사는 사전에 실시한 한문 교과 흥미도 조사 결과를 소개하는 것으로 주의를 환기시켰으며 학습 목표를 소리 내어 읽게 한 후, 개별 활동지를 통해서 비로소 산문 텍스트를 제시하였다.

2) 개별 탐구 수행

이 단계의 주요 활동 내용은 개별적으로 한자의 음과 뜻을 찾고, 적절하게 분배된 산문 텍스트를 나름대로 해석해 보는 것이다. 이 단계에서의 문제점은 크게 세 가지로 드러났다. 첫 번째는 개별 활동지를 모둠원에게 분배할 때의 문제다.

T : 그럼 조장들 앞으로 나오세요.
S1~S8 : (개별 학습지를 앞으로 나와 받아간다)
T : 다 받아갔으면 그것을 자기 조원들에게 하나씩 나눠주세요. 아무거나 임의로 제일 어려운 것, 쉬운 것 따지지 말고 아무한테나 주세요.

〔집단 탐구 중심 산문 독해 모형 적용 수업전사본 中에서〕

위의 교사의 발문을 보면, 어렵고 쉬운 것을 따지지 말고 되는대로 임의로 개별 활동지를 분배하라고 하고 있다. 그러나 이와 같은 학습 분배로는 협동 학습의 본래 목표를 달성하기 어렵다. 왜냐하면 개인별 능력을 고려하여 수준에 맞게 학습을 분배해야 협동 학습의 효과가 있기 때문이다. 따라서 교사는 학생들의 수준을 고려하여 개별 활동지를 수준별로 차등화하여 제시할 필요가 있다. 예를 들어 제일 낮은 수준의 개별 활동지에는 교사의 비계, 즉 어려운 한자의 음과 뜻이나 해석에 필요한 허자 등의 내용을 활동지에 더 자세히 힌트로서 안내해야 할 것이다. 또한 수준별로 단계를 활동지에 표시해 주어야 한다. 왜냐하면 협동 학습의 성패(成敗)는 능력별·수준별로 최대한 고려하여 누구나 학습에 적극적으로 참여하여 협력하느냐 그렇지 않느냐에 달려있다고 해도 과언이 아니기 때문이다.

두 번째 문제점은 앞서 드러났던 학습 분배 문제와 같은 맥락으로, 개별 활동지의 비계 설정 문제다. 이에 대해 교사 입장은 의견이 엇갈리기도 했다.

R : (쑥스러워 하며) 아이고, 또 뭘 그렇게 과찬의 말씀을, 고맙습니다. 애들하고 얘기를 해보았는데, 제가 약간 학습지에 세심한 배려를 하지 못한 게 아쉽더라고요. 그게 뭐냐 하면, 모르는 한자라든지 헛갈리기 쉬운 것들은 미리 달아줘야 된다고요. 그죠? 예를 들어서 年十七할 때 그 年자를 나이라고 달아 준다든지, 中岳 같은 경우는 밑줄을 친다든지 해가지고 고유명사라는 걸 표시를 해줬어야 되는데 고마 쑥 민자로 제시해가지고 해석해라 하니깐, 어려워하고 힘들어했던 것 같아요.

T : 근데 문제는 뭐냐 하면은 바로 그렇게 틀렸을 때 그것이 나이라는 걸 몰랐을 때, (필자: 으음) 그럴 때 모른 것에서부터 알아나가는 것이 오히려 강화가 심해요. 그러니까 쉽게 말하자면 나이를 줘버리면 그 나이가 평생 안 간다. (필자: 으음) 근데 그게 십칠 년에 뭐 이런 식으로 했다가 나중에 인제 그게 아니라 "아! 나이가 열일곱 살이구나!" 이렇게 아는 순간, 그건 강화가 아주 잘되는 거거든. (필자: 으음) 그러니까 오히려 안주는 편이 더 좋을 수도 있어요.

〔집단 탐구 중심 산문 독해 모형 적용 교사 면담전사본 中에서〕

위의 면담 자료를 보면, 비계 설정을 하지 않는 것이 오히려 강화 작용을 하여 학습에 더 효과적이라고 주장한다. 그러나 이러한 주장은 개별 학습일 경우에는 효과적일 수 있겠지만, 협동 학습을 할 때는 수준을 고려한 적절한 비계를 제공해 주는 것이 서로 협의하고 끌어 주기가 훨씬 수월해 오히려 학습이 효율적일 수 있다.

S2 : 앞으로도 이렇게 한문 수업은 계속 했으면 좋겠어요. 그런데 우리반 아이들이 오늘 나의 해석을 하는 부분에서 어려움을 많이 겪었잖아요.
R : 음, 그랬죠.
S2 : 그런 경우 선생님께서 PPT에 준비하셨던 '~에, ~에서'와 같은 한자나 어조사나 갈지자에 대한 풀이는 학습지에 적어주셨으면 좋겠어요.
R : 왜 그러죠?
S2 : 그러면 나의 해석할 때도 도움이 되고, 어차피 시험공부할 때도 활용해도 되니까.
R : 예, 잘 들었어요.

〔집단 탐구 중심 산문 독해 모형 적용 학생 면담전사본 中에서〕

위의 학생 면담 자료를 보더라도, 학생들의 수준을 고려한 비계 설정은 어느 정도 필요하리라 본다. 비계 제시의 수준 결정은 오로지 교사의 몫으로, 교사는 학습자와 텍스트, 환경 등 다양한 교수-학습 변인을 고려하여 결정해야 할 것이다. 결국 협동 학습에서의 활동지의 형태는 수준별로 학습량을 조절한 고도로 구조화된 형태로 제시되어야 한다.

세 번째 드러난 문제점은 자전 찾기의 어려움이다.[128] 대부분의

128) 다음은 수업 시간에 자전을 찾고 있는 학생들의 모습을 스케치한 글이다. 이러한 풍속도는 비단 특정한 학급에 국한된 모습이 아닐 것이다.

개별적으로 자전을 찾아가며 열심히 한자를 찾는다. 대부분 자전 찾기에 익숙지 않은 듯 총획 색인으로 찾으려 하다보니 시간이 많이 걸리는 듯했다. 몇몇

학생들이 자전을 사용해 한자를 찾는 데 어려움을 호소하고 있다.

S7 : (자전을 이용해) 한자를 찾다 보면 부수 같은 것, 모르는 것을 찾을 때나, 나오지 않을 때는 좀 짜증이 나기도 하고 그래요.
R : 자전 찾는 데 S3 학생은 어려움이 없었어요?
S3 : 어떻게 찾는지 몰랐어요.
R : 어떻게 찾는지 몰랐어요? 그 전에 먼저 자전 찾기 같은 것 안했습니까?
SS : 네.
R : 그래요? 학기초에 혹시 3월달, 4월달에 한 두 번 하지 않았어요?
S2 : 자전을 들고 오라고는 한 번 하셨어요. (구체적으로 자전찾기에 대한 설명은 없었어요.)
S1 : 중학교 때 한 번인가 하긴 했는데. (다 잊어버렸죠.)
R : 그러면 S2 학생은 찾는 데 어땠어요?
S2 : 저는 친구들에게 물어보니까, 중학교 때 배워서 부수를 보고 찾았다고 하는 애들도 있었고, 아예 찾는 방법을 몰라서 못 찾았다고 하는 친구들도 있었는데, 저는 뒤에 색인을 보고 찾았거든요. 부수 찾는 법을 몰라서
R : 으음

〔집단 탐구 중심 산문 독해 모형 적용 학생 면담전사본 中에서〕

위의 면담 자료에서 확인할 수 있듯이, 자전 찾기의 어려움을 호소하는 가장 큰 이유는 사용법을 알지 못했고, 또 배울 기회도 없었고, 배웠어도 중학교 때 잠깐 배워서 학습의 효과가 지속되지 않는다는 것으로 정리할 수 있겠다. 그런데 문제는 중학교 교과서에

은 교과서를 몰래 몰래 참고하기도 했다. 사실 교과서에 모르는 한자의 음과 뜻이 나와 있고, 해석도 나와 있기 때문에 이에 대한 통제 방법이 필요하다는 느낌이 들었다. 어쨌든 협의할 수 없었기 때문에 자전 찾기가 안 되는 학생들에겐 정말 힘든 시간을 보내는 듯 했다. 중간에 교사가 순회하면서 학생들을 격려했지만 자전 찾기의 방법이 사전 학습이 되어있지 않으면 힘든 성격 탓에 별 뾰족한 방법이 없어 보였다. 10분 경과. 그래도 아이들은 열심히 자전을 계속 뒤적이며 찾으려 노력했다. 안쓰러웠다. 〔2007년 10월 10일 현장 일지 中에서〕

있는 자전 찾기에 대한 학습이 일관성 있게 이루어지지 않는다는 점이다. 따라서 이 과정을 거치지 않고 고등학교에 오게 되면 다시 가르쳐야 하는 이중 부담의 문제가 발생한다. 이 부분에 대해서 고등학교 교사들도 어려움을 호소하고 있다.

T : 그러니까 자전 찾기가 잘 안된 것에 대해서는 추후 또 다른 수업이 필요할겁니다.
R : 예, 그게 자전 찾고 한자의 음 뜻 찾는 데 시간을 너무 빼앗기다 보니까, 애들도 그것을 얘기하더라고요. "너 자전 찾기 해봤냐?" 그랬더니, "안 해봤어요, 몰라요" 다들 그렇게 대답을 하더라고요. 고등학교에서 따로 그런 게 없죠?
T : 그러니까 처음에 그것을 했어야 됐는데, 처음에 들어왔을 때, 지금 현재 교육 과정이 큰 문제가 그거란 말이에요. 중학교에서 안 배울 수도 있이요.
R : 으음
T : 그리고서 고등학교로 오는 거야 그러니까 그거를 애들이, 기초가 영 잘되는 애와 전혀 안 되는 애가 함께 있는 거죠. 그러니까 말하자면 가르쳐줘도 모르는 애가 있고, 안 가르쳐도 되는 애가 있는 거죠.
R : 으음
T : 그러니까 그 중간을 잡기가 어렵다는 거죠. 고등학교 수업이 파행으로 갈 수밖에 없는 이유가 그겁니다.

〔집단 탐구 중심 산문 독해 모형 적용 교사 면담전사본 中에서〕

위의 지적대로 자전 찾기에 대해 학습하여 숙달된 학생과 자전 찾기 경험만 있는 학생, 자전에 대해 전혀 들어보지도 못한 학생들이 모두 한 교실에 함께 있는 것이 지금의 현실이다. 이 같은 문제는 매우 복잡한 제도적인 문제들이 얽혀있어 쉽게 해소되기 어려워 보인다. 그럼에도 불구하고 중학교와 고등학교 교육 과정의 최소한의 연계를 위한 제도적 장치 마련이 시급하다 하겠다.

3) 공통 탐구Ⅰ·Ⅱ 수행

이 단계는 모둠별 토의를 통해 산문 텍스트 전체를 해석하는 활동과 해석된 산문 텍스트의 의미를 5자로 표현하는 활동을 모두 포함한다. 이 단계에서 드러난 가장 큰 문제점은 학생들이 협동 학습에 익숙지 않았다는 점이다.

> 하나의 문장마다 전체 협의를 거쳐서 모둠 해석을 결정짓는 방식이 되어야 하는데, 아직까지 협동학습에 대해 충분히 숙달되지 않아, 어떻게 협의해야 하는지 잘 몰라 자전을 뒤적이는 학생들이 더러 보였다. 반면 해석에 대해 활발히 협의하여 이야기 맥락을 파악해 최종적으로 모둠 해석을 하는 조도 눈에 띄었다. 전체 8개 모둠 중에서 3개의 모둠이 비교적 활발히 모둠 토의가 이루어졌고, 나머지 모둠은 개별로 해석한 것을 모둠 학습지에 옮겨 적는 수준에서 협의가 이루어졌다. 〔2007년 10월10일 현장 일지 中에서〕

위의 자료를 보면 학습자들이 토의 학습 자체에 익숙지 않아 힘들어하는 것을 알 수 있다. 그나마 비교적 활발히 토의가 이루어진 모둠일지라도, 협력적 과정을 통한 문제 해결이라기보다는 단순한 자료 나열에 그쳤다. 이런 모둠 토론의 문제점에 대해 학생들은 모둠 구성의 기준을 그 이유로 제시하기도 했다.

> S1 : 좀 안 좋았던 점은 조를 구성함에 있어서 성적순으로 했다고 하는데, 그렇게 하기 보다는 만약에 성적이 좋아도 참여가 없으면 조별활동의 의의가 없잖아요. 그래서 참여도에 따라 구성하는 게 낫지 않았을까.
>
> R : 음, 예 알겠어요. 그러니까 조 구성도 성적만이 아니라, 참여도도 반영해서 구성하라는 거죠? 결국 조별 활동을 활발하게 했으면 하는 바람이겠죠. 잘 들었습니다.
>
> 〔집단 탐구 중심 산문 독해 모형 적용 학생 면담전사본 中에서〕

즉, 학생들은 모둠 구성의 기준으로 성적도 고려해야겠지만, 참여도나 적극성 같은 것도 고려했으면 하는 아쉬움을 말하고 있다. 흔히 협동 학습에서 모둠 구성은 최대한 이질적(異質的)으로 구성해야 효과가 있다고 한다. 따라서 성적뿐 아니라, 태도, 성별 등 종합적인 고려를 통한 모둠 구성이 필요할 수 있다. 그러나 현실적으로 완벽한 모둠 구성은 불가능하다. 다만 최적의 상태를 추구할 수는 있다. 중요한 것은 모둠 토의를 통해 서로 의지할 수 있다는 상호 의존성(相互依存性)을 갖는 것이 필요하다. 한문 독해에서 협동 학습을 통해 얻고자 하는 것은 한문 독해라는 공동의 문제 해결을 위해 서로 협의하고 끌어주는 관계를 형성하는 데 있다. 이와 같은 부분들은 한두 차례 해서 해결될 문제가 아니라, 계속해서 꾸준한 관심과 연습이 필요한 문제다.

다음으로 나타난 문제점은, 산문 텍스트의 의미를 5자로 표현하는 활동에서 5자라는 글자 수를 통제하지 않은 점이다.

T : 자 그럼 교과서를 펴고, 이제 모든 것을 참조하여 이 내용을 5자로 된 성어로 표현해 보세요. 예를 들어 이번에 노무현 대통령이 북한 갔다 온 것을 '통일 추구'나 '통일 완성', '경제 협력'이라는 성어로 표현할 수도 있겠지요. 그렇죠? 이렇게 4자로 할 수도 있고, 5자로도 할 수 있겠죠. 그렇게 여러분들도 그 내용을 보시고 5자 이내의 성어로 만들어 보세요. 기발한 아이디어를 내어 보세요.

S73 : 선생님, 원래 있던 거 하면 안 되죠?

T : 네. 만들어서 하면 좋은데, 원래 있던 것도 적절하게 사용해도 괜찮습니다.

S83 : 선생님, 세 글자 해도 됩니까?

T : 네. 됩니다.

〔집단 탐구 중심 산문 독해 모형 적용 학생 면담전사본 中에서〕

위의 수업 전사본을 보면, S교사는 처음 5자 이내의 성어로 표현하라고 발문한 후, 예를 드는 과정에서 4자도 허용했으며, 결국 3글자까지도 인정하고 말았다. 물론 글자 수를 제한하지 않는 것이 오히려 자유로운 생각을 할 수도 있다. 그러나 필자가 처음 의도했던 것은 5자로만 제한함으로써 그 제한된 글자 속에서 창의적인 사고와 위트(wit)를 기를 수 있다고 여겼다. 만약 글자 수를 제한하지 않는다면 생각나는 대로 얘기하여 보편적이고 일상적인 표현만 나올 가능성이 있다. 따라서 반드시 글자 수를 제한할 필요가 있다. 오히려 표현의 형태를 성어(成語)로 처음에 제한함으로써 창의적인 사고를 막은 결과가 되었다.

S53 : 선생님 꼭 한자어 아니어도 되죠?
T : 네, 표현할 수 있으면 괜찮답니다.
S63 : 선생님 영어 들어가면 안 되요?
SS : (전체 웃음)
T : 한문시간이니까……, 영어도 될까?
S63 : 한글로 바꿔서 (쓰니까 괜찮지 않을까요?)
T : 그래요, 한 번 해보세요. 본문의 내용과 주제가 잘 반영되면 좋겠어요.

〔집단 탐구 중심 산문 독해 모형 적용 수업전사본 中에서〕

그래서 위에서처럼 글자 수는 고정시키되, 텍스트의 내용이나 주제·의미 등과 관련된 것이라면 외국어나 통신 언어가 들어가는 형태일지라도 일단 긍정해주는 발문을 함으로써 최대한 창의성을 이끌어 낼 수 있어야 한다.

4) 발표 및 평가

평가에 앞서 본문 내용을 정리하는 과정이 있는데, 필자는 텍스트 낭독이라는 송독(誦讀)의 방법을 의도했었다. 그러나 S교사는 파워포인트(PPT) 자료를 활용하여 시간 차이를 두고 해석 순서를 시각적으로 제시해 줌으로써, 명료하게 해석의 원리를 제공해 주었다. 다음은 S교사가 지도안에 첨부한 파워포인트(PPT) 자료이다.

〈표Ⅴ-4〉 집단 탐구 중심 산문 독해 모형 적용 지도자료

<table>
<tr><td>단 원 명</td><td>二十九. 통일을 이룩한 사람</td><td>지도 일시</td><td>2007.10.10.</td><td>차시</td><td>1/2</td></tr>
<tr><td>학습목표</td><td colspan="5">· 문장을 스스로 풀이할 수 있다.
· 모둠의 협동 활동을 통하여 문장을 풀이를 완성할 수 있다.</td></tr>
<tr><td>학습 요소</td><td colspan="4">교 과 학 습 내 용</td><td>비고</td></tr>
<tr><td>산문 해석</td><td colspan="4">· 본문 연구 및 풀이

- 문장 해석의 원리 -
<table>
<tr><th>문장</th><th>문장구조</th><th>해석순서</th><th>해석</th></tr>
<tr><td>獨行入中岳</td><td>獨 行入/中岳</td><td>12543</td><td>홀로 중악에 들어가다</td></tr>
<tr><td>告天</td><td>告/天</td><td>21</td><td>하늘에 고하다</td></tr>
<tr><td>敵國無道</td><td>敵國 ‖ 無/道</td><td>1243</td><td>적국이 도가 없다</td></tr>
<tr><td>侵略我國</td><td>侵略|我國</td><td>1243</td><td>우리나라를 침략하다</td></tr>
<tr><td>一介微臣</td><td>一介微臣</td><td>1234</td><td>일개의 미약한 신하</td></tr>
<tr><td>不量材力</td><td>不量|材力</td><td>4312</td><td>재주와 능력을 헤아리지 않다</td></tr>
<tr><td>志淸禍難</td><td>志/淸|禍難</td><td>4312</td><td>재앙과 환난을 깨끗이 하려는데 뜻을 두다</td></tr>
<tr><td>假手於我</td><td>假|手/於我</td><td>4321</td><td>나에게 손을 빌려주다</td></tr>
</table>
</td><td rowspan="3"></td></tr>
<tr><td>허자</td><td colspan="4">- 허자 -
於 : ~에, ~에게, ~에서
假手於我 : 나<u>에게</u> 손을 빌려주다</td></tr>
<tr><td>형성평가</td><td colspan="4">· 형성평가
다음 문장 풀이의 순서를 알아보고 우리말과의 차이를 생각해보자.
1. 敵國無道
2. 侵略我國</td></tr>
</table>

S교사는 따로 평가용 활동지를 제작하지 않고, 앞서 제시한 PPT를 통해 형성 평가를 실시하였다. 필자는 모둠별, 개인별 보상을 하도록 모형에 포함시켰으나, S교사와의 협의 과정 중에 단기 보상은 큰 의미가 없다는 데 의견 일치를 보았다. 따라서 특별히 모둠별이나 개인별로 보상이 주어지지 않았다. 협동 학습의 특성상 최소 한 학기 동안 꾸준히 체계적인 보상이 이루어져야 교육의 효과를 기대할 수 있다.

지금까지 집단 탐구 중심 산문 독해 모형을 적용하는 과정에서, 모형의 단계별로 어떤 양상을 나타냈는지에 대해 살펴보았다.

먼저, '탐구 주제 선정' 단계에서는 연구 참여 교사인 S교사에 의해 텍스트를 선정하는 과정을 살펴보았는데, S교사는 모형적 이상과 교육적 현실과의 접점을 찾아 근무하고 있는 학교에서 현재 사용하는 『漢文』 교과서 내의 산문 텍스트를 선정하였다.

'개별 탐구 수행' 단계에서는 활동지의 수준별 분배 문제, 개별 활동지의 비계 설정 문제, 자전 찾기의 어려움 등의 문제점이 드러났다.

'공통 탐구Ⅰ·Ⅱ 수행' 단계에서는 학생들이 협동 학습에 익숙지 않았다는 점이 가장 큰 문제점으로 지적되었으며, 창의적 사고를 위해 글자 수를 제한하여 표현하는 문제에 대해서도 논의가 있었다.

마지막으로 '발표 및 평가' 단계에서는 PPT를 통해 평가가 이루어졌으며, 보상 방안은 협동 학습의 필요성과 함께 장기적이고 체계적인 보상 방안을 모색해야 할 것이다.

나. 자기 주도적 독해 학습 능력의 신장

'집단 탐구 중심 산문 독해 모형'은 한문 독해 능력을 심화시킬 목적으로 구안하였다. 필자는 모형을 구안할 때 모형의 단계를 5단계로 제시한 바 있다. 그런데 과제를 해결한다는 큰 틀에서 보면, '개별 탐구 수행', '공통 탐구Ⅰ 수행', '공통 탐구Ⅱ 수행'의 3단계로 나눌 수 있다. 이에 대해서는 연구 참여 교사인 S교사의 생각도 다르지 않았다.

T : 교수학습 과정으로 생각할 때는 그게 처음에 아이들 스스로 혼자 막 헤매는 과정, 그 과정이 **상당히** 의미가 있는 것 같고 (필자: 으음), 두 번째로 제가 해보니까 그것들을 애들끼리 토의하는 과정과 교사가 정리해주는 과정, 또 그 다음 애들끼리 다시 한 번 확인해보는 과정, 큰 틀로 보면 이렇게 3단계인데, 상당히 의미가 있는 것 같아요. 제가 지금까지 해 본 수업 중에서 가장 괜찮은 수업이라고 생각해요!

〔집단 탐구 중심 산문 독해 모형 적용 교사 면담전사본 中에서〕

S교사는 모형을 큰 틀로 볼 때 '학생 스스로 해결하는 과정', '함께 토의하고 정리하는 과정', '다시 함께 해결하는 과정'의 3단계로 나누었다. 그리고 그 중에서 '학생 스스로 해결하는 과정'을 가장 의미가 있는 절차로 강조하고 있다.

이런 S교사의 생각은 개별 활동지의 비계 제공 문제에 대해서도 일관된 입장을 취하고 있다.

T : 근데 문제는 뭐냐 하면은 바로 그렇게 틀렸을 때 그것이 '나이 年'이라는 걸 몰랐을 때, 그럴 때 모른 것에서부터 알아나가는 것이 오히려 강화가 심해요. 그러니까 쉽게 말하자면 '나이'를 주어버리면 그 '나이'가 평생 안가죠. 근데 그게 '십칠 년'에 뭐 이런 식으로 했다가 나중에 인제 그게 아니라 "아! 나이가 열일곱 살이구나!" 이렇게 아는 순간 그건 강화가 아주 잘되는 거거든. 그러니까 오히려 (교사의 비계를) 안 주는 편이 더 좋을 수

도 있어요.

〔집단 탐구 중심 산문 독해 모형 적용 교사 면담전사본 中에서〕

즉, S교사는 개별 활동지에 본뜻과는 다르게 해석되는 한자라든지, 아니면 해석하는데 필요한 허자 등에 대한 정보, 즉 교사의 비계를 제공하지 않는 편이 더 낫다는 입장이었다.

위의 자료에서 S교사가 예를 들어 말한 '年'자가 들어간 개별 활동지 중에서 학습자가 오역(誤譯)한 예를 제시해 보면 다음과 같다.

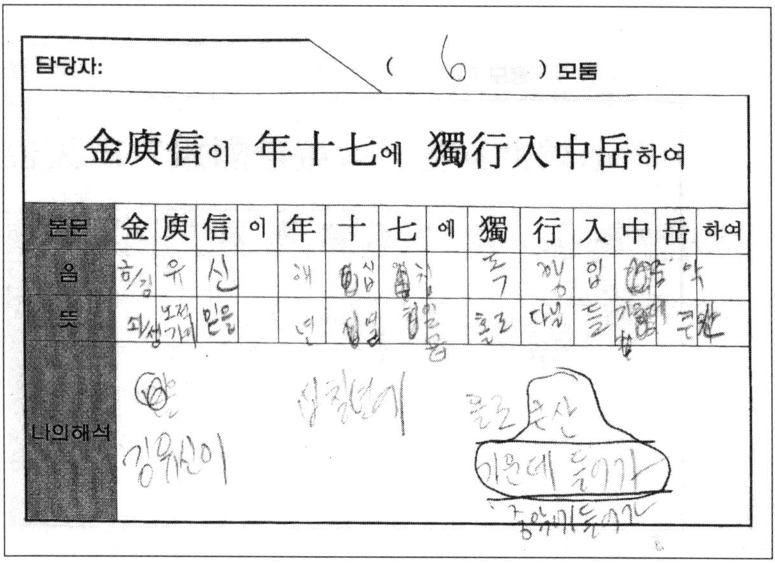

〈그림14〉 집단 탐구 중심 산문 독해 모형 적용의 개별 활동지1

8개 모둠의 학생 모두 '年'자의 뜻과 음으로 '해 년'을 적었으나, '나이'라는 뜻으로 올바르게 해석한 학생은 적었다. 〈그림14〉와 같이 '년'으로 잘못 해석하여 헤매는 학생들이 많았다.

이와 같은 오역의 예를 하나 더 제시하면 다음과 같다.

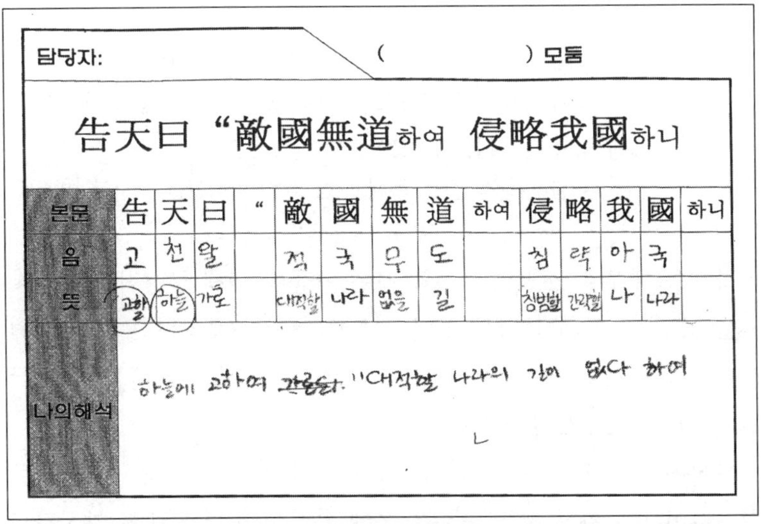

담당자: ( ) 모둠

告天曰 "敵國無道하여 侵略我國하니

본문	告	天	曰	"	敵	國	無	道	하여	侵	略	我	國	하니
음	고	천	왈		적	국	무	도		침	략	아	국	
뜻	고할	하늘	가로		대적할	나라	없을	길		침범할	간략할	나	나라	
나의해석	하늘에 고하여 ~~가로되~~ "대적할 나라의 길이 없다 하여													

〈그림15〉 십단 탐구 중심 산문 독해 모형 적용의 개별 활동지2

위에서처럼 '道'자의 뜻과 음으로는 거의 대부분 '길 도'로 적었으나, '도 또는 도리'의 의미로 해석한 학습자는 많지 않았다. 〈그림15〉에서처럼 '길'이라고 오역함으로써 전체 해석이 우스꽝스럽게 돼버렸다. 이와 같은 오역의 예는 다양한 뜻으로 해석되는 한자의 특성상 자주 나타날 수밖에 없다. 문제는 이러한 오역 분석 과정을 통해 반성적으로 되돌아보고 올바른 독해로 나아가는 것이 필요한 것이다.

학생들은 이러한 오역에 대해 어떤 입장을 갖고 있을까? 다음은 학생들과의 면담 자료이다.

S8 : 뭐지? 맨 날 해석할 때 자기 스스로 해석하지 않고, 선생님이 해석해주시고 저희는 그것에 따라서 해석하다가, 저희가 스스로 하니까 먼저 음과 뜻을 찾고, 주어 뭐 그런 것 순서 모르는 것에 대해 생각도 하게 되고, 틀려도 일단 자기가 먼저 해 보고

나중에 선생님이 틀린 부분 지적해주시고 그렇게 하니까, 스스로 공부했다는 그런 생각이 들었어요.

S1 : 선생님이 해석해주시면 그냥 어 그게 그런 거구나 하고 넘어가기가 쉬운데, 자기가 하게 되면 왜 그런지 생각을 하게 되니까, 그게 공부가 되는 것 같아요

〔집단 탐구 중심 산문 독해 모형 적용 학생면담 전사본 中에서〕

학생들 대부분 스스로 해석해 보는 활동에 대해 긍정적으로 생각하고 있었다. 특히 틀려도 일단 스스로 먼저 해보았다는 것에 대해 성취감을 느끼고 있었으며, 왜 그런지에 대한 분석적 해석 등 적극적인 학습 태도도 길러졌다.

아울러 이러한 개별 학습의 '헤매는 과정'을 거친 후, 모둠별로 협력하며 풀이하는 협동 학습을 통해서 한문 독해에 대한 자신감도 길러질 수 있으리라 본다.

결국 필자가 구안한 '협동 학습을 통한 한문 독해력 심화 모형'의 의미는 이러한 개인적인 성취감이나 자신감을 통해 향후 자기 주도적인 독해 학습이 가능하다는 점이다.

다음은 모형 적용 수업 후에 자기 주도적 학습에 대한 자신감을 표현한 글로 '모형'의 적용 가능성에 대해 시사하는 바가 크다.

S8 : 스스로 해석하고 또 모둠별로 풀이하면서 내가 몰랐던 부분을 다른 조원이 알고 있으면, 그 부분을 채워 넣을 수 있어서 좋았고요. 평소 한문 수업이 선생님 혼자 막 수업하시다가 오늘처럼 우리들이 주체가 되어 활동도 하고 발표도 해서 한문에 대해 해석도 내가 해볼 수 있구나 하는 자신감이랄까 그런 생각도 들었어요.

〔집단 탐구 중심 산문 독해 모형 적용 학생면담 전사본 中에서〕

다. 한문에 대한 창의적 사고와 비판적 이해

필자가 구안한 '문제 해결 중심 단문 독해 모형'과 '집단 탐구 중심 산문 독해 모형'의 가장 큰 차이는, '공통 탐구Ⅱ 수행' 단계가 있느냐 없느냐이다.

'공통 탐구Ⅱ 수행' 단계는 텍스트의 내용을 이해하고 감상하는 단계를 말한다.

단문은 한문 독해력 기초 모형으로 텍스트 자체의 이해에 바탕을 둔 독해 모형이기 때문에 이러한 '이해와 감상' 단계가 초점화되지 않았다.

이에 비해 산문은 독해 모형의 기초 위에 텍스트를 이해하고 감상하는 것까지를 포함하고 있는 모형이다. 다시 말해 산문이라는 텍스트는 하나의 완결된 이야기 구조를 갖고 있고, 주제와 의미를 내포하고 있기 때문에, 산문 교수 - 학습 모형에는 이러한 텍스트에 대한 이해와 감상 단계를 포함시켰다.

필자는 이러한 '공통 탐구Ⅱ 수행' 단계를 학습자의 창의성 계발에 초점을 맞추어 '산문의 의미를 5자로 표현하기'를 계획했다. 이는 『한문교육』에 실렸던 '사자성어 의미를 5자로 줄이기'에서 착안하여 산문에 적용해 본 것이다.

이와 같은 활동의 가장 큰 장점은 짧은 시간 안에 학습자로부터 창의적인 사고력을 이끌어낼 수 있다는 점이다.

사실 협동학습을 통해서 산문 텍스트를 온전히 해석해 내기도 1차시에 버거울 수 있다. 따라서 산문 텍스트의 '이해와 감상' 활동은 2차시에 실시하려는 계획도 했다. 그러나 한문 교육 현장의 현실적 여건도 고려하였고, 현장 적용의 어려움 등도 고려하여 가급적 1차시에 산문 텍스트 1편을 학습하는 모형의 형태로 결정하게 되었다.

다음은 '공통 탐구Ⅱ' 단계를 수행한 모둠별 결과를 정리한 것이다.

〈표Ⅴ-5〉 공통 탐구Ⅱ에 대한 모둠별 결과

모둠결과	이 유
국난 극복	김유신이 나라가 어려울 때 나서서 해결하기에
유신지고천	김유신이 뜻을 두어 하늘에 고하다
통일 소년	통일을 위해 애쓰는 남자이기 때문
개천 김유신	나라를 구하는 김유신을 비유해, 하늘을 여는 김유신
통일 성인	통일을 이루는 성인
나라위해 올인	나라에 몸바쳐 일을 할 사람이기 때문
영웅 본색	김유신이 나라를 지킬 영웅이라고 생각되어

〈표Ⅴ-5〉에 제시된 결과는 모둠별 토의를 거쳐 정해진 아이디어이다. '국난 극복, 영웅 본색' 같은 익숙한 단어로 생각을 표현하기도 했으며, '유신지고천, 개천 김유신, 통일 성인'처럼 한문 창작을 시도하기도 했다. 또한, '통일 소년, 나라 위해 올인'처럼 개성 넘치는 생각들이 잘 반영되었다. 앞 장에서도 살펴보았듯이 처음 연구 참여 교사가 발문할 때 5자 이내의 성어(成語)로 표현하도록 하는 바람에, '유신지고천, 개천 김유신, 통일 성인'과 같은 한문 창작을 시도하는 결과가 나온 것으로 보인다. 어쨌든 쉬운 표현이면서 산문 텍스트의 내용·의미·주제 등과 통하도록 최대한 창의적 사고(思考)를 이끌어 내어야 하겠다.

다음은 '공통 탐구Ⅱ수행' 단계에 대한 학생들의 반응을 살펴본 것이다.

S1 : 본문 내용을 5자로 표현하는 것은요, 자기가 표현하고자 하는

것을 압축해서 표현하는데 그게 어휘가 부족하다 그러면 생각이 나지 않을 수도 있잖아요? 그래서 부족하면 표현하는 데 어려움이 있을 것 같아요.

S2 : 5자 표현은 약간은 오락성이 가미된 느낌이 있다고 생각해서 좋았다고 봅니다. 나중에 시험 공부를 할 때도 글의 주제, 그런 것들을 나만의 5자로 표현할 수 있잖아요?

R : 그렇죠.

S2 : 시험 주제에 나오는 글을 나름대로 파악해서 공부할 수 도 있는 좋은 방법이고, 앞에서 자전을 찾고 나름의 해석을 하고 모둠 해석을 한 활동들은 지금까지 한문 수업과 연계가 되는 활동이었는데, 5자 표현 활동은 한문에서는 전혀 접해보지 못하는 거였고, 이번에 처음 하는 활동이었는데 약간 오락성도 가미되고, 저희 반이 약간 그런 부분을 잘하기 때문에 좋았던 것 같아요.

S4 : 5자로 압축하게 되면 내용을 전체적으로 한 번 봐야 하기 때문에, 전체적으로 내용을 이해할 수 있었어요.

S6 : 5자로 표현하려면 전체를 어차피 읽게 되니까, 그게 좋았던 것 같아요.

S8 : 사실 1시간 수업하고 내용을 기억하기 어렵잖아요. 그런데 자신의 생각을 5자로 표현해서 그것을 기억하게 되면 자신 있게 된 것 같아요.

R : 사실 이 부분은 제가 의도하기로는 우선 창작을 의도했어요. 그래서 '국난극복'이라든지 기존에 있는 성어들 말고 아까 나온 '나라 위해 올인' 또는 '통일 올인'같은 약간의 외국어가 들어가든, 통신언어가 들어가든 그것은 개의치 않고 어쨌든 내용을 이해해가지고 창작을 하는 것으로 의도했다. 그 만큼 창의적인, 어떤 면에서는 톡톡 튀는 여러분들의 창의적인 생각을 의도했는데, 어쨌든 몇 개 조는 그 의도대로 잘 활동했던 것 같아요. 이 정도로 마무리 하죠

〔집단 탐구 중심 산문 독해 모형 적용 학생면담 전사본 中에서〕

위의 면담 자료를 보면, 어휘가 부족하면 표현하는 데 어려움이 있을 수 있다는 의견이 있었지만, 전체적으로 긍정적 반응을 보이고 있다. 즉, 약간의 오락성이 있었다, 내용을 기억하기가 쉬웠다, 내용을 전체적으로 이해할 수 있었다는 등 '공통 탐구II 수행' 단계에 대해 호의적인 반응을 나타냈다.

산문 텍스트를 활용한 교수 - 학습 모형은 '집단 탐구 중심 산문 독해 모형'이다. 여기서 심화 독해 중심은 곧 단문을 통해 익힌 독해의 기초를 바탕으로, 산문 텍스트를 이해하고 감상하는 것을 말한다. 즉, 필자가 구안한 모형은 학습자로 하여금 이러한 산문 텍스트에 대해 창의적으로 사고할 수 있도록 하며, 나아가 비판적으로 이해하고 감상할 수 있게 할 것이다.

3. 독자 반응 중심 한시 감상 모형

'독자 반응 중심 한시 감상 모형'은 연구 참여 교사로 선정된 대전 소재 H고등학교에 근무하는 P교사가 2학년 1반 학생들에게 2차시에 걸쳐 적용하였다.

필자는 모형 적용 수업을 캠코더로 녹화하면서 참여 관찰하였으며, 수업 후에는 모둠별로 1명씩 총 8명의 학생들과 집단으로 심층 면담을 실시하였다. 또한 연구 참여 교사와도 심층 면담을 실시하였으며, 이밖에 교수 - 학습 과정안, 개별・모둠별 활동지, 한문 교과 흥미도 조사지 등 관련 문서 자료도 수집하였다. 이처럼 자료를 다각도로 수집하여, 전사(transcription)와 코딩(coding)의 단계를 거쳐 자료를 반복적으로 비교 분석하였다.

이 절에서는 먼저 '독자 반응 중심 한시 감상 모형'을 적용하는 과정에서 단계별로 어떤 양상을 보였는지에 대해 살펴볼 것이다.

또한 이를 통해 한문과 교수 - 학습에서 모형이 지니는 의미에 대해서도 논의할 것이다.

가. 단계별 적용 양상

1) 반응 자료 제시

연구 참여 교사인 P교사는 근무하고 있는 학교에서 사용하는『한문』교과서[129]에서 모형 적용을 위한 본시 학습의 한시 텍스트를 추출하였다.

필자는 P교사에게 이메일을 통해 모형의 이론과 이를 구체화한 교수 - 학습 절차를 제공하였다. P교사는 필자가 제공한 자료를 토대로 본시 교수 - 학습 과정안을 다음과 같이 작성하였다.

〈표Ⅴ-6〉 독자 반응 중심 한시 감상 모형 적용 수업 과정안(1차시)

<table>
<tr><td colspan="2">대 단 원</td><td colspan="2">Ⅵ.시의 향기</td><td>소단원</td><td>十二. 離別</td><td>차시</td><td colspan="2">1/2 차시</td><td>모형의 절차</td></tr>
<tr><td colspan="2">학습 목표</td><td colspan="7">1. 칠언절구의 형식과 특성을 안다.
2. 협동학습을 통하여 한시를 해석한다.</td><td></td></tr>
<tr><td colspan="2">학습 지도 자료</td><td>교사</td><td>노트북컴퓨터, 프로젝션TV</td><td>학생</td><td colspan="4">유인물, 교과서, 자전.</td><td></td></tr>
<tr><td rowspan="2">단계</td><td rowspan="2">학습 내용</td><td colspan="5">교 수 - 학 습 활 동</td><td rowspan="2">시간</td><td rowspan="2">지도상 유의점</td><td rowspan="2"></td></tr>
<tr><td colspan="2">교 사</td><td colspan="3">학 생</td></tr>
<tr><td>도
입</td><td>전시 학습

학습 동기 유발</td><td colspan="2">◦전시에 배운 학습 내용 확인

◦우리의 삶은 수많은 만남과 이별로 연유되어 있습니다. 만남은 우리에게 즐거움을 주지만 이별은 때로 커다란</td><td colspan="3">◦借鷄騎還의 줄거리를 말한다.
◦소설이나 영화 등을 통해 간접 체험한 이별 장면을 연상하면서 그 분위기에 젖어 본다.</td><td>10분</td><td>편안한 분위기 유도</td><td>1단계 : 반응 자료제시</td></tr>
</table>

129) 김경수 · 김성룡 · 김봉숙 · 김평호 공저,『고등학교 한문』(서울 : 교학사, 2002)

	학습 내용 소개 학습 목표 제시	슬픔으로 인한 괴로움을 주기도 합니다. 특히 다정한 사람과 어쩔 수 없이 헤어져야 하는 때도 있는 것입니다. ◦오늘은 이런 정한을 아름답게 묘사한 정지상의 대동강을 공부하려고 합니다. 시의 형식을 먼저 알아보고, 이별을 대하는 옛 선인들의 모습과 오늘날의 모습을 대비시키며, 아름다운 봄날의 서정을 느껴보는 일은 참으로 의미있는 일이라고 생각됩니다. 우선 이시의 지은이에 대해 말해 보도록 합시다. ◦본시 학습목표를 제시한다.	◦정지상은 고려 때의 문신이며 시인입니다. 묘청의 난과 연루되어 김부식에게 죽임을 당한 아까운 사람입니다. 호는 남호(南湖)입니다. ◦본시 학습목표를 인지하며, 문제해결을 위한 학습방법을 구안해 본다.		학습자의 배경지식이나 경험을 활성화	
전 개	내용 이해 및 분석	◦한시 협동 학습 수행지를 배부한다. ◦한시 해석상의 유의점을 읽어가며 설명하고 자전에서 한자를 찾도록 시킨다. ◦교사가 선창을 하고 학생들은 후창을 하여 낭독한다. ◦학생들에게 일단 직역을 해서 수행지에 적게 한다. ◦일단 학생들이 직역이 끝났으면 나와 친구	◦한시 협동 학습 수행지를 받고 한자의 훈과 음을 자전에서 찾아 쓴다. ◦한자를 다 찾았으면 음독을 발표시킨다. ◦직역에 충실하도록 혼자 해석하기를 한다. ◦다른 학생들의 직역과 비교한다.	32 분	학생의	2단계 : 반응의 형성 텍스트 낭독

		의 해석이 다른 것을 찾아 쓰도록 한다. ◦ 모둠의 전체 토론을 유도하고 모둠 전체 토론 후 해석을 적도록 한다. ◦ 7언시의 끊어 읽는 방법을 힌트로 주어 해석에 도움이 되도록 유도한다. ◦ 몇 개의 모둠 중에서 해석을 발표토록 한다. ◦ '나의 생각'란에 학습자가 자신의 경험과 관련지어 자유롭게 표현할 수 있도록 분위기를 조성한다. ◦ 전문가 해석 유인물을 나누어 주어 학생들의 반응을 명료하게 한다.	◦ 모둠별 토론을 통하여 종합된 '모둠 해석'을 수행지에 작성한다. ◦ 종합토론이 끝난 해석을 발표한다. ◦ '나의 생각'란에 자신의 생각이나 느낌을 쓴다. ◦ 전문가 해석 유인물을 통하여 한시에 대하여 명료하게 이해한다.		확산적 사고를 유도 프로젝션 TV를 통해 설명	3단계 : 반응의 명료화
정리	정리 및 평가	◦ 수업 했던 내용을 읽고 해석을 통하여 정리한다.	◦ 잘 듣고 정리한다.			4단계 : 반응의 심화
	차시 예고 및 과제 제시	◦ 한시 협동학습 수행지(2차시)를 나누어주어 다음시간에 송인이라는 시를 읽고 감상문을 작성할 수 있도록 방법을 안내해 준다.	◦ 차시에 관련된 준비물 및 자료를 파악한다.	8분		

위의 1차시 수업 지도안을 살펴보면, 앞서 단문과 산문 텍스트의 교수 - 학습 모형을 적용한 연구 참여 교사들과 마찬가지로 필자가 제시한 모형의 단계별 명칭을 학습단계의 명칭으로 사용하지 않고

있음을 알 수 있다. 물론 지도상의 유의점 옆에 모형의 절차에 따른 단계를 예시했지만, 여전히 '도입, 전개, 정리'라는 일반적인 학습 단계를 사용하였다. 이것으로 볼 때 P교사는 필자가 개발한 '독자 반응 중심 한시 감상 모형'을 정형화되고 체계화된 수업의 틀로 보기보다는 교수 - 학습의 전략이나 과정으로 이해한 것으로 보인다. 그러나 수업 적용을 마친 후에 면담 과정에서 '단계'라든지 '시스템'이라든지 하는 용어를 사용한 것으로 보아, 필자가 개발한 모형이 수업의 체계화된 틀이라는 인식의 변화를 엿볼 수 있었다.

위의 수업 지도안의 특징은 모형의 학습 요소에는 없었던 '전문가 해석' 자료를 제시했다는 점이다. 이러한 '전문가 해석' 자료는 1차 반응 표현 활동인 '나의 생각'을 적는 활동이 끝난 후, 2차 반응 표현에 앞서 예시(例示)로써 제시했다. 물론 반응 명료화를 위해 한시를 이해하고 감상하는 데 도움을 줄 수도 있겠지만, 지나친 비계(飛階 : scaffolding) 제공으로 인해 오히려 독자 반응을 형성하는 데 방해가 될 수도 있다. 이에 대한 연구 참여 교사와 학생들의 입장은 뒤에 다시 논의될 것이다. 다음은 적용 모형의 2차시 수업 지도안이다.

〈표V-7〉 독자 반응 중심 한시 감상 모형 적용 수업 과정안(2차시)

<table>
<tr><td colspan="2">대 단 원</td><td>VI. 시의 향기</td><td>소단원</td><td>十二. 離別</td><td>차시</td><td>2/2 차시</td><td>모형의 절차</td></tr>
<tr><td colspan="2">학습 목표</td><td colspan="5">1. 감상문을 통해 한시의 내용을 내면화한다.</td><td></td></tr>
<tr><td colspan="2">학습 자료</td><td>교사 / 프로젝션TV</td><td colspan="2">학생</td><td colspan="2">유인물, 교과서, 자전.</td><td></td></tr>
<tr><td rowspan="2">단계</td><td rowspan="2">학습 내용</td><td colspan="2">교 수 - 학 습 활 동</td><td rowspan="2">시간</td><td rowspan="2">자료및 지도상 유의점</td><td rowspan="2" colspan="2"></td></tr>
<tr><td>교 사</td><td>학 생</td></tr>
<tr><td rowspan="2">도입</td><td>전시 학습</td><td>◦전시에 배운 학습 내용 확인한다.</td><td>◦송인을 따라 읽는다.
◦한시를 풀이한다.</td><td rowspan="2">5분</td><td rowspan="2">편안한 분위기에서 자신의 생각을 표현하</td><td rowspan="2" colspan="2"></td></tr>
<tr><td>학습 동기</td><td>◦한시 협동학습 수행지(2차시)를 나누어주</td><td>◦학생들은 수업시간에 할 일을 안내받고 모둠</td></tr>
</table>

	유발 학습 내용 소개 학습 목표 제시	었던 내용을 모둠별로 돌려서 읽고 가장 잘된 작품을 1편씩 선정하여 발표하는 것으로 수업을 해나갈 것을 안내해 준다. ◦본시 학습목표를 제시한다.	별로 무엇을 해야 할지 안다. ◦본시 학습목표를 인지하며, 문제해결을 위한 학습방법을 구안해 본다.		도록 유도	
전개	감상문 돌려 읽기 대중 가요와 비교 하기	◦모둠별로 학생들이 작성한 감상문을 돌려 읽도록 시킨다. ◦감상문이 잘된 작품을 찾도록 토의 시킨다. ◦모둠별로 감상문을 발표시킨다. ◦교과서 116쪽에 나오는 이야기 마당을 펴도록 시킨다. ◦아울러 컴퓨터를 이용하여 조성모의 상처라는 노래를 직접 듣게 하고 송인과 상처에 나타난 정서를 유인물에 모둠별로 작성토록 한다.	◦학생들은 다른 사람의 감상문을 읽고 잘된 작품을 선정한다. ◦학생들은 토론을 통하여 잘된 작품을 선정하고 발표 준비를 한다. ◦모둠별로 감상문을 발표한다. ◦조성모의 상처라는 가사를 읽게 시킨다. ◦노래를 듣고 모둠별로 유인물의 표를 채운다.	40분	유인물	4단계 : 반응의 심화
정리	정리 및 평가 차시 예고 및 과제 제시	◦유인물의 표를 채우면서 정리한다. ◦성독을 통해 송인이라는 시를 반복하여 정리한다. ◦다음시간에 배울 정몽주의 山水라는 시를 안내해 준다.	◦잘 듣고 정리한다. ◦학생들은 따라 읽으면서 정리한다. ◦차시에 관련된 준비물 및 자료를 파악한다.	8분		5단계 : 반응의 일반화

위의 2차시 수업 지도안을 살펴보면, 원래 필자가 의도했던 2차 반응 활동이 감상문 쓰기로 수정되었음을 알 수 있다. 필자는 모둠별로 한시와 관련된 다른 텍스트를 선정하여 역할 분담을 통해 협동적인 발표가 되기를 기대했다. 그러나 P교사는 인문계 고등학교라는 현실성과 한문 교과에 대한 낮은 흥미도 등을 들어, 개인별로 한시에 대한 반응을 심화시켜서 감상문을 쓰는 활동으로 수정하였다. 이에 대한 논의는 해당 단계별 적용 양상에서 자세히 살펴볼 것이다.

비록 현실적 여건으로 인해 모형의 수정이 있었으나, 모형의 절차상에는 변함이 없다. 즉, 2차 반응의 틀은 그대로 유지된 채 반응의 표현 방법이 수정된 것이기 때문이다.

P교사는 텍스트를 제시하기에 앞서 '送人'이라는 한시의 제목을 보고 다음과 같이 학습자의 배경 지식이나 경험을 활성화 시켰다.

T : 어떤 것으로 해석할지는 여러분들이 자세히 보고 판단을 해야 합니다. 그럼, 뭐라고 해석하면 될까요?
S3 : 人을 보내다!
T : 人자 무슨 人자죠?
SS : 사람人 자!
T : 사람인 자니까, 직역을 하면 어떻게 될까?
SS : 사람을 보내다.
T : 그래, 사람을 보낸다는 얘긴데, 사람이 어떤 사람이죠? 모르는 사람을 보낸다는 건가요?
S5 : 친구!
T : 친구이거나 혹은?
S6 : 애인!
T : 그래, 자기가 사랑하는 사람이거나 그렇겠죠?
SS : 네!
T : (그렇다면) 人자를 임으로 해석할 수도 있겠죠? '임을 보내며' 정도로 해석할 수도 있습니다.

〔독자 반응 중심 한시 감상 모형 적용 수업 전사본 中에서〕

P교사는 위에서처럼 '人'자에 대한 생각을 '사람, 어떤 사람, 모르는 사람, 아는 사람, 친구, 애인, 자기가 사랑하는 사람, 임' 등으로 다양하게 반응을 표현함으로써, 학생들의 배경 지식이나 경험을 활성화시켰다. 그런 다음 학습 목표를 제시한 후, 개별 활동지를 통해서 비로소 한시 텍스트를 제시하였다.

2) 반응의 형성 및 명료화

이 단계의 주된 활동 내용은 학습자가 한시 텍스트에 대해 1·2차 해석의 과정을 거친 후에, 개별적으로 한시 텍스트에 대한 1차 반응(反應)을 표현해 보는 활동이다.

먼저 연구 참여 교사는 개별 활동지를 나눠주면서 자전을 이용해 한자의 음과 뜻을 찾도록 했다.

> T : 자, 그럼 이제부터 나눠 준 한시 협동 학습 수행지를 역할을 분담하여 자전을 이용해 한자의 음과 뜻을 찾아보는 거에요. 그런데 한 가지 주의해야 할 것은, 자전에 보면 꼭 한 글자가 하나의 뜻만 나온 것이 아니라, 여러 개 뜻으로 나온 경우가 많아요. 그것까지 다 찾아서 그 밑에다 쓰면 되겠어요.
>
> 〔독자 반응 중심 한시 감상 모형 적용 수업 전사본 中에서〕

그런데 이 과정에서 P교사는 자전에 나와 있는 음과 뜻을 활동지에 모두 적도록 했다. 물론 P교사는 이러한 방법을 통해 문맥에 따라 뜻이 달라질 수 있는 한자의 특성을 이해시키려는 의도가 있었겠지만, 결과적으로 해석에 불필요한 뜻까지 모두 적음으로써 자전 찾기에 시간이 많이 걸리고 말았다. 차라리 한자의 대표 훈과 음만 적고 나서 해석을 하는 과정에서 문맥에 맞지 않는 경우, 다시 찾는 과정이 오히려 시간 관리상 효율적일 수 있다. 그리고 이러한 다시 찾기 과정은 학습자가 오역(誤譯)했을 경우, 다시 수정해가는 과정을 통해 스스로 한문 독해 능력을 신장시키는 데도 도움을 줄 수 있을 것이다. 이에 대한 논의는 이미 산문 텍스트를 적용한 모형에서 그 가능성을 찾은 바 있다.

연구 참여 교사는 한시 텍스트를 학생들과 함께 낭독한 후, 1·2차 해석을 하도록 안내했다.

> T : 자, 그럼 이제부터 '혼자 해석하기'란을 채워보세요. 주로 직역 위주로 혼자서 해석해 보세요. 혼자 해석을 해 본 다음에 잘 안 되는 것이 있고 하면 같은 모둠별로 서로 토론을 해서 '모둠 전체의 토론 후 해석'까지 해보세요.
>
> 〔독자 반응 중심 한시 감상 모형 적용 수업 전사본 中에서〕

그러나 위에서처럼 1차 해석인 '혼자서 해석하기'와 2차 해석인 '모둠별 해석하기'를 함께 묶어서 활동하도록 하였다. 이와 같은 문제점은 앞서 단문 텍스트를 활용한 모형의 적용에서도 제기되었듯이, 자칫 '혼자서 해석하기' 활동이 위축될 우려가 있다. '혼자서 해석하기' 활동은 투박하지만 나의 목소리가 배어 있기 때문에, 한시 감상에서 자기 반응을 표현하는 데 중요한 의미를 지닌다고 볼 수 있다. 따라서 1차 해석과 2차 해석을 구분하여 활동이 이루어지도록 해야 할 것이다. 필자는 모형 구안시 '텍스트 낭독'을 1차 해석과 2차 해석 사이의 매개 단계로 설정했으나, 상황에 따라 '교사의 비계'도 가능하리라 본다.

P교사는 1·2차 해석 활동이 끝난 후, 한문 텍스트에 대한 1차 반응을 개별적으로 표현해 보도록 했다.

> T : 자, 이제 활동지 6번 '나의 생각'란에 자신의 생각이나 느낌을 써보세요. 두 구씩 묶어서 생각을 쓰면 되겠죠! 되도록이면 자신의 경험과 관련지어 자유롭게 표현하도록 하세요.
>
> 〔독자 반응 중심 한시 감상 모형 적용 수업 전사본 中에서〕

위의 교사 발문에서처럼 자신의 경험과 관련지어 가능한 구체적인 내용으로 자유롭게 반응을 표현하도록 안내했다.

다음은 발표한 학생들의 1차 반응 자료들이다.

〈표Ⅴ-8〉 독자 반응 중심 한시 감상 모형 적용의 1차 반응자료

발표 학생	나의 생각
1모둠의 S11	〈1·2구〉 자연물로 현재의 처지를 생동감 있게 묘사했고, 임을 떠나보내며 노래를 부르는 것에 대해 슬픔이 깊어졌습니다. 〈3·4구〉 대동강 물로 화자의 슬픔에 끝이 없다는 것을 알았고, 매해마다 슬픔이 커짐을 알았습니다.
8모둠의 S81	〈1·2구〉 자연적인 현상을 보고 있는 것, 임을 보내며 슬픈 노래를 부르는 것 등 연인들의 생각은 예나 지금이나 다 비슷하다고 보았습니다. 〈3·4구〉 말도 안 되는 것에 비유하면서 자신을 표현하려고 애쓰는 사람 같았다. 마치 자신을 온 세상에 알리기 위해 허풍떠는 것 같았습니다.
4모둠의 S42	〈1·2구〉 자연 경관과 이별하는 상황의 대조가 매우 두드러져 효과를 본다고 생각했어요. 〈3·4구〉 이별로 인한 슬픔의 크기를 강물에 흘려보내는 것 같다고 생각했어요.
6모둠의 S61	〈1·2구〉 자연적인 배경으로 자기 슬픔을 대조적으로 표현한 것이 훌륭하다고 생각했고요. 〈3·4구〉 대동강에 자신의 감정을 이입해서 임을 그리워한다는 슬픔을 잘 표현한 것 같습니다.
5모둠의 S51	〈1·2구〉 여자 친구와 헤어졌을 때의 모습이 생각났습니다. 그 때는 낙엽이 지고 바람이 몹시 불었습니다. 〈3·4구〉 눈물이 나기보다는 왠지 시원섭섭한 느낌으로 기억됩니다.

위의 반응 자료를 살펴보면, S81과 S51학생은 각각 자신의 경험과 관련지어 '연인이나 여자 친구'를 떠올려 자유롭게 반응한 것을 표현하였다. 그러나 나머지 대부분의 학생들은 한시 구절을 풀이하거나 설명하는 수준에서 반응했음을 알 수 있다. 이 같은 이유에 대해 연구 참여 교사는 좀 더 세심한 안내가 부족했다고 반성적

으로 이유를 찾고 있다. 결국 1차 반응의 표현 활동을 통해 학생들의 경험과 관련짓는 다양한 수업 기법이나 전략을 모형의 내용 요소에 보완해야 할 것이다.

1차 반응 표현인 '나의 생각'을 적는 활동이 끝난 후, P교사는 '전문가 해석' 자료를 학생들에게 나누어주었다. 다음은 P교사의 발문이다.

T : (모둠별로 자료를 나눠주면서) 그럼 대학 교수가 해석한 송인에 대해 풀이해 놓은 것이 있는데, 한번 읽어 보세요. 그럼 좀 더 송인에 대해 이해가 쉽게 될 거에요. 여러분들이 해석하고 이해했던 부분들에 대해 확인할 수도 있을 겁니다. 알겠죠?

SS : 네!

〔독자 반응 중심 한시 감상 모형 적용 수업 전사본 中에서〕

위의 교사의 발문을 보면, '전문가 해석' 자료를 통해 한시 자체에 대해 심도깊게 이해하려는 것이 목적임을 알 수 있다. P교사는 왜 필자가 구안한 모형의 학습 요소에도 없었던 '전문가 해석' 자료를 제시했는가? 다음은 P교사와의 면담 자료이다.

R : 전문가 해석이죠. 네 그것은 왜 제시했나요?

T : 그것을 나눠준 이유는 시에 대한 감상이 안 된 상태에서 감상 숙제를 내면 효과가 없을 것 같아서, (음) 그것에 대한 장치로서 한시에 대한 설명이 부족한 부분을 보충하고 학생들의 생각을 정리하여 쓸 수 있는 자료로서 제공한거죠.

R : 지금 말씀은 뒷부분의 감상 활동을 위해 도움을 주기 위해 제시했다는 거죠?

T : 그렇죠.

〔독자 반응 중심 한시 감상 모형 적용 수업 전사본 中에서〕

위 자료에서 밝혔듯이, P교사는 다음 단계인 2차 반응 활동을 위해 한시 텍스트에 대해 충분히 이해하고 감상할 목적으로 '전문가 해석' 자료를 제시했음을 알 수 있다. 그러나 '전문가 해석' 자료가 한시 자체에 대한 이해와 감상에는 도움을 줄 수 있겠지만, 본문에 대한 지나친 비계(飛階 : scaffolding) 제공으로 인해 오히려 학생들의 다양한 반응을 한쪽으로 치우치게 할 가능성이 크다. 따라서 한시 작품과 관련된 시청각 자료(視聽覺資料) 등을 활용하여 학생들의 다양한 경험과 관련지어 반응을 이끌어낼 수 있도록 분위기를 만드는 것이 더 효과적일 수 있다.

3) 반응의 심화

이 단계는 본문의 한시 작품과 관련 있는 다른 텍스트를 선정하여 연관짓는 2차 반응 활동이다. 앞서 연구 참여 교사의 수업 지도안 검토에서 살펴보았듯이, 원래 필자가 의도했던 활동은 모둠별로 음악적 텍스트를 선정하여 공동 창작의 과정을 거친 모둠별 감상 활동이었다. 그러나 P교사는 인문계 고등학교의 현실적 여건, 한문 교과에 대한 낮은 흥미도 등을 이유로 들어 모형을 수정하였다. 물론 모형의 절차상에는 큰 변화가 없으나, 세부적인 활동 요소의 방법이 수정된 것이다.

연구 참여 교사가 모형을 수정하여 새롭게 적용한 활동은 '감상문 돌려 읽기를 통한 한시 내용의 내면화'였다. P교사는 1차시 때 과제로 제시했던 한시 감상문을 모둠별로 돌려 읽으면서, 잘된 작품을 모둠별로 한 편씩 토의를 통해 선정토록 했다. 학생들은 모둠별로 감상문을 돌려 읽는 활동은 잘 이루어졌으나, 잘된 작품 하나를 선정하는 것은 힘들어 보였다. 이 과정에서 연구 참여 교사는 모둠별로 순회(巡廻)하면서 잘된 작품을 주로 운문(韻文) 위주로 선정할 수 있도록 조언을 하였다. 이는 필자가 개발한 '독자 반응 중심 한시 감상 모형'의 절차를 설명한 부분에서, 한시의 음악적 특성을 고려하여 '현대시'나 '대중 가요' 같은 음악적 텍스트로 한정한 것과 같은 맥락에서 지도가 이루어진 것으로 볼 수 있다. 그 결과 대중 가요나 문학 작품에서 시가, 가사, 현대시 등과 관련지어 감상문을 쓴 것들을 중심으로 잘된 작품이 선정되었다.

감상문 중의 하나를 예시하면 다음과 같다.

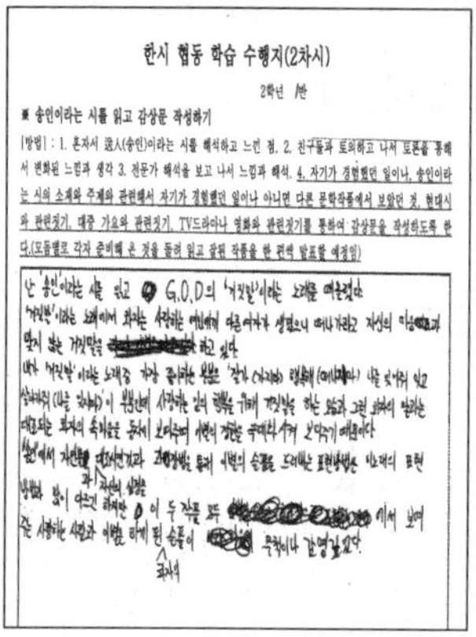
한시 협동 학습 수행지(2차시)

2학년 /반

※ 송인이라는 시를 읽고 감상문 작성하기

[방법] : 1. 혼자서 送人(송인)이라는 시를 해석하고 느낀 점. 2. 친구들과 토의하고 나서 토론을 통해서 변화된 느낌과 생각 3. 전문가 해석을 보고 나서 느낌과 해석. 4. 자기가 경험했던 일이나, 송인이라는 시의 소재와 주제와 관련해서 자기가 경험했던 일이나 아니면 다른 문학작품에서 보았던 것, 현대시와 관련짓기, 대중 가요와 관련짓기, TV드라마나 영화와 관련짓기를 통하여 감상문을 작성하도록 한다.(모둠별로 각자 준비해 온 것을 돌려 읽고 잘된 작품을 한 편씩 발표할 예정임)

〈한시 협동 학습 수행지(2차시)〉
※ 송인이라는 시를 읽고 감상문 작성

난 '송인'이라는 시를 읽고 G.O.D의 '거짓말'이라는 노래를 떠올렸다. '거짓말'이라는 노래에서 화자는 사랑하는 여인에게 다른 여자가 생겼으니 떠나가라고 자신의 마음에 맞지 않는 거짓말을 하고 있다.

내가 '거짓말'이라는 노래 중 가장 좋아하는 부분은 '잘가(가지마) 행복해(떠나지마) 나를 잊어줘 잊고 살아가줘(나를 잊지마)' 이 부분인데 사랑하는 임의 행복을 위해 거짓말을 하는 모습과 그런 화자의 말과는 대조되는 화자의 속마음을 동시에 보여주며 이별의 정한을 극대화시켜 보여주기 때문이다.

'송인'에서 자연물과 자신의 심정을 대조시킨 것과 과장법을 통해 이별의 슬픔을 드러내는 표현 방법은 이 노래의 표현 방법과 많이 다르긴 하지만, 이 두 작품 모두 사랑하는 사람과의 이별의 슬픔을 보여주어 무척이나 감명 깊었다.

〈그림16〉 독자 반응 중심 한시 감상 모형 적용의 2차 반응자료

위의 〈그림16〉의 2차 반응 자료를 보면, 대중 가요라는 음악적 텍스트와 한시 작품을 관련지어 이별의 슬픔이라는 정서를 학습자 스스로 내면화(內面化)하여 감상하는 모습을 볼 수 있다.

한시 감상문 쓰기가 자칫하면 개인별 활동이 될 수도 있었으나, 감상문을 돌려 읽고 토의를 통해 모둠별로 한 작품씩 선정하도록 하는 활동을 함으로써 협동적 반응 활동이 가능하였다. 아울러 다른 텍스트와의 연관 짓기 활동을 통해, 한시 작품을 보다 폭 넓게 감상할 수 있었다.

4) 반응의 일반화

평가는 두 차례에 걸쳐 모둠별 평가 및 개인별 평가를 병행하였다. 1차시 수업 때는 1차 반응 자료인 '나의 생각'을 모둠별로 한 명씩 발표하였으며, 2차시 수업 때는 2차 반응 자료인 '한시 감상문'을, 마찬가지로 모둠별로 돌아가면서 잘된 작품을 뽑아 발표하도록 했다.

연구 참여 교사인 P교사는 개인별 평가의 하나로, 교과서에 수록된 대중 가요와 한시 작품을 비교해 보는 평가도 실시하였다. 다음은 P교사가 학생들에게 나눠준 개인별 평가 활동지이다.

〈개인별 평가지〉

十二. 離 別

2학년　반　번 이름　　.

□ 지난 시간에 우리는 정지상의 '送人(송인)'이라는 작품을 배웠습니다. 다음은 조성모의 '傷處(상처)'라는 대중가요의 가사입니다. 시적 정서나 가사의 내용을 곰곰이 살펴보면 많은 차이를 가지고 있습니다. 이별에 대한 우리 선인들의 정서와 현대인의 정서를 서로 비교하여 봅시다.

1. 送人(송인)과 傷處(상처)의 정서 비교

구분	送人(송인)	傷處(상처)
형식	7언의 정형시	
운율감	각운에 의한 규칙적 리듬	
정서	애상적	
임에 대한 태도	영원히 잊을 수 없는 임	
이별을 바라보는 태도	한없는 슬픔	

2. '상처'의 현대적 정서

상처가 더 깊어지지 않게 해 달라는 말 속에 사랑을 못 잊겠다는 다짐보다는 그것은 한순간 어설픈 인연이었고, 잔인하고 냉정한 사람이었다고 자기 사랑을 격하시키고 있다. '상처' 속에 나타난 이별은 비극적이라기보다는 오히려 희극적이다. '상처'의 리듬이 빠르고 경쾌한 것 역시 이와 무관하지 않다.

〈그림17〉 독자 반응 중심 한시 감상 모형 적용의 개인별 평가활동지

위의 활동지의 1번 항목의 비교 기준을 보면, '형식'이나 '운율감'

같은 항목들은 인지적(認知的) 학습 요소들이다. P교사는 이러한 학습 요소에 대해 사전 지식을 제공하지 않아 학생들이 주어진 빈칸을 채우는 데 어려움이 있었다. 따라서 항목 중에 '정서'나 '태도' 등의 정의적(情意的) 요소들에 중점을 두고 텍스트 상호 간에 비교를 하는 것이 바람직했을 것이다. 결국, '개인별 평가 활동'은 내용을 정리하고 평가하는 활동이라기보다는 심화 학습의 성격이 강했다. 필자는 모형의 절차에서 평가와 정리의 방법으로 낭독법을 제시했는데, 이러한 낭독의 방법을 통해 본문을 정리해 주는 것이 학습자가 한시의 내용을 음미하며 반응을 내면화하는 데 더 도움이 될 수 있을 것으로 기대된다.

지금까지 '독자 반응 중심 한시 감상 모형'을 적용하는 과정에서 단계별로 어떤 양상을 보였는지에 대해 살펴보았다. 먼저 '텍스트 제시' 단계에서는 텍스트를 선정하는 과정을 살펴보았는데, 연구 참여 교사가 근무하는 학교에서 사용하고 있는『한문』교과서 내에서 한시 텍스트를 선정하였다. 또한 P교사는 한시 제목을 통해 학생들의 배경 지식이나 경험을 활성화시킨 다음, 텍스트를 제시하였다.

'반응의 형성 및 명료화' 단계에서는 학생들이 개별적으로 한시에 대해 '1차 반응'을 표현하는 활동을 했는데, 학생들의 경험과 관련짓는 좀 더 다양한 수업 기법이나 전략의 필요성이 문제점으로 지적되었다.

'반응의 심화' 단계에서는 현실적 여건을 고려해 공동 창작의 형태가 아니라, 개인별로 작성한 감상문을 돌려 읽으면서 한시 내용을 내면화(內面化)하는 활동으로 수정하였다. 이 단계에서도 다른 텍스트와의 관련 짓기를 통한 한시 감상의 외연(外延) 확대를 위한 방법들에 대해 꾸준히 고민해야 할 것이다.

마지막으로 '반응의 일반화' 단계에서는 주로 모둠별·개인별 발표를 통해 평가가 이루어졌으며, 발표에 대한 보상은 없었다. 이 단계에서 내용을 정리하는 방법 중에 낭독의 방법으로 본문을 정리해 주는 것은 학습자의 반응을 내면화하는 데 도움을 줄 수 있을 것으로 기대되었다.

나. 독자 반응을 통한 내면화 실현

필자가 구안한 '독자 반응 중심 한시 감상 모형'의 1차적 목표는 한시의 독해가 되겠지만, 주된 목표는 독해한 한시를 감상하여 학습자 스스로 내면화(內面化)하는 것이라 할 수 있다.

문학 교육에서 내면화(內面化 : internalization)란 문학의 이해와 감상의 결과 한 인간의 내면에서 이루어지는 개성의 자기화(自己化) 과정이다.[130] 마찬가지로 한시 교육에서 내면화란 한시를 이해하고 감상한 결과 학습자의 내면에서 이루어지는 개성의 자기화 과정인 것이다. 다음은 한시에 대해 반응한 학생 자료이다.

> 1구와 2구는 여자 친구와 헤어졌을 때의 모습이 생각났는데, 그 날은 낙엽이 지고 바람이 몹시 불었다. 3구와 4구는 헤어지던 날의 느낌을 떠올렸는데, 눈물이 나기보다는 왠지 시원섭섭한 느낌이었다.
>
> 〔S51 학생의 1차 반응 자료 中에서〕

S51 학생은 한시 텍스트를 자신의 경험과 관련지어 '여자 친구'를 떠올리며 자유롭게 반응하였다. 이는 한시의 이해와 감상을 자기화(自己化)하여 개성적으로 표현한 것으로 볼 수 있다. 이러한 개성적 자기화가 드러난 또 다른 반응 자료를 제시하면 다음과 같다.

> 한시의 형식은 선경후정을 본떠서 만든 것으로, 말 그대로 경치를 보고나서 자신이 처해져 있는 상황에 짜 맞추기를 한다는 것이

130) 서울대학교 국어교육연구소, 『국어교육학사전』(서울 : 대교출판, 2005), 164쪽.

다. 송인의 지은이가 만약 기뻐하는 상황이었다면 온 세상이 좋게 보였겠지만, 지은이는 슬픔에 잠긴 상태였기 때문에 온 세상이 부정적으로 보인 것이다. 사람의 생각에 따라 똑같은 것들이 미치는 영향이 다르다는 것을, 이 한시를 통해서 느꼈다. 내 경험으로는 '비가 개인다'는 것은 안 좋은 일이 지나가고, '풀빛이 곱다'는 것은 새로운 좋은 일이 생기는 것 같다.

〔S81 학생의 2차 반응 자료 中에서〕

S81 학생은 한시 텍스트의 지은이와 자신의 입장을 비교하면서, 결국 자신의 경험과 관련지어 한시에 드러난 경치를 이별의 상황이 아닌 기쁜 소식을 앞둔 상황으로 자기화(自己化)하여 개성적으로 반응하였다.

이러한 학습자의 내면에서 일어나는 자기화의 과정은 내면화의 초기 단계라 할 수 있다. 내면화 단계는 이러한 초기 단계인 자기화의 과정을 거쳐 심화 단계인 '가치의 조직화(組織化)', '인격화(人格化)'의 단계로 나아가게 된다. 이는 학습자가 반응한 정의적(情意的) 영역의 속성과 밀접한 관련을 갖는 것으로서, 학습자가 수용한 가치를 개념화(conceptualization)하고 가치체계(value system)를 내적으로 조직화하여 그것을 자신의 인격 속에 용해시키는 과정(characterization)이다.[131] 그러나 이러한 내면화의 심화 단계는 수업 활동의 범주를 벗어나는 것으로 그 구체적인 양상을 살피기는 어렵다. 다만 아래의 학생 반응 자료를 통해 그 단초(端初)를 엿볼 수 있을 것이다.

고려 가요의 '가시리'에서는 임을 보내는 것에 대해, 임을 보내기 싫어하지만 뭐라고 딱히 말도 못하고 보내고 난 뒤 이별의 슬픔을 표현하는 것이 '송인'과 연결되어 있다. 이미 임은 떠난 뒤다. 왜 떠나가기 전에 헤어지지 않기 위해 열심히 하지 않았는가? 나도 여자

131) 구인환 외, 『문학 교육론』(서울 : 삼지원, 2004), 275~279쪽 참조.

> 친구와 헤어지고 나서 왜 더 열심히 하지 않았나하는 후회도 있었다. 그럴 바에 아예 여자(임)를 만나지 않든지……. 이제는 이별의 일을 빨리 잊고 새롭게 시작해서 자신이 잘못한 일을 뒤돌아보고 다시 같은 실수를 하지 말아야겠다는 생각을 했다.
>
> 〔S51 학생의 2차 반응 자료 中에서〕

S51 학생은 앞서 '여자 친구'와의 헤어진 경험을 떠올려 자유롭게 1차 반응을 표현하였다. 위의 2차 반응 자료를 보면, S51 학생은 한시 텍스트를 통해 자기화(自己化)한 이별의 감정을 때론 체념하기도 하고 때론 수용하기도 하면서, 다시 시작하겠다는 자신의 가치를 조직화(組織化)하고 인격화(人格化)시키는 내면화(內面化) 과정을 그대로 표현하고 있음을 알 수 있다. 결국, 학습자는 한시 감상을 통해 반응한 가치를 체계화하고 인격화하는 내면화(內面化) 과정을 보여주고 있는 것이다.

이러한 내면화라는 것은 일정한 틀 속에서만 실현되는 것은 아니다. 다양한 상황 속에서 오랜 시간을 통해 서서히 실현되는 특성을 지니고 있다. 따라서 교수-학습 상황에서 이를 명시적으로 설정하고 통제하기는 불가능하다. 하지만 문학 교육을 설계하는 과정에서는 '내면화(內面化)'를 의도적으로 고려해야 함은 부정할 수 없는 것이다. 왜냐하면 한시를 포함한 문학 교육의 궁극적 목표는 바로 내면화(內面化)의 실현에 있기 때문이다.

다. 한시 감상의 외연(外延) 확대

필자가 구안한 '독자 반응 중심 한시 감상 모형'은 '반응 중심(反應中心)' 수업을 이론적 토대로 하여 모형을 설계하였다. 반응중심 수업의 일반적 절차는 '반응의 형성 → 반응의 명료화 → 반응의 심화 → 반응의 일반화'이다. 이 중에 마지막 단계인 '반응의 일반화' 단계는 문학 교육의 궁극적 목표인 '내면화 실현'과 맥락을 같이 한다. 필자는 이러한 내면화 실현을 위해 개발한 모형에서 '반응중심 수업'의 절차인 '반응의 명료화'와 '반응의 심화' 단계를, 각각 '1차 반응'과 '2차 반응'의 형태로 적용하였다. 즉 '1차 반응'은 자신의 경험과 관련지은 '나의 생각'을 통해, '2차 반응'은 관련 있는 다른 텍스트와의 연관 짓기를 통해 궁극적으로 내면화 실현을 의도했었다.

앞 절에서는 '1·2차 반응 자료'중에서 주로 자신의 경험과 관련하여 자유롭게 반응한 자료를 통해 내면화의 가능성을 탐색해 보았다. 여기서는 '2차 반응 자료'중에서 한시와 관련 있는 다른 텍스트와의 연관 짓기를 통해 한시 텍스트를 확장적(擴張的)으로 이해하고자 한다. 결국 이러한 한시 감상의 외연(外延) 확대도 궁극적으로는 내면화 실현을 위한 과정인 것이다.

다음은 다른 텍스트를 선정하여 반응한 자료이다.

> '송인(送人)'이라는 시를 해석하고 읽었을 때는 굉장히 슬펐다. 또 나의 생각을 친구들과 토론했을 때 내 생각과 느낌은 친구들과 거의 동일했다. 전문가 해석을 보고 나서는 그 시에 대해 좀 더 깊이 이해할 수 있었다.
>
> 나는 '송인'이라는 이 시를 김소월의 '진달래꽃'과 관련지어 생각해 보았다. '진달래꽃'에서는 임을 보내며 원망·체념 등을 느끼며 슬퍼하지만, '송인'에서는 그저 임을 잃고 슬픔의 깊이만 커지고 있다. 하지만 '진달래꽃'에서는 "죽어도 아니 눈물 흘리오리다"와 송인의 "대동강 물은 어제 마를 것인가?"와 같이 자신들의 감정을 반어법으로 표현한 것에 대해 둘의 이별 상황의 슬픔을 더욱 강조했다는 점에서 두 시는 긴밀한 관계가 있는 것 같다.
>
> 〔S32 학생의 2차 반응 자료 中에서〕

S32 학생은 한시 텍스트를 '진달래꽃'이라는 현대시 텍스트를 선정하여 내용을 비교하였다. S32 학생은 이별에 대처하는 방식이나

슬픔의 정도 등에서 두 텍스트 간 차이가 있으나, 반어적(反語的)인 방법으로 슬픔을 강조했다는 점에서 공통점을 찾았다. 이처럼 다른 텍스트와 관련지어 한시를 바라보게 됨으로써 한시에 대한 단편적인 이해를 넘어 보다 폭넓은 이해와 감상이 가능하리라 기대된다.

이러한 한시 감상의 외연(外延)이 확대되는 반응 자료를 하나 더 제시하면 다음과 같다.

> '송인'이라는 시는 이별시로 문득, 서후의 '내가 아는 그대'라는 노래가 생각났다. 서후의 이 노래는 아마도 남자 친구가 여자에게 이별을 통보했는데 여자가 그것을 받아들이지 못하는 안타까운 마음을 표현한 가사인 듯하다.
>
> 그런데 '송인'에서는 임과 헤어진 후 슬픔을 참지 못하고 하염없이 눈물을 흘리고 있는데, 이 노래에서는 "난 울지 않아요. 그럴 일은 없겠죠"라고 하면서 울음을 참으면서, "착하게 기다린다면 서둘러 와 안아줄거죠"라면서 희망을 버리지 않고 있는 것이 '송인'과 다른 점이다.
>
> 옛날에 지어진 한시가 오늘날 대중 가요와 비교해도 이별의 감정은 큰 차이가 없는 듯하다. 앞으로 이별을 부르는 노래를 들으면 '송인'이라는 한시가 생각날 것 같다.
>
> 〔S61 학생의 2차 반응 자료 中에서〕

S61 학생은 '내가 아는 그대'라는 대중 가요의 가사를 선정하여 연관 짓기를 하였다. S61 학생은 주로 두 텍스트 간의 차이점을 중심으로 비교하였다. 그리고 반응 자료의 끝부분에서 보인 "앞으로 이별을 부르는 노래를 들으면 '송인'이라는 한시를 떠올릴 것"이라는 반응은, 한시 텍스트를 통해 수용한 가치를 체계화하여 내면화(內面化)할 수 있다는 가능성을 보여주었다는 점에서 매우 고무적인 반응이라 할 수 있다.

이러한 대중 가요는 현대 사회에서 가장 접하기 쉬운 음악적 텍스트 중에 하나이다. 학생들은 이러한 대중 가요와 관련 짓기에 대해 어떤 생각을 갖고 있을까? 다음은 학생들과의 면담 자료이다.

S7 : 한시도, 어쨌든 한자로 되어있으니까 거부감부터 들었는데요, 친숙한 가요와 비교하니 약간은 재미있었어요.
(중략)
S4 : 한문을 전에는 그냥 외우기만 했는데, 한시 같은 경우 오늘 현대시나 대중가요와 비교하는 발표를 들어보니, 의미가 다 통해요.
R : 그렇죠.
S4 : 그러니까 한시를 지은 사람의 마음이 지금과 크게 다르지 않구나. 뭐 이런 것을 알 수 있어서 좋았던 것 같아요.
(중략)
S3 : 한시가 잘 모르는 한자로 되어 있어서 딱딱했는데요, 대중가요랑 통하는 것이 있어서 딱딱한 것보다는 느낌이 약간 가깝게 느껴지는 것 같아요.
(중략)
S8 : 이 한시가 내 생활 속에 있었던 일처럼 생각되고, 오래 기억에 남을 것 같아요. 대중 가요 노랫소리를 들으면 옛날 추억이 떠오르듯이 이 한시도 그렇게 될 것 같아요.

〔독자 반응 중심 한시 감상 모형 적용 교사면담전사본 中에서〕

위의 면담 자료를 통해 볼 때, 학생들은 대중 가요 텍스트를 친숙하게 느끼고 있었다. 따라서 이러한 대중 가요 텍스트를 한시와 연관 짓는 활동에 대해서도 흥미를 갖고 적극적으로 반응할 수 있었다. 이처럼 학생들에게 익숙하고 친숙한 다양한 텍스트와의 연관 짓기를 통해 한시를 폭넓게 이해할 수 있을 것이다. 결국 이러한 한시 감상의 외연(外延) 확대는 한시 텍스트를 통해 수용된 가치를 내면화하는 데 기여하리라 본다.

Ⅵ. 결 론

이 책은 이제까지의 한문과 교수 - 학습 방법에 관한 연구의 대부분이, '기법' 차원의 연구에 치우친 점과 '한문 독해 능력'을 위한 연구에 소홀했다는 2가지 문제의식에서 출발하였다. 이러한 문제 해결을 위해 먼저, 이제까지의 한문과 교수 - 학습 방법에 대한 연구 성과를 검토하여 체계화했으며, 이를 바탕으로 '한문 독해'에 대한 전략(戰略)이 반영된 한문과 교수 - 학습 모형을 한문 텍스트 유형별로 구안해보았다. 아울러 개발한 한문과 교수 - 학습 모형을 텍스트 유형별로 각각 교육 현장에 적용하여 각 모형의 실행 양상을 질적 자료를 통해 분석하고 해석하였다. 이러한 연구 성과의 과정을 정리하면 다음과 같다.

제Ⅱ장에서는 한문과 교수 - 학습의 체계화를 위해 교수 - 학습에 대해 이론적이고 과학적으로 이해하고자 했다. 이를 위해 먼저 7차 교육과정과 개정 교육과정에 나타난 한문과 교육의 목표와 내용을 살펴보았으며, 한문과 교수 - 학습에 작용하는 원리와 주요 변인들을 추출하였다.

다음으로 국가 수준의 교육 과정과 학회에 제출된 연구 논문, 그리고 교육 현장의 연구 성과물을 중심으로 한문과 교수 - 학습 방법들을 추출하였다. 이러한 연구 성과를 바탕으로 한문과 교수 - 학습 방법의 체계화(體系化)를 위해 '교육과정의 영역', '교수 - 학습의 형태', '한문 텍스트'라는 3가지 기준을 설정하여, 한문과 교수 - 학습 방법을 범주화하고 유형화하였다.

이어서 한문과 교수 - 학습 방법을 개선하기 위한 연구의 방향으로 '한문 독해 중심'과 '협동 학습 기반', '텍스트 유형별 모형화'를 제시하였다.

제Ⅲ장에서는 앞서 한문 교육에 대한 교육학적 이해와 교수 - 학습 방법의 체계화와 방향에 대한 연구 성과를 바탕으로, 텍스트 유형별로 한문과 교수 - 학습 모형을 구안하였다. '문제 해결 중심 단문 독해 모형'은 한문 문장을 독해하는 기초적인 능력을 신장하는 것이 목표로서, '문제 해결 학습'을 이론적 기초로 하였다. 그러나 '낭독법', '현토 활용법' 등 전통적 한문 교육 방법도 사용함으로써 한문과에 적합한 모형을 구안하고자 했다.

'집단 탐구 중심 산문 독해 모형'의 학습 목표는 단문을 통해 익힌 문장 독해의 기초를 바탕으로, 산문 텍스트의 한문 독해력을 심화시키는 데 있다. 이 모형은 '집단 탐구 학습'을 이론적 기초로 하여, '낭독법', '현토 활용법', '허자 지도법', '어순 구조 지도법' 등 한문과 교수 - 학습 방법에 대한 기존 연구 성과도 적절히 사용하였다. 또한 텍스트의 의미를 통해 사고력을 신장시킬 수 있는 '창의성 계발 학습법'도 적용하였다.

'독자 반응 중심 한시 감상 모형'은 한시의 문학 교육적 특성을 고려하여 한시의 감상과 활용에 중점을 두고 개발하였다. 따라서 모형의 목표는 물론 한시의 독해가 1차 목표가 되겠지만, 주된 목표는 독해한 한시를 감상하고 활용하여 학습자가 스스로 내면화(內面化)하는 데 있다. 이 모형의 이론적 배경은 '반응 중심 수업'을 기초로 하였으나, '낭독법', '상호 텍스트성의 활용', '매체 활용 감상법' 등 한문과 교수 - 학습 방법에 대한 연구 성과를 적절하게 적용함으로써, 한문과에 적합한 교수 - 학습 모형을 구안하고자 했다.

제Ⅳ장에서는 제Ⅲ장에서 구안한 한문 텍스트 유형별 모형들을 현장에 적용하는 방법과 과정에 대해 기술하였다. 이 연구는 모형의 전체적인 양상을 살펴봄으로써 그 개선점을 찾는 현장 연구이므로, 질적 연구의 하나인 실행 연구 방법으로 수행하였다. 이를 위해 연구 문제를 설정하고, 세부적인 적용 절차를 바탕으로 모형 연구를 설계했다.

연구 참여 교사는 텍스트와 학교급별을 고려하여 단문 텍스트는 중학교 교사를, 산문과 한시 텍스트는 각각 고등학교 교사를 선정하였다. 연구 참여 학생들의 한문 교과에 대한 흥미도를 파악하기 위해, 사전에 설문 조사를 실시했다. 질적 자료 수집을 위해 필자의 수업 참여 관찰, 교사와 학생의 심층 면담, 각종 문서 자료 등을 광범위하게 수집하였다. 수집한 자료는 전사(transcription)한 후, 코딩(coding)의 단계를 거쳤으며 반복적 비교 분석법에 의해 자료를 분석하였다. 이 과정에서 자료의 진실성 확보를 위해 트라이앵귤레이션, 전문가에 의한 조언과 지적, 연구 참여자에 의한 검토 방법 등을 사용하였다.

제Ⅴ장에서는 수집한 질적 자료의 결과에 대해 설명하고 자료 분석을 통해 드러난 의미에 대해 필자가 해석한 내용들을 기술하였다. 이를 위해 모형들을 적용하는 과정에서 드러난 단계별 양상을 보여주었으며, 아울러 한문과 교수 - 학습에서 모형이 가지는 의미에 대해서도 밝혔다.

'문제 해결 중심 단문 독해 모형'을 적용하는 과정에서 드러난 단계별 양상 중에서 몇 가지 특징적인 것을 정리해 보면, '개별 문제 Ⅰ·Ⅱ 해결' 단계에서는 타이머를 사용하여 시간을 엄격히 통제한 것이 돋보였으며, 교사의 비계를 언제 설정하는 것이 가장 효과적인지에 대한 논의가 있었다. 논의의 핵심은 '나의 해석' 활동이 정상적으로 이루어져야 하는 점이었다. 그렇게 되어야 '문제 해결 중심 단문 독해 모형'에서 강조하는 한문 독해력 기초 능력이 길러질 수 있다고 보았다. '공통 문제 해결' 단계에서는, 특히 낭독의 효과를 높이기 위해 해석 순서에 따라 손가락을 활용한 낭독법이 돋보였다. 이러한 '문제 해결 중심 단문 독해 모형'은 이론적 기초인 '문제 해결 학습'을 통해서 한문에 대한 강한 자신감이 길러졌으며, 이러한 강한 자신감이 한문 독해의 출발점으로 이어져 한문 독해의 기초적인 능력이 신장될 수 있을 것으로 판단했다. 아울러 모형의 한 기법인 '낭독법'을 꾸준히 반복한다면 학습자의 기억력 향상에도 도움이 되겠지만, 무엇보다도 한문을 재미있게 느끼게 되어 한문에 대해 친근감을 형성할 수 있을 것이다.

'집단 탐구 중심 산문 독해 모형'을 적용하는 과정에서 드러난 단계별 양상을 정리해 보면, '개별 탐구 수행' 단계에서는 '활동지의 수준별 분배 문제, 개별 활동지의 비계 설정 문제, 자전 찾기의 어려움' 등의 문제점이 드러났다. '공통 탐구Ⅰ·Ⅱ 수행' 단계에서는 학생들이 협동 학습에 익숙지 않았다는 점이 가장 큰 문제점으로 지적되었으며, 창의적 사고를 위해 글자 수를 제한하여 표현하는 문제에 대해서도 논의가 있었다. 이러한 '집단 탐구 중심 산문 독해 모형'은 한문 독해에 대해서 자기 주도적인 학습이 가능할 것으로 기대되었다. 왜냐하면 '나의 해석'이 왜 틀렸는지에 대해 수정해 가는 과정을 통해 분석적 해석이 가능했으며, 이러한 태도가 적극적인 학습 태도와 연결되어 결국 자기 주도적인 독해 학습이 이루어지기 때문이다. 또한 '공통 탐구Ⅱ 수행' 단계에서 산문 텍스트와 관련하여 표현하는 활동을 통해 창의적 사고와 비판적 이해도 길러질 수 있을 것이다.

'독자 반응 중심 한시 감상 모형'을 적용하는 과정에서 드러난 단계별 양상을 살펴보면, '반응 자료 제시' 단계에서 한시 제목을 통해 학생들의 배경 지식이나 경험을 활성화시킨 다음, 텍스트를 제시한 것이 돋보였으며, '반응의 형성 및 명료화' 단계에서는 학생들이 개별적으로 한시에 대해 '1차 반응'을 표현하는 활동을 했는데,

학생들의 경험과 관련짓는 좀 더 다양한 수업 기법이나 전략의 필요성이 제기되었다. '반응의 심화' 단계에서는 현실적 여건을 고려해, 공동 창작의 형태가 아니라 개인별로 작성한 감상문을 돌려 읽으면서 한시 내용을 내면화(內面化)하는 활동으로 수정하였다. 이 단계에서도 다른 텍스트와의 관련 짓기 등 한시 감상의 외연(外延) 확대를 위한 방법들에 대해 꾸준히 고민해야 할 것으로 보았다. 이러한 '독자 반응 중심 한시 감상 모형'은 학습자로 하여금 한시에 대해 1·2차 반응을 통해 내면화하는 과정을 보여주었으며, 대중가요나 현대시 같은 다른 텍스트와의 연관 짓기를 통해 한시 감상의 외연을 확대시켜 감상의 폭을 넓힐 수 있을 것이다.

이 책은 한문과 교수-학습 방법에 대한 기존 연구 성과를 바탕으로 한문 독해 전략이 반영된 한문과 교수-학습 모형을 텍스트 유형별로 구안하고, 구안한 모형을 교육 현장에 적용하여 모형의 실행 양상을 전체적으로 고찰하였다. 그 동안 모형 적용에 관한 연구의 대부분이 학생 활동의 변화 양상에만 주목했지, 실제 모형의 적용 과정에 대한 전체적인 양상을 살피는 데는 소홀했다고 할 수 있다. 이 책에서는 이와 같은 문제점을 개선하기 위해 모형의 실행 양상을 전체적으로 고찰하는 질적 연구 방법을 사용하였다. 따라서 이 책은 수업 모형을 교육 현장에 적용할 때, 학생 변인뿐 아니라 모형의 실행 과정을 총체적으로 파악하고 기술하는 연구 방법의 한 전형(典型)을 제공할 것으로 기대한다. 또한, 한문과 교수-학습 방법의 연구 성과를 모형으로 체계화하여 텍스트 유형별로 제시함으로써, 각 유형별로 실제 중등학교 수업에 적용하고 활용할 수 있을 것으로 기대한다.

모형 구안(具案)은 모형의 실제 적용(適用) 과정에서 다양한 변인들에 의해 문제점이 발견되고, 그에 따라 문제점을 해결하기 위해 모형을 수정하는 과정을 반복하게 된다. 필자가 개발한 한문과 교수 - 학습 모형도 예외일 수 없다. 따라서 이 책에서 드러난 문제점들을 수정하여 다시 모형화하는 연구가 우선적으로 이루어져야 하며, 그렇게 수정한 모형을 다시 현장에 적용하는 연구도 뒤따라야 할 것이다. 이러한 모형 연구의 개발과 수정, 그리고 적용의 과정이 지속적으로 이루어질 때, 비로소 한문과 교수 - 학습 방법도 모형(模型)으로서 자리매김할 수 있을 것이다.

참고 문헌

Ⅰ. 자료

교육부, 고등학교 교육과정 해설 -한문-, 서울 : 대한교과서주식회사, 2001.

교육부, 국가 수준의 교육과정 기준 -총론-, 서울 : 대한교과서주식회사, 1999.

교육부, 국어과 · 한문과 교육과정 기준, 서울 : 대한교과서주식회사, 2000.

교육인적자원부, 중학교 교육과정 해설(Ⅴ), 서울 : 대한교과서주식회사, 1999.

교육인적자원부, 한문 및 교양 선택과정 교육과정(교육인적자원부 고시 제 2007-79호〔별책17〕), 교육인적자원부, 2007.

김한별, 질적 연구의 이해와 실행 분석, 청원 : 한국교원대 대학원 특강 자료집, 2007.

문영진 · 강호선 · 김왕규 · 박영호 · 송병렬 · 안재철 · 윤재민 · 이군선, 중 · 고등학교한문 선택과목 교육과정 개성시인 연구개발, 서울 : 한국교육과정평가원, 2006.

박정도 · 문지성 · 송영일, NIE를 활용한 한문 교과의 한자 및 한자어 교육 연구, 청원 : 한국교원대학교 부설 교과교육공동연구소, 1999.

박정도 · 안재철 · 문지성, 한문과 산문교육의 교수 · 학습 모형 연구, 청원 : 한국교원대학교 부설 교과교육공동연구소, 1997.

서울대학교 교육연구소편, 교육학대백과사전1 · 2 · 3, 서울 : 하우동설, 1999.

서울대학교 국어교육연구소, 국어교육학사전, 서울 : 대교출판, 1999.

신경림 · 장연집 · 조영달 · 김남선 외, 질적연구 용어사전, 서울 : 현문사, 2003.

전국한문교사모임 당산동 연구모임, 한문교육의 실제, 서울 : 전국한문교사모임, 2001.

정구향 · 유영희 · 김미혜, 초등학교 국어과 교수 · 학습 방법과 자료 개발 연구, 서울 : 한국교육과정평가원, 2002.

최승현 · 강창동 · 김수동 · 오상철 · 오은순, 교수 · 학습상황과 주요변인분석 연구, 서울 : 한국교육과정평가원. 2005.

한국교원대학교 교육연구원, 기본수업모형의 이론과 실제, 청원 : 명문사, 1989.

한국교원대학교 교육연구원, 기본수업모형의 이론과 실제Ⅱ, 청원 : 명문사, 1990.

한국교육과정평가원, 국가수준 교육과정 무엇을 어떻게 개정할 것인가?(개원 7주년 기념 세미나 자료집), 서울 : 한국교육과정평가원, 2005.

한국교육과정평가원, 중학교 교과재량활동Ⅰ(한문,정보,환경) 교육과정 해설 연구 개발, 서울 : 한국교육과정평가원, 2007.
한국교육평가학회 편저, 교육평가 용어사전, 서울 : 학지사, 2004.

Ⅱ. 교과서

1. 중학교 한문 교과서

김상홍·최창구·이강렬, 중학교 한문 1·2·3, 서울 : 중앙교육진흥연구소, 2000.
민병수·심경호, 중학교 한문 1·2·3, 서울 : 민중서림, 2000.
박갑수·김진영·송진영, 중학교 한문 1·2·3, 서울 : 지학사, 2000.
박성규·윤재민, 중학교 한문 1·2·3, 서울 : 박영사, 2000.
오종일·김철수·원 윤·염성엽, 중학교 한문 1·2, 서울 : 문원각, 2000.
유성준·송요권·유경순, 중학교 한문 1·2·3, 서울 : 새한교과서, 2000.
윤미길·한성희·백원철, 중학교 한문 1·2·3, 서울 : 교학사, 2000.
이상진·최상근·박장렬, 중학교 한문 1·2·3, 서울 : 동화사, 2000.
이응백·이창득·정성배·오건오, 중학교 한문 1·2, 서울 : (주)한국교육미디어, 2000.
이화규·박성순·이성권, 중학교 한문 1, 서울 : 한서출판사, 2000.
최상익·허남욱·이천식·권혁진, 중학교 한문 1·2·3, 서울 : 도서출판 태성, 2000.

2. 고등학교 한문 교과서

김경수·김성룡·김봉숙·김평호, 고등학교 한문, 서울 : 교학사, 2001.
김상홍·최창구·이강렬·원창희, 고등학교 한문, 서울 : 중앙교육진흥연구소, 2001.
박갑수·이상진·최상근, 고등학교 한문, 서울 : 지학사, 2001.
신표섭·이병주·이윤찬·강경모·백광호·허시봉·류기영·이태희, 고등학교 한문, 서울 : 대학서림, 2001.
안재철·원용석·김동규, 고등학교 한문, 서울 : 대한교과서, 2001.
유성준·김동환·유형구, 고등학교 한문, 서울 : 청색, 2001.
이명학·장호성·현상곤·임완혁, 고등학교 한문, 서울 : 두산, 2001.
이수철·곽치영, 고등학교 한문, 서울 : 정진출판사, 2001.

이희목 · 진재교 · 최돈욱 · 신영주, 고등학교 한문, 서울 : 천재교육, 2001.
최상익 · 이병혁 · 허남욱 · 이영우, 고등학교 한문, 서울 : 금성출판사, 2001.

Ⅲ. 국내 논저

1. 단행본

구인환 · 우한용 · 박인기 · 최병우 공저, 문학교육론, 서울 : 삼지원, 2004.
권낙원 · 김동엽 공저, 교수 - 학습 이론의 이해, 서울 : 문음사, 2006.
김영천, 네 학교 이야기 : 한국 초등학교의 교실생활과 수업, 서울 : 문음사, 2004.
_____, 질적 연구 방법론 I, 서울 : 문음사, 2006.
김인식 · 최호성 · 최병옥 편저, 수업설계의 원리와 모형 적용, 서울 : 교육과학사, 2004.
김재춘 · 부재율 · 소경희 · 채신희 공저, 교육과정과 교육평가, 서울 : 교육과학사, 2005.
김창원 외 6인 공저, 국어과 수업 모형, 서울 : 삼지원, 2005.
김판수 외 6인 공저, 구성주의와 교과교육, 서울 : 학지사, 2003.
노명완, 국어교육론, 서울 : 한샘, 1989.
노명완 · 박영목 · 권경안 공저, 국어과교육론, 서울 : 갑을출판사, 1991.
노명완 · 이차숙, 문식성 연구, 서울 : 박이정, 2006.
박도순, 교육연구방법론, 서울 : 문음사, 2005.
박도순 · 홍후조 공저, 교육과정과 교육평가, 서울 : 문음사, 2003.
박성익, 교수 · 학습 방법의 이론과 실제(I), 서울 : 교육과학사, 2005.
박성익, 교수 · 학습 방법의 이론과 실제(II), 서울 : 교육과학사, 2005.
박영순, 21세기 국어교육학의 현황과 과제, 서울 : 한국문화사, 2002.
박정도, 한문과 교수 학습 방법론, 서울 : 박이정, 1999.
변영계, 교수 · 학습 이론의 이해, 서울 : 학지사, 2006.
성태제, 교육연구방법의 이해, 서울 : 학지사, 2003.
_____, 문항제작 및 분석의 이론과 실제, 서울 : 학지사, 2004.
송병렬, 새로운 한문 교육의 지평, 서울 : 문자향, 2002.
신헌재 외 6인 공저, 국어과 협동 학습 방안, 서울 : 박이정, 2006.
안재철, 한문과 교재연구 방법론, 서울 : 박이정, 2004.
유광찬, 교수방법과 교과, 서울 : 교육과학사, 2001.

윤기옥 외 4인 공저, 수업 모형의 이론과 실제, 서울 : 학문출판, 2002.
이경화, 읽기 교육의 원리와 방법, 서울 : 박이정, 2004.
이삼형 외 7인 공저, 국어교육 연구의 반성과 전망〔이해·표현〕, 〔내용·방법〕, 서울 : 역락, 2003.
이성은·오은순·성기옥 공저, 초·중등 교실을 위한 새교수법, 서울 : 교육과학사, 2002.
이성호, 교수 방법론, 서울 : 학지사, 2006.
이용숙 외 5인 공저, 실행 연구 방법, 서울 : 학지사, 2005.
이재승, 국어교육의 원리와 방법, 서울 : 박이정. 1998.
이혁규 외 7인 공저, 수업 비평을 만나다, 서울 : 우리교육, 2007.
전성연 외 4인 공저, 협동 학습 모형 탐색, 서울 : 학지사, 2007.
전성연 편, 교수-학습의 이론적 탐색, 서울 : 원미사, 2006.
정인성, 실천적 교수방법, 서울 : 교육과학사, 1997.
정준섭, 국어과 교육과정의 변천, 서울 : 대한교과서주식회사, 1996.
정혜승, 국어과 교육과정 실행 연구, 서울 : 박이정, 2002.
조승제, 교과교육과 교수·학습 방법론, 서울 : 양서원, 2006.
조영달, 한국 중등학교 교실수업의 이해, 서울 : 교육과학사, 2001.
조영환, 질적연구 방법과 사례, 서울 : 교육과학사, 2006.
최운식, 한국고소설연구, 서울 : 보고사, 2005.
최운식, 한국서사의 전통과 설화문학, 서울 : 민속원, 2002.
최현섭외 6명, 국어교육학개론, 서울 : 삼지사, 2004.
한국한자한문교육학회 편, 신한문과교육론, 서울 : 전통문화연구회, 2000.
한예원, 한문교육론, 서울 : 문자향, 2006.
한철우·박영목·윤희원, 국어과 교수 학습론, 서울 : 교학사, 2005.
한철우·박영목·윤희원, 국어교육학 원론, 서울 : 박이정, 2004.
함종규, 한국교육과정변천사연구, 서울 : 교육과학사, 2003.

2. 학위 논문

강태선, 新聞活用을 통한 漢文科 授業模型에 대한 연구, 한국교원대 대학원 석사학위논문, 1999.
김동규, Powerpoint와 Web을 이용한 한문과 교수·학습 방법 연구, 단국대 교육대학원 석사학위논문, 2001.
김라연, 모둠 독서 활동에서의 독서 행동 변화 양상 연구, 고려대학교 대학원 박사학위논문, 2006.
김병수, 참여 관찰을 통한 국어 수업의 문화적 해석, 한국교원대 대학원 석사학위논문, 2002.
김연수, 한시 교육에서의 구성주의 교수·학습 방법 연구, 고려대학교 대학원 박사학위논문, 2006.
김재길, 고등학교 한문교과서에 수록된 산문모형개발 연구, 한국교원대 교육대학원 석사학위논문, 2000.
김정호, 한문교육방법으로서의 반응일지 쓰기연구-고등학교 한문산문 작품을 중심-, 이화여대 교육대학원 석사학위논문, 2002.
김충열, 중학교 기초한자의 지도 방안 연구와 활용 -시각자료를 활용-, 전남대 교육대학원 석사학위논문, 2004.
문호준, 스포츠 교육 모형의 중등체육수업 사례 연구, 서울대학교 대학원 박사학위논문, 1998.
박영숙, 한문교육의 실상과 새로운 교과서 모형의 모색, 성균관대 교육대학원 석사학위논문, 2004.
박유희, 한문과 교수·학습 방법의 효율성을 위한 수업모형 연구-중학교 교과서를 중심-, 성균관대 교육대학원 석사학위논문, 1999.
배민환, 중학교 한문 교수·학습에 대한 고찰, 영남대 교육대학원 석사학위논문, 2006.
송영일, 조선조 한문교육 방법 연구, 한국교원대 대학원 석사학위논문, 1994.
심규민, 고등학교 한문과에서 프로젝트 학습의 구안과 적용, 한국교원대 대학원 석사학위논문, 2003.
안연진, 국어과 매체 교육의 교수·학습 방안 연구, 중앙대학교 교육대학원 석사학위 논문, 2006.
엄선용, 고등학교 한문교과서 한시지도방법에 관한 연구, 한국교원대 대학원 석사학위논문, 1999.
원용석, 한문과 교육과정 변천과 내용체계 연구, 한국교원대 대학원 박사학위논문, 2007.
이경희, ICT를 기반으로 하는 한문과 교수·학습 모델 연구, 천안대 정보기술대학원 석사학위논문, 2005.
이상호, 중학교 한자 및 한자어 학습의 필요의식 신장과 효율적인 학습방안연구-일상생활용어와 타교과 학습용어 활용을 통한 전이학습을 중심으로-, 공주대 교육대학원 석사학위논문, 2001.
이혁규, 중학교 사회과 교실수업에 대한 일상생활기술적 사례 연구, 서울대학교 대학원, 박사학위논문, 1996.
조미자, NIE를 활용한 漢字 및 漢字語 지도 방안 연구, 한국교원대 대학원 석사학위논문, 1999.
조태봉, 고등학교 한문교육의 실태와 개선방안에 관한 연구, 성균관대 교육대학원 석사학위논문, 2000.
추성범, 초등학교 한문교육방안에 대한 연구 -『몽학교재』 활용을 통해-, 성균관대 교육대학원 석사학위 논문, 2006.
한은수, 구성주의 자원 학습법을 활용한 한자 교수 - 학습 연구, 한국교원대학교 대학원 박사학위논문, 2007.
한지연, 창의성 신장을 위한 중학교 한문과 교수 · 학습 방법 연구, 경북대 교육대학원 석사학위논문, 2005.

3. 일반 논문

강경모, "바람직한 한문과 평가를 위한 내용 검토,"『한문교육』 54호, 전국한문교사모임, 2002.
______, "협동적 고등학교 한문 수업 사례,"『한문교육』 71호, 전국한문교사모임, 2007.
강덕희, "기초 조어표의 활용을 통한 조어표의 효과적인 지도방안,"『한문교육연구』 제5집, 한국한문교육학회, 1991.
김갑기 · 김홍철, "한시지도와 용사의 문제 -7차 검인정 고교한문교재 수록 한시를 중심으로-,"『한문교육연구』 제20집, 한국한문교육학회, 2003.
김경수, "한문 해석을 위한 어순의 구조 분석,"『한문교육연구』 제20집, 한국한문교육학회, 2003.
______, "한문교육과 교수학습 방법에 대하여,"『한자한문교육』 제15집, 한국한자한문교육학회, 2005.
김경환, "초등학교 한자어의 위상과 효율적 지도방안,"『한자한문교육』 제12집, 한국한자한문교육학회, 2004.
김국회, "전통문화의 이해를 위한 효과적인 교수 - 학습방법 탐구,"『한자한문교육』 제10집, 한국한자한문교육학회, 2003.
______, "한문과 교수 - 학습 방법의 분류법 탐색,"『한자한문교육』 제14집, 한국한자한문교육학회, 2005.
김동규, "한자어 교수 - 학습 자료 개발의 실제 -Flash와 Swish를 중심으로-,"『한자한문교육』 제14집, 한국한자한문교육학회, 2005.

김미경, "한자어 의미 학습을 통한 한자 지도 방안," 『한자한문교육』 제7집, 한국한자한문교육학회, 2001.

김상홍, "중국 중학교의 한시교육 연구 -『어문』 교과서를 중심으로-," 『한문교육연구』 제26집, 한국한문교육학회, 2006.

_____, "한시(漢詩) 감상지도의 일반(一斑)," 『한자한문교육』 제1집, 한국한자한문교육학회, 1994.

김성진, "문학 교수·학습 방법론 연구," 『국어교육학 연구』 제21집, 국어교육학회, 2004.

김연수, "한시(漢詩) 교수-학습의 원리와 모형 - 구성주의 이론을 바탕으로-," 『한자한문교육』 제15집, 한국한자한문교육학회, 2005.

김영옥, "중국에서의 한자교육 현황 -교과서에 나타난 한자 교수-학습 방법을 중심으로-," 『한문교육연구』 제21집, 한국한문교육학회, 2003.

_____, "한자 교육에서의 구형학 응용에 대한 연구," 『한문교육연구』 제20집, 한국한문교육학회, 2003.

김왕규, "한국의 초등학교 한자 교육의 현황과 과제," 『한문교육연구』 제21호, 한국한문교육학회, 2003.

_____, "한문 교육학의 학문적 정립을 위한 서설-한문교육학 연구의 동향과 과제," 『대동한문학』 제19집, 대동한문학회, 2003.

_____, "한문교육과정 개정·변천의 양상과 한문과의 위상," 『한문교육연구』 제22호, 한국한문교육학회, 2004.

_____, "한자 자훈(字訓) 이해와 한자어 의미 이해의 상관도," 『청람어문교육』 제30집, 청람어문교육학회, 2004.

_____, "언어 교과의 '내용 체계(내용 체계)'의 몇 가지 쟁점," 『한문교육연구』 제24호, 한국한문교육학회, 2005.

_____, "한문교육학 연구 방법론의 현황과 과제," 『한문교육연구』 제27호, 한국한문교육학회,2006.

_____, "한자 교육 연구의 동향과 과제," 『한자한문교육』 제17집, 한국한자한문교육학회, 2006.

김왕규·원용석·한은수·김동규, "한문과 교과 교육 내용 체계 및 내용 교재 개발," 『한자한문교육』 제17집, 한국한자한문교육학회, 2006.

김우용, "생활을 통한 한문과 학습지도가 학습자의 학력신장에 미치는 영향 -한자 및 한자어와 한문 문형의 기본 구조 지도-," 『한자한문교육』 제1집, 한국한자한문교육학회, 1994.

김윤희, "구성주의 교수-학습 이론," 『교수-학습의 이론적 탐색』, 서울 : 원미사, 2006.
김익수, "한자의 자형분석(字形分析)을 통한 자의(字義)의 이해 -한자 지도방법에 대한 일시고(一試考)-,"『한문교육연구』 제4집, 한국한문교육학회, 1990.
김재영, "신문 · 방송을 활용한 한자 · 한자어 교수 - 학습 방법,"『한자한문교육』 제18집, 한국한자한문교육학회, 2007.
______, "독자 반응 중심 한시 감상 모형,"『한자한문교육』 제19집, 한국한자한문교육학회, 2007.
______, "한문과 교수 - 학습 방법의 체계화 방안,"『한문교육연구』 제29호, 한국한문교육학회, 2007.
김종운, "창의적 프로그램을 활용한 한자지도 방안연구,"『한자한문교육』 제14집, 한국한자한문교육학회, 2005.
김진영, "협동학습으로 만나는 단군,"『한문교육』 73호, 전국한문교사모임, 2007.
김혜정, "국어과 교수 · 학습 방법론에 대한 비판적 고찰,"『국어교육』 118, 한국어교육학회, 2005.
남수극, "활동중심 초등학교 한자 지도방안,"『한자한문교육』 제14집, 한국한자한문교육학회, 2005.
남은경, "인터넷을 통한 한문과 문학과 문자 교육,"『한문교육연구』 제20집, 한국한문교육학회, 2003.
노인숙, "고등학교 한문과 한문 소설 교수 학습 모형 연구 -허생전과 양반전을 중심으로-,"『한자한문교육』 제10집, 한국한자한문교육학회, 2003.
박미혜, "한시 교육의 필요성 및 지도방안,"『한자한문교육』 제9집, 한국한자한문교육학회, 2002.
박성규, "한문과 문학교육의 실제와 전망,"『한문교육연구』제20집, 한국한문교육학회, 2003.
박유리, "한문의 월형식 연구 -독해를 위한 시도-,"『한문교육연구』 제9집, 한국한문교육학회, 1995.
배원룡, "한문과 교수 · 학습 지도 방법,"『한자한문교육』 제3집, 한국한자한문교육학회, 1996.
______, "효과적인 한문 교육의 방안 -학습 자료 개발을 중심으로-,"『한문교육연구』 제2집, 한국한문교육학회, 1988.
______, "효과적인 한자한문교육의 방안,"『한자한문교육』 제4집, 한국한자한문교육학회, 1998.

백광호, "학생 주도적 학습을 위한 교실수업 사례연구," 『한자한문연구』 창간호, 고려대학교 한자한문연구소, 2005.

_____, "언어생활에 나타난 한자 어휘의 오류 연구," 『한문교육연구』 제25집, 한국한문교육학회, 2005.

_____, "실행연구 활성화를 위한 『한문교육』 내용분석-교수・학습 분야를 중심으로," 『한문교육연구』 제27집, 한국한문교육학회, 2006.

_____, "사고구술을 통한 한문과 독해 양상 연구," 『한자한문교육』 제18집, 한국한자한문교육학회, 2007.

_____, "한문과 교육과정의 '읽기' 영역에 관한 고등학교 교실 수업 분석," 『한자한문교육』 제19집, 한국한자한문교육학회, 2007.

백원철, "한문과 학습의 전통적 낭독법(朗讀法)에 대하여 -한문과 학습의 효과적 일방안의 모색-," 『한문교육연구』 제11집, 한국한문교육학회, 1997.

변경애, "현장 교육에서의 한자 병용 학습 적용 방법," 『한문교육연구』 제19집, 한국한문교육학회, 2002.

변영안, "한문 독해력 신장을 위한 단계적 문형 지도방안," 『한자한문교육』 제1집, 한국한자한문교육학회, 1994.

서 혁, "국어과 교수・학습 방법 연구사 고찰," 『국어교육학 연구』 제14집, 국어교육학회, 2002.

_____, "국어과 교수・학습 방법 구성의 원리," 『국어교육학 연구』 제24집, 국어교육학회, 2005.

선주원, "한문소설 교수 - 학습 방법의 원리와 모형," 『한자한문교육』 제15집, 한국한자한문교육학회, 2005.

성택영, "멀티미디어를 활용한 효과적인 한자 학습지도 연구 -중학교 1학년 학생을 중심으로-," 『한자한문교육』 제6집, 한국한자한문교육학회, 2000.

송병렬, "현토 교육의 유용성과 토의 문법적 성격," 『한문교육연구』 제13집, 한국한문교육학회, 1999.

_____, "한문교과교육에서 한자의 짜임 지도 방법의 일고찰 -상형자 지사자를 중심으로-," 『한문교육연구』 제16집, 한국한문교육학회, 2001.

_____, "한문과 교육과정의 문제와 해결 방안 제기," 『한문교육연구』 제21집, 한국한문교육학회, 2003.

_____, "한문과 교육과정의 내용 영역 설정 및 내용 조직의 원리 모색," 『한문교육연구』 제24집, 한국한문교육학회, 2005.

_____, "새로운 한문과 교육과정을 위한 한문과 교육과정의 쟁점 고찰," 『한문교육연구』 제25집, 한국한문교육학회, 2005.

______, "協同學習에 따른 漢文科 敎授·學習," 『한국고전연구』 제13집, 한국한문고전학회, 2006.
______, "漢文科 敎授-學習의 協同學習 模型適用," 『동방한문학』 제32집, 동방한문학회, 2007.
송영일, "자원(字源) 한자 교수-학습 연구 -'손' 관련 한자를 중심으로-," 『한자한문교육』 제16집, 한국한자한문교육학회, 2006.
______, "한문교육의 효과적 수업모형 연구," 『한자한문교육』 제3집, 한국한자한문교육학회, 1996.
______, "한자 병용시대 고등학교 한자교육의 방향 -단계별 한자 교육 방법을 중심으로-," 『한자한문교육』 제7집, 한국한자한문교육학회, 2001.
신용호, "한문교육 무엇이 문제인가," 『한문교육연구』 제13집, 한국한문교육학회, 1999.
심재경, "한문 산문영역 교수-학습 방법의 원리와 모형," 『한자한문교육』 제15집, 한국한자한문교육학회, 2005.
안성수, "상호 텍스트성과 문학 교육," 『문학교육학』 제2호, 한국문학교육학회, 1998.
안재철, "한문과 교육과정의 영역에 대한 문제 검토," 『한문교육연구』 제20집, 한국한문교육학회, 2003.
양희용, "한자의 학습효과 증진 방안에 관한 연구," 『한문교육연구』 제26집, 한국한문교육학회, 2006.
여미옥, "시청각을 이용한 한시교육," 『한자한문교육』 제3집, 한국한자한문교육학회, 1996.
______, "한자어를 활용한 통합수업의 실제와 학습효과," 『한자한문교육』 제8집, 한국한자한문교육학회, 2002.
원용석, "한자어 교수·학습 방법에 대한 연구," 『한자한문교육』 제2집, 한국한자한문교육학회, 1995.
______, "한문과 교육과정의 내용체계에 관한 연구," 『한자한문교육』 제11집, 한국한자한문교육학회, 2003.
______, "한문과 교육과정 내용체계 고찰," 『한문교육연구』 제22집, 한국한문교육학회, 2004.
______, "고등학교 한문교과서의 내용 및 수준 문제 고찰," 『한자한문교육』 제13집, 한국한자한문교육학회, 2004.
원진숙, "초등 국어과 교수학습 모형 개발 연구 -쓰기영역-," 『국어교육학연구』 12, 국어교육학회, 2001.

유수현, "시청각 자료의 활용을 통한 '한문' 독해 지도 효율화 방안," 『한자한문교육』 제3집, 한국한자한문교육학회, 1996.

유영봉, "한시 학습 단계 설정을 위한 문제의 제기," 『한문교육연구』 제24집, 한국한문교육학회, 2005.

유영희, "국어과 교수 · 학습 방법과 한문과 교육," 한국한문교육학회 2004학년도 제3회 심포지엄 발표자료, 2004.

유준호 · 이진화, "유아교사 전문성 발달을 위한 실행연구의 활용," 『영유아교육연구』 제9집, 영유아교육학회, 2006.

윤재민, "한문 교과의 '성격'을 둘러싼 몇 가지 문제," 『한문교육의 향후 과제와 개정 한문과 교육과정의 이해』, 2007학년도 경기도 중등한문과 교육연구회 정기총회자료집, 2007.

______, "2007년 개정 한문과 교육과정의 구체적 내용 분석," 『2007년 개정 교육과정의 의미와 한문 교과의 미래』, 한국한문교육학회 2007년 하계 학술 대회 자료집, 2007.

윤채근, "중학교 한문 교과서 학습 모형에 대한 연구 -웹(Web)기반 정보 환경을 중심으로-," 『한문교육연구』 제26집, 한국한문교육학회, 2006.

이관규, "국어사 교수학습 내용의 체계성과 위계성에 대한 연구," 『국어교육학 연구』 제20집, 국어교육학회, 2004.

이병주, "사자성어 의미 5자로 줄이기," 『한문교육』 49호, 전국한문교사모임, 2001.

이병혁, "전통 한문 교육 -한문 현토(懸吐)를 중심으로-," 『한자한문교육』 제6집, 한국한자한문교육학회, 2000.

이복규, "옛날이야기와 수수께끼를 통한 한자 · 한문 학습," 『한자한문교육』 제5집, 한국한자한문교육학회, 1998.

이재승, "국어과 교수 학습의 방향," 『21세기 국어교육학의 현황과 과제』, 서울 : 한국문화사, 2002.

이종복, "한시의 지도방법에 관한 연구," 『한자한문교육』 제2집, 한국한자한문교육학회, 1995.

이종호, "고교한시(高校漢詩) 지도방법에 관한 시론(試論)," 『한문교육연구』 제2집, 한국한문교육학회, 1988.

이채연, "인터넷을 활용한 국어과 쓰기 지도의 수업 모형 구안과 그 효과," 『국어교육』 제107집, 한국어교육학회, 2002.

이태희, "근체시(近體詩)의 4단 구성과 그림으로 하는 한시(漢詩) 수업," 『한문교육연구』 제11집, 한국한문교육학회, 1997.

______, "한문교육에 있어서 하이퍼미디어의 활용," 『한문교육연구』 제15집, 한국한문교육학회, 2000.

임명호, "한문 끊어 읽기 교육에 관한 연구 -허사를 중심으로-," 『한자한문교육』 제11집, 한국한자한문교육학회, 2003

임칠성·최목자, "토론 수업 설계 모형 연구," 『국어교육학 연구』 제21집, 국어교육학회, 2004.

장기성, "한문의 독해력 신장(伸張)을 위한 허사(虛詞)와 문형학습지도(文型學習指導)에 관한 연구," 『한문교육연구』 제2집, 한국한문교육학회, 1988.

장동희, "허자지도(虛字指導)를 통한 한문 독해력 신장에 관한 연구," 『한자한문교육』 제4집, 한국한자한문교육학회, 1998.

장진실, "협동학습이란 무엇인가?," 『한문교육』 66호, 전국한문교사모임, 2005.

______, "중학교 2학년 수업 너무 평면적이지 않으세요?," 『한문교육』 67호, 전국한문교사모임, 2006.

______, "한자의 위치를 바꾸면 -주술과 수식-," 『한문교육』 69호, 전국한문교사모임, 2006.

전용한, "'광수생각'으로 한자 한문 익히기," 『한문교육연구』 제15집, 한국한문교육학회, 2000.

전은주, "토론 교수·학습 설계를 위한 조건변인 분석," 『국어교육학 연구』 제20집, 국어교육학회, 2004.

조규남, "그림을 활용한 한자지도법 연구," 『한문교육연구』 제9집, 한국한문교육학회, 1995.

주동일, "북한의 한문 교육 방법," 『한문교육연구』 제15집, 한국한문교육학회, 2000.

줄기차 모임, "뭘 입고 누가 할래? -주어 중심의 주술 확장-," 『한문교육』 70호, 전국한문교사모임, 2006.

______, "뭘 입고 누가 할래? -술어 중심의 주술 확장-," 『한문교육』 71호, 전국한문교사모임, 2007.

______, "六十甲子 협동학습 수업," 『한문교육』 71호, 전국한문교사모임, 2007.

______, "2학년 단문 수업," 『한문교육』 72호, 전국한문교사모임, 2007.

최규홍, "국어과 교수·학습 모형 연구," 『청람어문교육』 제35집, 청람어문교육학회, 2007.

최승호, "구조유형의 탐색활동을 통한 한자·한자어·한문에로의 단계별 지도방안,"『한문교육연구』 제4집, 한국한문교육학회, 1990.
최영환, "국어과 교수·학습 모형의 체계화 방안,"『국어교육학 연구』 제9집, 국어교육학회, 1999.
______, "초등학교 국어과 교수·학습 방법의 변화와 지향,"『국어교육』 제111집, 한국어교육학회, 2003.
최윤용, "ARCS모델을 적용한 한문과 교수-학습방법 연구 -산문분야를 중심으로-,"『한자한문교육』 제16집, 한국한자한문교육학회, 2005.
최호영, "한문 수업을 어찌할까?,"『한문교육』 68호, 전국한문교사모임, 2006.
한연석, "구형학(構形學) 이론을 적용한 한자학습 신장 방안,"『한자한문교육』 제14집, 한국한자한문교육학회, 2005.
한예원, "한자·한자어의 필수 학습요소 개발,"『한문교육연구』 제24집, 한국한문교육학회, 2005.
한은수, "언어학습이론을 통한 한자교육 시고,"『한자한문교육』 제18집, 한국한자한문교육학회, 2007.
한철우, "효율적인 어휘 지도 방안,"『교원교육』 제8권 제1호, 한국교원대학교 교육연구원, 1992.
______, "국어교육 50년, 한 지붕 세 가족의 삶과 갈등,"『국어교육학연구』 제21집, 국어교육학회, 2004.
한철우·박영민, "독서클럽활동을 통한 인성지도,"『독서연구』 제9집, 한국독서학회, 2003.
허 철, "중국의 한자교육(2) - 실천방법과 학습교재를 중심으로 -,"『한문교육연구』 제26집, 한국한문교육학회, 2006.
허재영, "국어과 교수학습 이론 변천사,"『어문론총』 44, 한국문학언어학회, 2006.
허천행, "제6차 고등학교 한문과 교육과정의 개정과 교수-학습의 방향,"『한문교육연구』 제8집, 한국한문교육학회, 1994.
황병호, "VIR과 MIND MAP을 활용한 부수 지도 연구,"『한자한문교육』 제11집, 한국한자한문교육학회, 2003.

Ⅳ. 해외논저

A. Bank, M. E. Henerson, L. EU, A Practical Guide to Program Planning, New York, Columbia University, 1981. 박성

익・권낙원 편역, 授業模型의 適用技術, 서울 : 성원사, 1994.

Bruce Joyce・Marsha Weil・Emily Calhoun, Models of Teaching, 7TH Edition, Pearson Education, 2004. 박인우 외 6인 공역, 교수 모형, 서울 : 아카데미프레스, 2005.

Colin Marsh, *Key Concepts for Understanding Curriculum*, London : The Falmer Press, 1992. 박현주 역, 교육과정 이해를 위한 주요 개념, 서울 : 교육과학사, 1998.

David Nunan, Second Language Teaching & Learning, University of Hong Kong, 1999. 임병빈・한혜령・송해성・김지선 역, 제2언어 교수 학습, 서울 : 한국문화사, 2003.

Diane Larsen-Freeman, 방영주 역, 외국어 교육의 교수 기법과 원리, 서울 : 도서출판 동인, 2003.

Doug Buehl, *Classroom Strategies for Interactive Learning*, Wisconsin State Reading Association, 1995. 노명완・정혜승 역, 협동적 학습을 위한 45가지 교실 수업 전략, 서울 : 도서출판 박이정, 2002.

E. C. Wragg, 박승배 외, 교실 수업 관찰, 서울 : 교육과학사, 2003.

H. Douglas Brown, *Principle of language learning and teaching*, Pearson Education, 2000. 이흥수・박매란・박주경・이병민・이소영・최연희 공역, 외국어 학습・교수의 원리, 서울 : Pearson Education Korea, 2005.

H. H. Stern, 심영택・위호정・김봉순 역, 언어교수의 기본 개념, 서울 : 도서출판 하우, 2005.

Jack C. Richards & Theodore S. Rodgers, 전병만・윤만근・오준일・김영태 공역, 외국어 교육 접근 방법과 교수법, 서울 : Cambridge, 2003.

Jacqueline G. Brooks & Martin G. Brooks, *In search of Understanding The Case for Constructivist Classrooms*, ASCD, 1993. 추병완・최근순 공역, 구성주의 교수・학습론, 서울 : 백의, 2005.

Jerome Kirk & Marc L. Miller, Reliability and Validity in Qualitative Research, Sage Publications, Inc, 1986. 엄미란 외 4인 공역, 질적 연구에서의 신뢰도와 타당도, 서울 : 군자출판사, 2007.

Karen M. Feathers, *Infotext Reading and Learning*, Pippin Publishing, 1993.

戴汝潛, 漢字教與學, 濟南 : 山東教育出版社, 2000.

제니퍼 메이슨, 김두섭 역, 질적연구방법론, 서울 : 나남출판, 2005.

제프리 E. 밀스, 강성우 외 옮김, 교사를 위한 실행 연구, 서울 : 우리교육, 2005.

존 R. 앤더슨, 이영애 역, 인지심리학과 그 응용, 서울 : 이화여자대학교출판부, 2002.

부 록

〈부록1〉 한문교과 흥미도 기초 조사지

한문 교과 흥미도 기초 조사

학년 반 ( )번 성명( )

1. 한문을 처음 배운 때는 언제입니까?
□ 유치원 □ 초등학교 □ 중학교 □ 고등학교

2. 한문을 주로 어떻게 배웠습니까?
□ 학교 □ 학원 □ 학습지 □ 집안의 어른 □ 책 □ 서당 □ 기타

3. 한자 급수에 합격하였다면 합격한 때와 급수를 표시하시고 검정단체를 써 주세요.
언제 : □ 유치원 □ 초등학교 □ 중학교 □ 고등학교
급수 : □ 사범 □ 1급 □ 2급 □ 3급 □ 4급 □ 5급 □ 6급 □ 7급 □ 8급 □ 9급
단체명 : ______________________________

4. 한문에 얼마나 관심이 있습니까?
□ 매우 많다 □ 많은 편이다 □ 보통이다 □ 별로 없다 □ 전혀 없다

5. 한문의 내용 중에서 가장 관심이 가는 부분은 어떤 것입니까?
□ 한자 □ 한자어 □ 성어(고사성어) □ 명문 □ 한시
기타 ______________________________

6. 한문 과목의 필요성은 어느 정도라고 생각하십니까?
□ 매우 필요 □ 필요 □ 보통 □ 별로 필요 없다 □ 전혀 필요 없다

7. 한문 과목이 필요하다면 그 까닭은 무엇이라 생각하십니까?
□ 국어를 잘하기 위해서 □ 역사를 잘 알기 위해서 □ 일상생활에 필요해서
□ 한문에는 좋은 말이 많아서 □ 어려운 글은 한문이 많아서 □ 유식해지기 위해서
기타 ______________________________

8. 한문을 배울 때 흥미 정도는 어떠십니까?
□ 매우 재미있다 □ 비교적 재미있다 □ 보통이다 □ 별로 재미없다 □ 전혀 재미없다

9. 한문은 보통 배우기가 어렵다고 하는 데 어떻게 생각하십니까?
□ 매우 어렵다 □ 비교적 어렵다 □ 보통이다 □ 쉬운 편이다 □ 매우 쉽다

〈부록2〉 문제 해결 중심 단문 독해 모형 수업 전사본

일시 : 2007.10.31 5교시 13:15~14:00
장소 : A중학교 2학년 5반
대상 : 2학년 5반 학생 31명
(수업 시작 전에 칠판에 미리 프린트해온 본문을 자석을 이용해 붙이고, 모둠 번호(①~⑧)와 활동지를 담은 상자 등 수업을 위한 준비 과정이 있었다. 학생들은 미리 모둠별로 자리 배치를 한 후 자유롭게 왔다 갔다 하면서 수업이 시작되기를 기다리고 있었다. 수업 시작종이 울렸다.)

S1 : 차렷! 경례!
T : (반갑게 웃으며) 안녕하세요!
SS : (모두들 활기차게) 안녕하세요!
S2 : (약간은 장난기 있는 목소리로) 오늘도 아름다우세요?
T : (즐겁게 웃으며) 고마워.
← 평상시 학생들과 라포 형성이 잘 되어 있었다. 학교에 한문 교사가 1명이고, 1학년 때부터 한문을 지도해서 학생들과 친숙한 관계를 유지하고 있었다.(현장일지)
(협동학습을 계속 해오다가 학교 업무가 바빠서 2학기 들어서는 일반 강의식으로 수업을 해오고 있었다고 한다. 따라서 그동안 해왔던 협동학습의 신호 규칙을 다시 한번 상기시키고 수업을 시작했다.)
← K교사의 협동 학습의 신호 규칙
- 휴대용 종을 흔든다 : 집중
- '딴딴 따딴'(박수 4번) : 모둠 과제 완료
(모둠별로 준비물을 나눠준다.

준비물-모둠 조원 1인당 자전(학교 도서관본), 노란 봉투1, 빨간 봉투1, 개별활동지)

T : (종을 흔들고 집중을 시킨 후) 먼저, 오늘 학습목표를 살펴봅시다.

SS : (교사에게 집중한다.)

T : 첫 번째(판서하며), 문장을 읽고 해석할 수 있다. 두 번째는(물음표를 쓰고 내용은 판서하지 않는다) 이따 설명하겠습니다. 왜냐하면 이것을 알려주면 너무 쉬워져 버리니까.

SS : (궁금해 하며 계속 집중한다)

T : 자, 그럼 오늘 이 문장(칠판에 붙인 본문을 가리키며)을 할 건데요, 어렵지 않을 거예요. 이 문장은 '택리지'라고 들어봤어요?

SS : …….

T : 못 들어봤을 거예요? 들어봤어요?

T : 이 책은 조선시대 이중환이라는 사람이 만든 지금의 지리책에 해당합니다. 그러니까 우리나라 땅과 땅에 있는 여러 가지 것들에 대한 설명이 나옵니다. 개별활동지 뒤를 볼까요?

SS : (모두 개별활동지 뒤를 본다)

T : 이 프린트 뒤를 보면 밑에 택리지에 대해 조사해 보기가 있죠? 다음 시간까지 각자 조사해 오세요. 나중에 수행평가로 노트 검사할 때 확인합니다.

T : 자, 그 다음에 제목을 볼까요? (본문 제목의 我를 가리키며) 이 글자 뭘까요?

Ss : 나 아(몇 명의 학생만 대답한다)

T : (미소 지으며) 어, 긴장했어요.

← 평소 수업은 아주 활기차고 오늘보다 더 적극적이라고 함(교사 면담 자료)

T : (필기하면서) 나 아 자고요, 옆에는 무슨 글잘까요?

SS : (아주 큰 소리로) 나라 국!

T : (역시 웃으며) 그렇죠 나라 국 자고요.

SS : (묻지도 않았는데 자발적으로) 갈 지.

T : 그렇지 갈 지, 그리고(勢 자를 가리키며) 이 글자는 안 배운 것인데.

S2 : (큰 소리로) 세력 세!

T : (놀라며) 어떻게 알았어요? 그래요. 세력 세 자네요. 그렇다면 '아국지세'가 뭘까?

S3 : (작은 소리로 머뭇거리듯이) 우리나라의…….

T : (재빨리) 여기서 '아국'은 뭘까?

Ss : 우리나라.

T : 그렇지, 우리나라지. 그 다음 之자의 쓰임이 궁금하지? (손가락을 꼽으며) 之자가 '가다', '뭐뭐의' 그리고 또 뭐가 있었죠?

S4 : (자신있게) 그것.

T : 그래, 그것. 여기서는 그 중에 한 가지입니다. 勢는 세력이고요. 그럼?

T,SS : (함께 해석한다) 우리나라의 세력. 자, 그럼 이 세력은 뭘까?

SS : …….

T : 힌트는 택리지 즉, 지리와 관련된 겁니다.

S5 : 지형!

T : 그렇지, 지형! 훌륭합니다. (필기하면서) 자, 그럼 이것은 우리나라의 지세, 즉 땅의 형세에 대해 쓴 글이에요.

SS : (제목에 대한 풀이를 필기한다)

T : 자, 이제 모둠별로 노란 봉투를 꺼내서, 두 장을 반으로 나누면 4장이 되는데, 그런 다음에 1명당 1장씩 가지신 다음에 음과 뜻을 찾는 겁니다. 다한 조는 마침 박수 잊지 말고요. 자, 시작! 시간은 3분이면 될까요?

SS : 아니요.

S6 : 5분이요!

T : 남을 텐데. 그럼 4분!

(K교사는 타이머를 4분에 맞추고 칠판에 타이머를 부착시켜 놓는다)

(K교사는 모둠을 순회하면서 주의 깊게 살피며 잘 찾을 수 있도록 격려해 주기도 하며, 때로는 자전 찾는 방법을 직접 도와주기도 한다.)

(4분이 지나자 타이머에서 알림소리가 울린다)

T : 자, 그럼 같이 확인해 봅시다. 먼저 첫 번째 해볼 조?

S61 : 저요!

T : 다음 두 번째 할 조?

S21 : 저요!

T : 다음 세 번째 할 조?

S11 : 저요!

T : 다음 네 번째 할 조?

S41 : 저요?

(모둠별로 희망하는 학생 1명씩 나와서 칠판에 준비된 본문 밑에 음과 뜻을 적는다)

T : 여러분은 자기가 한 것과 비교하며, 혹시 아직 찾지 못한 것은 음과 뜻을 적어 넣으세요.

(모둠별로 음과 뜻을 다 적을 때까지 시간을 조금 더 준다. 모둠별 마침 박수가 다 나올 때까지 적을 수 있도록 2분 시간을 추가로 주었다.)

T : (모둠별로 마침 박수가 다 나오자, 집중하는 종을 흔들며) 자, 칠판에 적은 것 중에서 의미가 이해 안 되는 것 있어요?

S7 : 들야.

T : 들은 넓게 펼쳐져 있는 것이에요. 또?

Ss : 다 개.

T : 응, 그래 여기에서 다 개는 '모두'의 의미야. 그래서 하루라도 빠지지 않고 학교 나오는 애들이 받는 상이 뭐야?

SS : 개근상

T : 개근상 할 때가 이 개 자예요. 그 다음 또 뭐가 있을까?
배 선 자 있죠. 이것은 먹는 배나 사람의 배가 아니라, 타는 배 선박의 배 자입니다.

(K교사는 음과 뜻을 확인한 후 본문 송독을 2번 하였다)

T : 자, 이제는 해석을 해야겠죠. 모둠별로 빨간 봉투가 있죠. 이것이 해석하는 봉투입니다. 자 봅시다. 여기 보면 '나의 해석'과 '우리 조의 해석'이 있는데, '나의 해석'을 개별적으로 먼저 한 후에 조별로 협의해서 '우리 조의 해석'을 적어보는 겁니다. 자, 그러면 지금부터 해석하는 시간을 5분 주겠습니다. 시작하세요.

(K교사는 타이머를 5분에 맞춰놓고 칠판에 부착시켜 놓은 후, 모둠을

순회하며 잘 되지 않는 모둠에 가서 설명하고 학습을 도와준다)
(중간 중간에 해석이 완료된 모둠의 마침 박수가 들린다)

T : (타이머에서 알림 소리가 울리자) 자, 그럼 조별로 1명씩 나와서 해석을 써보도록 합시다.
(학생들은 자발적으로 손을 들고 모둠별로 1명씩 나와서 칠판에 해석을 적었다)
T : 자, 확인해 봅시다. 첫 번째 구에서 다르게 해석한 조 없어요?
(해석 : 우리나라는 산이 많고 들이 적고)
SS : …….
T : 없어요. 잘했어요. 두 번째 구도 잘했고, 세 번째 구도 잘했어요. 네 번째 구는 사실 틀려주었으면 했는데, (無不 위에 강조 표시를 하고서) 이것이 오늘의 두 번째 학습목표입니다.
(해석 : 우리나라의 지세는 동쪽이 높고 서쪽이 낮다. 우리나라는 동서남이 모두 바다여서 배가 통하지 않음이 없다)
T : 바로 이중 부정입니다. 자!
S8 : 아닌 게 아니다
T : 그렇지, 수학에서 마이너스랑 마이너스랑 합하면 뭐가 되지?
SS : 플러스
T : 그래! 플러스지. 하나 더 예를 들면, '나는 너를 좋아하지 않는 게 아니야'는 말은 좋아한다는 말이에요? 좋아하지 않는다는 말이에요?
SS : 좋아한다는 말이에요.
T : 한다는 말이지. 또, '나는 먹지 않는 게 없다'는?
S9 : 다 먹는다
T : 그렇지. 그런 거예요. 마찬가지로 무는 없을 무자고, 불은 아니 불자지. 부정과 부정이 섞이면 긍정이 돼요. 이중 부정이 되는 거예요. 여기서 배가 통하지 않음이 없다는 말은 무슨 말이에요?
Ss : 배가 잘 통한다는 말이에요.
T : 그렇지, 잘 통한다는 말이죠. 자, 그럼 한 번 다같이 읽고 해석을 다시 해봅시다.

(교사의 선창에 학생들이 후창하는 방식으로 송독한다.)

T : 자, 그럼 풀이 순서를 알아보죠. 여러분들이 오늘 너무 잘해서 빨리 진행이 되는 것 같아요. 풀이 순서 적을 조, 손들어 보세요.

(모둠별로 1명씩 자발적으로 나와서 풀이 순서를 칠판에 적는다. 모둠별로 골고루 기회가 돌아가도록 배려하였다.)

(틀리게 해석한 부분은 다시 지적하고 교사가 고치기보다는 다른 모둠에게 기회를 주어서 학생들 스스로 고치도록 유도하였다.)

틀린 부분 : 선무불통

T : (모둠별로 해석이 다 끝난 후, 손가락으로 짚어가면서 송독을 반복하였다) 자 이제부터는 모둠별로 본문을 외우는 활동을 할 겁니다. 3분 동안 시간을 줄 테니, 모둠별로 외워서 모둠 전체 발표를 할 겁니다. 시작!

(모둠별로 소리내며 열심히 외운다. 서로 외우는 것을 들어주며 도와주기도 했다.)

T : (집중 종을 흔든 후) 자 한번 따라 읽읍시다.

(교사가 먼저 송독을 하면서 읽고 해석하는 시범을 보여주었다)

(시범이 끝난 후, 칠판에 적은 음과 뜻 · 해석 부분을 모두 지운 후, 다 함께 읽고 해석하는 활동을 교사와 함께 한 번 더 해본다.)

(교사는 2개 모둠을 정하여 모둠원 모두 나와서 함께 선창토록 했으며, 나머지 학생들은 후창을 하도록 하였다. 해석을 하는 송독은 모둠원 중에서 개인 한 명을 지명하여 선창을 하도록 하여, 모둠별 · 개인별 평가가 가능하였다.)

T : (모둠별 · 개인별 평가가 마무리된 후, 다시 한번 송독을 통해 수업을 마무리 하였다)

모두 수고했습니다. 여기까지 하겠습니다.

〈부록3〉 문제 해결 중심 단문 독해 모형 교사면담 전사본

일시 : 2007. 10. 31. 16:00~16:40
장소 : A중학교 학교운영위원회실
(T : 연구참여교사, R : 필자)

R : 선생님, 먼저 수업 적용을 해주셔서 고맙습니다. 몇 가지 질문을 드릴 테니 선생님 생각이나 느낌을 말씀해 주시면 됩니다.

T : 네.

R : 먼저 단문 중학교 지역적 특성이나 학력 등과 오늘 수업한 2학년 5반의 특성이나 평상시 수업 분위기, 2학년에서의 학력 등을 말씀해 주시기 바랍니다.

T : 지역적 특성은요, 이 지역이 학부모들의 학력이 대부분 고졸이에요. 대졸이 거의 없어요.

R : 네에, 그래요?

T : 왜냐하면 주변에 ○○자동차 공장이 있어 노동자들이 많아요. 부모님들의 학력이 낮고 대부분 맞벌이를 하기 때문에, 방치된 애들도 많아서 기본적인 학력이 높지 않아요. 그리고 학교의 수준은 이번에 학업 성취도 평가 결과를 보면 하위권 중에서도 좀 떨어져요.

R : 아, 그래요.

T : 2학년 5반의 특성은 2학년 내에서도 공부를 좀 못해요. 한문 점수도 높지 못해요. 그런대도 좀 분위기가 밝아요. 그리고 평상시 수업 분위기는 오늘 보다 훨씬 적극적이에요. 오늘은 애들이 조금 위축된 것도 있었고, 제가 모둠 편성을 잘못했어요. 그냥 평상시 앉은 상태에서 책상만 돌려서 모둠이 적절하게 편성이 안 되었어요.

R : 네에. 이 학교에 한문교사가 선생님 한 분 이시죠?

T : 네.

R : 그럼 지금 2학년 애들도 1학년 때 선생님이 가르쳐서 올라온 거네요.
T : 네.
R : 그럼 잘 알겠네요. 애들을, 네 그럼 먼저 수업과 관련해서 학생들이 나름대로 '1차 해석'을 하는 활동을 어떻게 보셨어요?
T : 내용이 어렵지 않아서인지, 학생들이 해석을 잘하더라고요.
R : 오늘 해석순서가 공교롭게도 1,2,3,4,5,6으로 되는 것이 많아서 더 그랬던 것 같아요. 혹시 평상시 협동 학습을 했을 때, 해석 순서가 복잡한 것은 어땠어요?
T : 그런 것도 잘해요.
R : 네, 그렇군요. 다음으로, 애들이 모둠별로 협동 학습을 통해 단문을 해석하는 '2차 해석' 활동을 보시고 어땠어요? 애들이 토의 활동을 잘 합니까?
T : 학생들이 고민을 해보기는 해요. 그러나 대부분이 모둠장의 의견을 많이 따라가기도 해요. 그런 것이 좀 있기는 있어요.
R : 네. 그건 계속적으로 경험을 통해 나아질 거라고 기대해야겠죠. 그리고 애들이 '나의 해석'과 '우리조의 해석'이 차이가 많이 납니까?
T : 학생의 수준에 따라 차이가 납니다. 어떤 학생은 '船無不通'을 해석할 때, '배가 없으면 통하지 못한다'라고 쓴 경우가 많았어요. 그런 경우 모둠 조의 토의를 통해서 수정하더라고요.
R : 그렇다면 협동 학습을 통해서 '모둠조의 해석'이 진행이 잘 된거네요.
T : 사실 협동 학습을 제가 꾸준히 해오지 못한 이유가 장점이 분명 있기는 하지만, 교사가 준비해야 할 것들이 너무 많아요. 힘들더라고요. 그러다보니, 띄엄띄엄 하게 되니 학생들도 어려워하는 부분들도 있어요.
R : 아까 제가 학생들과 면담할 때, 전혀 모르는 7~8자로 된 한문 문장을 놓고 자전을 줄 테니까 덤벼들어서 해석할 수 있겠냐 그럴 생각이 있는 사람 손들어봐라 그랬거든요!
T : (미소 지으며) 네.
R : 그런데 8명 중에 7명이 손을 들더라구요.
T : (소리내어 웃으며) 하하, 아마 용기만 있는 걸 거에요.
R : 그래도 그런 것이 한문에 대한 자신감이죠. 그런 자신감이 이런 활

동을 통해서 길러졌다고 보는 것이죠.

T : 전에는 문법구조나 허자의 쓰임도 모둠별로 문장을 만들어 보기도 했어요.

R : 그러니까 작문을 했다는 거죠? 아까 수업 시간에 이중 부정 설명하듯이.

T : 네, 그런 식으로도 했구요, 어떨 때는 한자카드를 줘요. 그리고 애들이 모둠별로 카드를 조합해서 문장을 만들었어요. 그러다 보니, 문장의 순서도 익히게 되고 잘하더라구요.

R : 예, 그다음 질문은 바로 교사의 설명부분을 어느 단계에 투입해야 할지?

T : 이거는 과제(텍스트의 내용)에 따라 다르다고 생각해요. 너무 어려운 것 같은 경우에는 학생들이 많이 힘들어하거든요. 그런 경우 조금만 교사가 안내해서 제시해주면, 조금 더 쉽게 접근할 수 있는 용이함이 있고요, 만약에 오늘 한 내용 같은 것은 그다지 어렵지 않았기 때문에, 이런 경우는 학생들이 먼저 해석하고 나중에 제가 해주는 것이 오히려 더 낫다고 생각합니다.

R : 네, 과제의 수준에 따라 다르게 비계를 설정해야 한다는 거죠.

R : 그 다음, 이게 낭독이라고 했는데 사실 송독이죠. 처음에 음과 뜻을 찾았을 때 한 번 송독을 했고, 그 다음에 중간에 두 차례 했고, 끝에 수업을 정리하면서 송독을 사용하셨고, 그리고 애들이 외우는 활동을 하고서 송독을 하는 등 계속 반복하는 송독법을 활용하셨는데 이러한 송독 활용 수업에 대해 어떻게 생각하십니까?

T : 송독을 좋아하는 것 중에 하나가, 전체 학생들이 참여해서 입으로 해야 되니까 그것도 활동이잖아요. 그래서 좋아하고요. 그리고 아무래도 문장을 나중에 시험 공부할 때, 편리하더라고요.

R : 편리하다는 것은 어떤 점이?

T : 제가 시험문제 중에서 독음을 내기도 하고, 학생들이 입에 많이 익히면 문장이 좀 가깝게 친근하게 느껴져서, 해석할 때나 공부할 때나 더 잘 할 수 있다는 생각을 했어요.

R : 평상시에도 수업시간에 반복해서 합니까? 오늘도 한 5차례 계속 반복하셨잖아요?

T : 음, 평상시에도 반복 학습을 많이 해요. 학생들이 직접 읽어보고, 짚어가며 해석하는 것도 모둠별로도 하고, 또 개인별로도 지명해서도 해요.

R : 애들 반응은 어때요?

T : 학생들이 일단은 직접 입으로 해야 하니까, 부담은 느끼지만 열심히 잘하는 것 같아요. 그리고 수업 내용에 대해서도 인지하는 능력이 많이 좋아지는 것 같아요.

R : 모둠 편성은 하게 되면 보통 어떻게 합니까?

T : 정식으로는 학생들을 일으켜 세운 다음, 모둠조를 만들죠. 의자하고 책상하고 다 세팅을 하는 거죠. 그리고 학생들한테 얘기를 합니다. 4명이 한 조가 되잖아요. 그러니까 예를 들어, '국어를 좋아하는 학생, 수학을 좋아하는 학생, 사회를 좋아하는 학생, 음・미・체를 좋아하는 학생'으로 나눠요. 그리고 학생들에게 이동하라고 해요. 그러면 각 모둠마다 국어, 수학, 사회, 음・미・체를 좋아하는 학생들이 골고루 편성되게 되는 거죠. 방법은 계속 다르게 할 수 있겠지만, 저는 그 방법이 제일 좋았어요.

R : 네, 그거 아주 좋은 아이디어 같네요. 그 다음에 이 모형을 통해서 가장 개선될 것 같은 것이 어떤 점일까요? 모형의 장점이죠?

T : 학생들이 수업의 주체자라는 느낌을 받아요. 교사는 다만 옆에서 도와주는 역할이구요. 학생들이 직접 해보니까, 적절한 보상만 주어진다면 정말 미친듯이 해요. 즉 학생들의 참여도가 높고요, 학생들이 직접 하니까 지루하지 않다는 거죠. 또 좋은 점이 혼자만 하는 것이 아니라, 옆의 친구를 도와 함께 한다는 것이죠. 그런 부분은 인성적으로도 긍정적인 효과가 있어요.

←과거에는 교사의 수업으로부터 지겹다 라는 것이 학생들의 가장 큰 불만 사항이었지만, 협동학습에서는 학생이 주체자이기 때문에 **'지겹다'** 라고 할 대상이 없어진 것이다. 그래서 대부분의 학생들은 주체자의 입장에서 적극적으로 수업에 참여하게 된다. 한편 협동학습에도 과제에 소극적인 학생들이 있게 마련이다. 그러나 그 학생들의 불만은 '지겹다' 에 있는 것이 아니라, 주어진 과제에 대해 **'귀찮아하는 것'**에 있다는 것

이 차이가 난다. 이와 같은 인식의 변화는 수업의 주체를 어디에 더 두느냐에 따라 생긴 것이라고 볼 수 있다.(현장 일지)

R : 인성적인 측면도 효과가 있겠네요. 그럼, 한문 독해와 관련해서는 어떻습니까?
T : 저는 아주 좋아요.(효과가 있다고 생각해요)
R : 한문 독해 능력도?
T : 네. 왜냐하면 이 모형에서 중요한 것이 시행 착오를 겪게 한다는 거죠. 공부할 때도 시행착오를 겪는 것이 중요하다고 생각해요. 왜 틀렸는지에 대해 고쳐나가는 과정에서 한문 독해 능력이 생기는 것 같아요. 지금 졸업한 학생들은 제가 3년 동안 한문반을 운영하여 주로 '시행 착오'의 방법이죠.
R : 제가 구안한 모형에서처럼 먼저 '1차 해석'을 자기가 해보는 방법과 같은 거죠?
T : 네. 맞아요. 그 학생들은 그런 방법으로 계속 공부를 저와 같이 했는데, 정말 어려운 문장도 해석을 정말 잘했어요. 그러니까 확실히 느는 것 같더라고요.
R : 한문독해 능력이죠?
T : 네, 본인들도 자부심을 느끼고 잘했어요. 한 번은 이제마의 사상의학에 대한 것을 했거든요. 뭐 태양인, 태음인 이런 것을 했는데, 학생들이 정말 잘하더라구요. 스스로.
R : 네. 그럼 마지막으로 모형의 단점이랄까, 대안이 있다면 말씀해 주시죠?
T : 단점은 준비하는 것이 너무 어렵구요.
R : 교사의 수업준비 부담이죠?
T : 네. 그리고 이게 학생들이 보상에 따라 움직이는 거거든요. 어떨 때는 젤리 같은 학생들이 좋아하는 것을 줬었는데요. 학생들이 정말 열심히 했거든요. 그런 부분에서 교육적이지 못한 것 같다는 생각이 들었어요. 동기유발은 잘 되는데, 먹는 것으로 유도한다는 것이 이건 아닌 것 같다는 생각이 있었어요.
R : 네

T : 그리고, 또 문제점 중의 하나가 잘하는 학생과 같이 가게 되다 보니까, 몇 명의 의견에 따라 움직이거든요. 그런 게 좀 있어요. 잘 못하는 애가 좀 우물쭈물하면 '내가 할 게' 하고 잘하는 학생이 해버리는 경우도 있어요. 왜냐하면 시간 제약이 있기 때문에.

R : 네, 그래도 잘 되는 모둠도 있지 않습니까?

T : 그렇죠. 잘 긍정적으로 되는 조는 '해봐' 이렇게 도와주는 것도 있는데, 학생들의 구성원에 따라 차이가 있어요.

R : 네 그렇군요. 협동학습이라는 것이 한 두 차례해서 그 성과를 얻기는 힘들 거라고 봅니다. 선생님, 오늘 수업도 하시고 또 이렇게 귀한 시간 내셔서 좋은 말씀까지 해주셔서 정말 고맙습니다.

T : 아닙니다. 모둠 편성도 급하게 했고, 정식으로 준비하지 못해 여러 가지 부족했습니다.

R : 아닙니다. 많이 배우고 갑니다. 고맙습니다.

〈부록4〉 문제 해결 중심 단문 독해 모형 학생면담 전사본

일시 : 2007. 10. 31. 6교시 14:10~14:40
장소 : A중학교 학교운영위원회실
참석인원 : 모둠별로 1명씩 8명(남학생 4명, 여학생 4명)

배치도:

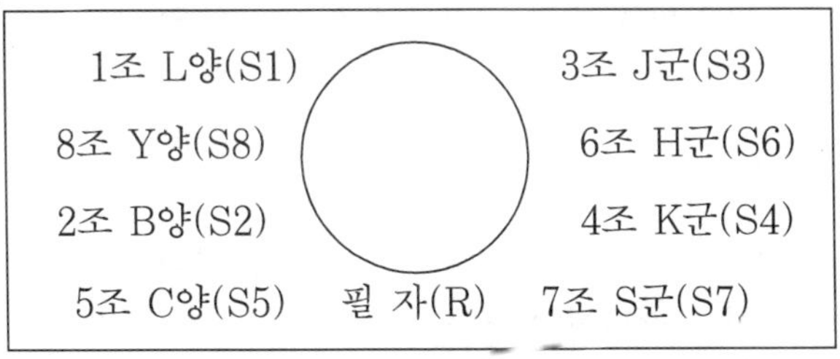

(8개 질문이 있는 면담지를 나눠주어 본격적 면담 시작에 앞서 함께 읽어보고 머릿속으로 자기 생각을 정리하게 하였다. 필요하다면 개조식으로 생각을 정리했다가 얘기를 해도 된다고 설명하였다. 그러나 개조식으로 정리하여 말하는 학생은 없었으나, 면담지를 미리 나눠줌으로써 면담의 질문이나 내용에 계속해서 집중할 수 있었다. 면담은 시종일관 화기애애한 분위기 속에서 진행되었다.)

R : 선생님은 경남 진주에서 국어교사로 있습니다. 지금은 휴직을 하고 한국교원대 대학원에서 한문 교육으로 공부하고 있어요. 한국교원대 알죠?

S1 : 네

R : 제가 관심을 갖는 연구 때문에 학교에 와보니, 예전 생각도 나서 참 즐겁습니다. 지금은 학생 신분으로 여러분하고 같아요. 단지 여러분은 중학생이고, 저는 대학원생인거죠!

R : (학생증을 꺼내어 보여 주면서 라포 형성을 시도했다) 제 학생증이

에요. 거기 보면 박사 과정이라고 써 있죠? 선생님 인상이 어때요?

SS : (주로 여학생들이) 험상궂어요. 형사 같아요.

R : 선생님 별명이 여러 가지 있어요. 산적이라든지 임꺽정, 여러 가지 있는데 얼마 전에 별명이 하나 더 생겼어요.

SS : (궁금해 하며 듣는다)

R : K-1 선수라고 하더라고요.

SS : (웃는다)

R : 그건 그렇고, 여러분들도 간단한 자기 소개를 해주기 바랍니다. 자기 이름과 반에서 맡은 직책이라든지, 별명이라든지 소개를 해주기 바랍니다.

(자기 소개를 하면서 자연스럽게 라포가 형성되었다)

R : 그럼, 첫 번째 질문입니다. 여러분은 스스로 자전을 찾으면서 한자의 음과 뜻을 찾으면서 어떤 생각을 했나요? 먼저 S4학생은 어땠어요?

S5 : 솔직히 학생들한테는 옥편보다는 국어사전, 영어사전이 더 접해 있잖아요. 저는 개인적으로 솔직히 말하면 찾을 때 머리가 아파요.

R : 머리가 아파요? 재미없다! 자전은 학교 도서관에 있는 거에요. 아니면 개인별로 준비한 것에요?

S5 : 개인적으로도 있고, 아까 수업 시간에 나눠준 것은 학교 거고.

R : 네. S1학생은 어때요?

S1 : 재밌어요.

R : 재밌어요? 보통 수업 때 자주 씁니까? 아니면 오늘처럼 특별한 일이 있을 때만 합니까?

Ss : 네 가끔씩 해요.

S6 : 사자성어 할 때.

R : 음, 그래요. S3 학생은 어때요?

S3 : 쉽진 않아요?

R: 주로 어떤 방법으로 많이 찾아요?

S3 : 그 부수

R : 부수로? 자전 찾는 게 재밌다고 한 S1학생은 주로 어떤 방법으로 찾아요?

S1 : 부수요

R : 네, 혹시 자전 찾는 것에 대해 그다지 필요성을 못 느낀다 하는 학생 손들어 보세요?

(두 명이 손을 든다)

R : 그럼, 자기가 모르는 한자가 나왔을 때는 어떻게 찾을 수 있겠어요?

S5 : 물어봐요.

SS : (모두 웃는다)

R : 세상은 모두 물어봐서 알 수는 없는데. 스스로 알아갈 수 있어야 되는데. 네 어쨌든 자전을 통해서 알 수밖에 없는 것이죠.

S5 : 그렇긴 해요.

(또 모두 웃는다)

R : 다음으로, 여러분들이 모둠끼리 토의하지 않고 자기가 혼자서 해석해 봤어요. 그 때의 어려움이라든지 느낌 등에 대해 얘기해 봤으면 합니다.

S1 : 어렵긴 한데요. 괜찮아요. 모둠이랑 하기 전에 자기가 해석하면 머리에 먼저 들어와요. 그래서 좋아요.

R : 음, 그래요. 그럼 S6 학생은 어땠어요?

S6 : (다소곳이) 보람 있어요.

SS : (모두 웃는다)

R : 그럼, S6 학생이 해석한거랑 모둠별로 해석한거랑 선생님이 해석한 거랑 차이가 있었어요?

S6 : 아니요. 거의 맞았어요.

R : 그래요? 그럼 '나의 해석'이 다 맞았네요?

S6 : 네

R : 그럼, '나의 해석'이 틀렸던 사람?

(S3 학생이 손을 들었다)

R : 그래, 어떤 구절이 틀렸었나요?

S3 : 풀이 순서요.

R : 어떤 구절?

S3 : 선……. (잘 생각나지 않아서 머뭇거리며)

R : 아, 선무불통?

S3 : 네

R : 그래요, 그런 것들이 자기가 해석한거랑 틀렸기 때문에 나중에 알았단 거죠?

S3 : 네

R : 으음, 그렇군요. S1 학생은 어땠어요? 나의 해석을 먼저 해보는 활동이?

S1 : 의미가 있었다고 생각해요.

R : 어떤 점에서 의미가 있었나요?

S1 : 혼자 했을 때 어디에서 틀렸는지 알게 되고, 그게 의미가 있는 것 같아요.

R : 일단 혼자 해봐가지고 틀렸을 때, 그것을 알아가는 과정이 의미가 있다는 얘기죠?

SS : (모두 고개를 끄덕이며 긍정함)

R : 다음으로는, 선생님의 해석과 관련해 어떤 생각이 들었는지, 또 토론을 하면서 느낀 점이라든지, 모둠별 활동의 소감을 얘기하면 되겠어요. 먼저 S8 학생부터?

S8 : 어, 다 같이 하니까 즐겁고 재밌어요?

R : 토론을 할 때, 주로 어떻게 의견을 모읍니까? 일단 자기가 해석한 것을 펼쳐놓고 검토를 했을 것 아니에요. 그 과정에서 수정된 것이 있었나요?

S8 : 처음에는 다 틀렸는데 자꾸 얘기하면서 바뀌었어요?

R : 아, 그래요 그럼 모둠 토론을 하면서 많이 수정이 됐어요? 나의 해석한 것들이?

S8 : 네

R : S2 학생은 어땠어요?

S2 : 저는 다 맞았어요.

R : 그래요, 그럼 모둠 토론의 효과는 없었네요? 수정된 것은 없었네요?

S2 : 네, 하지만 개인이 혼자 할 때보다는 서로 보여주고 하면서 집중도 잘되고 재미가 있었어요.

R : S4 학생은 모둠 활동을 하면서 느낌이 어땠어요?

S4 : 네 각 개인이 했을 때는 틀리 거나 각 개인의 생각이 다르잖아요. 그런데 같이 토론을 하면서 그런 것들을 보완해 주니까, 완벽한 해

석 같은 것이 나와요.

R : S6 학생은 어땠어요?

S6 : 애들이랑 얘기를 나누면서 정보를 나눌 수 있어서 좋았어요.

R : 어떤 정보?

S6 : 자기가 해석한 거에 대한 정보, 공유

R : 오늘 해석한 문장이 공교롭게도 해석순서가 1,2,3,4,5,6 이렇게 해석되는 것이 많았는데. 원래 한문 문장이 우리말 어순과 다른 부분이 있는데, 오늘 같은 경우는 모둠별 해석이 효과가 없었을 수도 있지 않았을까요? 모둠별로 해석하는 것은 어땠어요? S3 학생?

S3 : 혼자 하는 것이 아니니까 좋죠. 혹시 제가 몰라도 옆에서 도와주니까 쉽게 할 수 있어요.

R : 그러니까 모둠별 활동을 통한 해석은 필요한 부분이 분명 있는 거죠? 자기가 혼자 해석하는 것, 또는 선생님이 일방적으로 혼자 설명하는 것, 그것들 보다는 이 활동이 훨씬 도움이 된다는 거죠?

SS : 네

R : 알겠습니다. 다음으로 큰 소리로 읽는 낭독 활동을 수업 시간 보니까, 5-6번씩 반복해서 했습니다. 그러한 활동들을 할 때 어떤 점을 느꼈는지? S1 학생 어땠어요?

S1 : 반복학습이니까 머리에 많이 남고요, 크게 소리내어 하니까 재미도 있어요.

R : 머리에 남는다, 예. 이런 활동을 통해서 한문에 대한 거부감에 대한 생각은 어땠어요? 좀 변화가 있었나요? 아마 S 선생님은 그동안 계속 소리내어 읽는 활동을 해왔죠?

S1 : 네, 계속 해왔어요.

R : 한문에 대한 생각은?

S1 : 아무래도 입으로 소리내어 크게 읽고 하면, 한문이 가깝게 느껴지더라고요. 쉬는 시간에도 흥얼거리게 되고.

SS : (모두 웃음)

R : 아, 그랬어요. 다른 친구들은 어땠어요? S4 학생?

S4 : 같이 하는 데 나 혼자 안하면 이상하잖아요, 그래서 따라하게 되고 그러는 것 같아요.

R : 음, 손가락으로 가리키면서 읽는 것은 어땠어요? S2 학생?

S2 : 음, 더 기억에 남아요.

R : 아, 손가락을 이용하면 어떤 점에서 좋을 것 같아요?

S8 : 그걸로 하면 시선이 가니까 더 집중이 잘되고, 손가락을 이용하면 순서를 더 잘 알게 되고 기억에도 도움이 되요.

R : 그렇죠. 아마 집중도 있겠지만 해석 순서가 머릿속에 기억에 남으라고 짚어 가면서 하는 의도가 있을 거에요. 그죠?

SS : (모두 고개를 끄덕이면 수긍한다)

R : 일반적인 한문수업은 형태가…….

S1 : 한자를 외우게 해요.

R : 그래요, 외운다거나 일방적으로 교사가 설명위주로 수업하는 것이죠, 그런데 오늘 같은 모둠별 협동학습을 하면서 어떤 점을 느꼈는지? S6 학생?

S6 : 뭔가 달라요.

R : 어떻게 다르죠?

S6 : 아, 그게 제가 해석을 먼저 해볼 수 있었다는 점이 좋았어요. 그리고 그것을 친구들과 맞춰보고 고치는 활동이 좋았어요.

R : 네, 그래요. 또 다른 학생? S2학생은? 일반적인 한문수업과 다르게 느낀 점은?

S2 : 좀 활발한 것 같아요. 자료가 많아요.

R : 네, 자료를 많이 사용하고 활기차다. 수업이. 그 다음 S5 학생은 어땠어요?

S5 : 음, 자신감이 생겨요.

R : 어떤 자신감이죠?

S5 : 다른 때는 발표하라고 하면 혼자 하는 거니까 좀 그런데, 모둠끼리 다같이 만들어서 하면 틀려도 자기만 틀린 것이 아니니까 모둠 전체가 틀린 거니까 덜 창피하고 그래요.

R : 그렇구나, 일단 모둠 전체의 의견이니까. 그런 장점이 있었네요. S7 학생은 어땠어요?

S7 : 모르는 것도 쉽게 알 수 있었어요.

R : 그래요, 그러면 질문 하나 해볼게요.

SS : (모두들 약간은 긴장한 듯 쳐다본다)

R : 아주 모르는, 교과서에 없는 한문 문장을 7~8자로 된 문장을 딱 놓고 해석을 한 번 해봐라 하면, 덤벼들어서 끙끙대더라도 일단 해 볼 생각이 있는 친구는 손들어 봅시다?

S4 : 자전 같은 것은?

R : 물론 다 주고 하는 거죠. 한번 손들어 보세요.

(처음에는 눈치를 살피는 듯 하더니, 이내 7명이 거의 동시에 손을 들었다)

R : 아이고, 8명 중에 7명이 대단합니다. 전혀 모르는 문장을 주더라도 뭔가 대들어서 덤벼들어서 할 자신, 이런 것들이 이 수업을 통해서 생겼을 거라고 봅니다.

SS : (처음 면담을 시작했을 때보다 더 눈이 초롱초롱해지는 듯 하다. 마치 본인들이 지금 당장이라도 한문 문장을 해석하려는 듯한 자세로 의욕에 찬 모습들이다)

R : 마지막으로 수업 과정에서 좋았던 점 1가지, 그리고 이건 좀 힘들었다 또는 고쳤으면 한다 하는 것 1가지씩 얘기하면 됩니다. S8 학생부터 얘기해 볼까요?

S8 : 좋았던 점은 활발하고 적극적이니까 반 전체 분위기가 좋고요, 안 좋았던 점은요…….

R : 없는데 굳이 찾으려고 애쓰지 않아도 됩니다.

SS : (모두 웃는다)

R : 그럼 S1 학생은?

S1 : 좋았던 점은 반복을 많이 하니까 잘 머릿속에 들어오고, 애들이랑 같이 하니까 흥미도 생기고 집중도 잘하게 되는 것 같아요. 안 좋은 점은 아무래도 애들끼리 같이 하다보니까 조금 시끄러워 어수선한 것 같아요. 가끔요.

R : 네. 가끔 소란스럽다! S3 학생은?

S3 : 조별 활동을 하는데 마음에 안 드는 애가 있더라도, 아니 그게 (아니라) 못하는 애가 있더라도, 잘하는 애가 있어서 커버가 되고, 이게 좋은 점이고요.

R : 네 그리고?

S3 : 안 좋은 점은 평상시 선생님이 사탕을 가지고 잘된 조에게만 주는

것이 보기에 좀 그랬어요.

R : 네 그건 오늘 수업과 직접 관련이 없죠. 네 그럼 S6 학생 얘기해 볼까요?

S6 : 좋은 점은 학생 위주로 하는 게 좋았고요. 안 좋은 점은 아무래도 모둠으로 하다 보니까 조금 산만해지고 혼란스러워질 수 있어요.

R : 네, 산만해질 수 있다. 그래요. S4 학생은?

S4 : 좋은 점은 선생님이 학생의 눈높이에 맞춰서 한자에 대한 유래나 관련된 그림·자료 같은 보조 자료를 많이 활용해주시니까, 좀더 이해가 쉽고 빨라요. 그리고 안 좋은 점은 조별 활동하다보면 의견 차이가 나서 싸워요.

R : 싸운다고? 싸우는 것도 잘 싸워야 돼요. 그게 필요해요. 필요한데 많이 토론 경험을 해보는 수밖에 없는 것 같아요. 의견이 일치가 안 될 때는 싸워야지. 그걸 어떻게 해야 되는 지는 실제 부딪히고 경험을 해보는 거에요. 그럼 다시 돌아가서 S7 학생은 어땠어요?

S7 : 좋았던 점은 모둠별로 하니까 쉽게 알 수 있었어요. 힘들었던 점은 자전 찾기요.

R : 자전 찾기! 그래요. 자전 찾기가 아직도 좀 힘들다. 그 다음 S2 학생은?

S2 : 모둠별로 해서 재밌고, 모르는 것이 있으면 옆에 친구에게 물어서 해결할 수 있어서 좋았어요. 그런데 힘든 것은 다 해결하지 못했는데도 자기들끼리만 하고 그냥 넘어갈 때도 있어요.

R : 그냥 넘어갈 때도 있다. 그래요. 그 부분은 아직 협력하고 도와주는 수업에 익숙지 않아서 그럴 거에요. 자, 지금까지 오랜 시간동안 면담에 응해주고 좋은 말씀해 주어 고맙습니다. 남은 2학년 잘 마무리 하고 즐겁고 재밌는 학교 생활하길 바랍니다. 끝으로 한문에 대해 관심을 갖고 사랑해 주시기 바랍니다. 고맙습니다.

한자한문교육총서 30
한문과 교수 - 학습 모형

2009년 3월 30일 초판 발행
2009년 3월 23일 초판 인쇄

저 자 김재영
발행인 이계황
발행처 (사)전통문화연구회
서울시 종로구 낙원동 284-6 낙원빌딩 411호
전화 : (02)762-8401 전송 : (02)747-0083
전자우편 : juntong@juntong.or.kr
사이버書堂 : cyberseodang.or.kr
등 록 1989. 7. 3. 제1-936호

인쇄처 : 한국법령정보주식회사(02-462-3860)

ISBN 978-89-91720-25-1 94370
89-85395-54-8(세트)

정가 13,000원